あそびのメソッドシリーズ

あそび名人
12人

福尾野歩
＊
芹沢義泰
＊
ケロポンズ
＊
新田新一郎
＊
降旗信一
＊
関根秀樹
＊
木村 研
＊
金子しゅうめい
＊
米村傳治郎
＊
田村忠夫
＊
藤本ともひこ
＊
花輪 充

月刊クーヨン
特別編集

クレヨンハウス

月刊クーヨン特別編集
あそびのメソッドシリーズ
あそび名人12人

目次

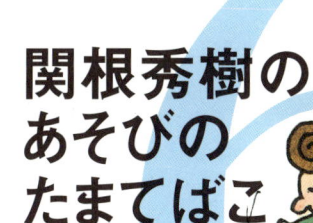

装丁:杉坂和俊

イラスト:山口マサル・田中暎子
たかはしりえ・木村研・広瀬克也

写真:田中亜人

いつの間にか友だちができちゃう福尾野歩さんのあそびうた

知らず知らずのうちに友だちの輪がひろがっていくあそびの数々。福尾野歩さんに教えてもらいました。

2人から3人、3人から5・6人、5・6人から10人くらい、10人くらいから輪になって……というように、だんだんひとが増えていきます。あそびごとに、ひとに近づいたり、ふれたりする割合が増えていきます。

＊

キーワードは「つながる」。ひとが出会う。目と目が合う。話をする。話を聞く。手と手がふれる。だれかと関わる。名前を呼ぶ。だれかの真似をする。だんだん声が出てくる。そして、つながってゆく。あそびを通して、つながってゆく。ひとの輪ができてゆく。

 イラストレーション／山口マサル

だれかとだれかがつながって

2人以上

これは、むずかしいヨ。2〜3人でやってもいいし、グループでやってもいい。とにかくみんなで考えてかたちをつくろう！たとえば……

2人以上のグループになって、からだだけで何かをつくります。机とか車といった「もの」でもいいし、ピアノを弾く、ボウリングをするなど「動作」でもOK。①グループで何をつくるか相談しておきます。

②順番に発表します。まず歌をうたい、うたいおわったら、やってみよう。何ができたかな？　みんなであててみてね。

シーソー

画びょう！

♪ジャッジャジャジャ
ジャーン♪♪

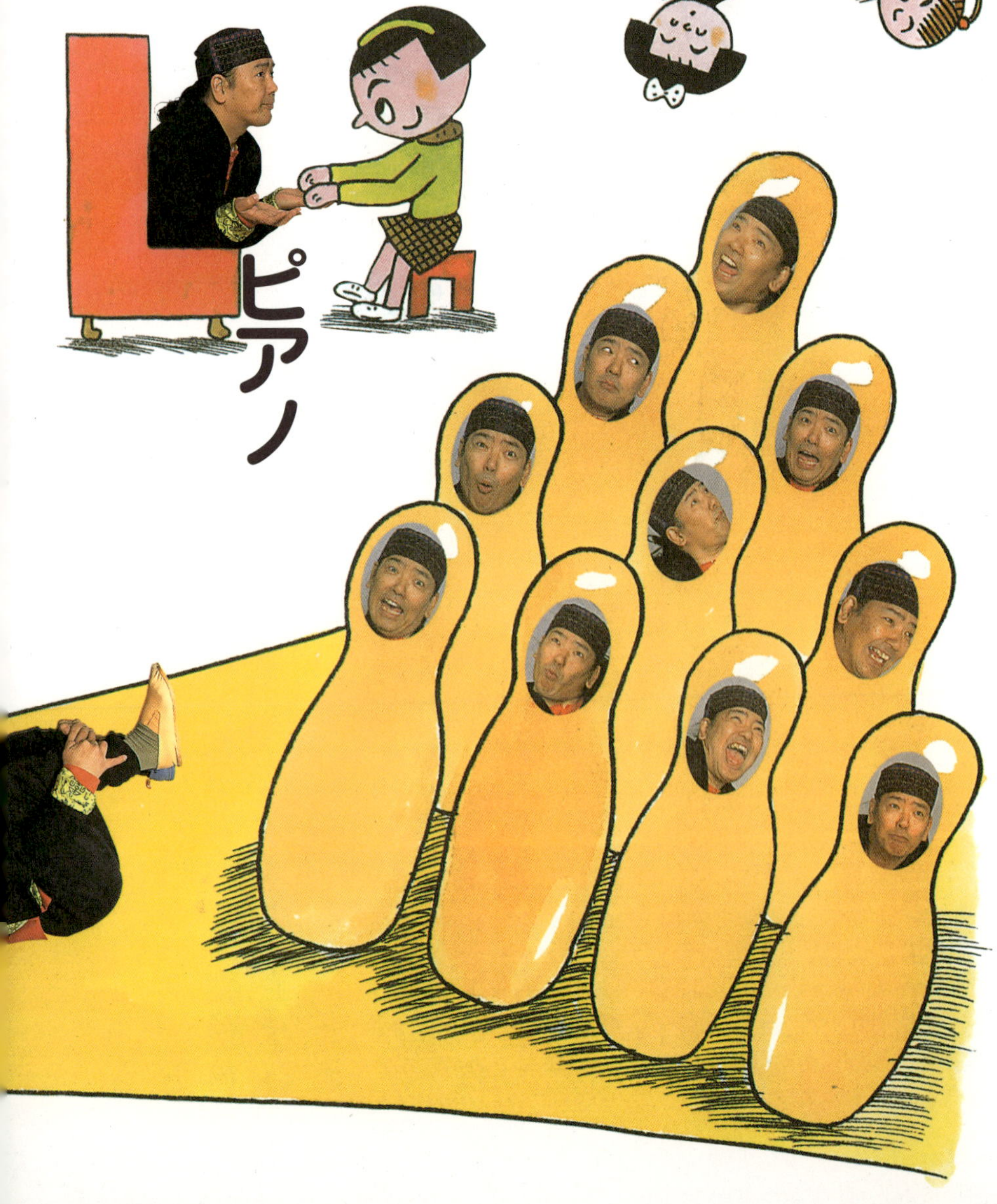

ピアノ

ボウリング

だれかとだれかがつながって

福尾野歩／作詞・作曲

だ れ か と　だ れ か が　つ な が っ　てー
み ん な で　な に か を　つ く ろ うー　よー

ふんすい

サンドヰッチドッチドッチ

2人

さわる。
つかまえる。
食べる。
いろいろあって、知らず知らずのうちにつながりが生まれるあそびだよ。

サンドヰッチドッチドッチ

福尾野歩／作詞　中川ひろたか／作曲

♪サンドヰッチ　ドッチドッチ
♪サンドヰッチ　ドッチドッチ

①ふたりで向かい合って手をあわせます。左の手のひらを上に向け、右は下に向けてください。
♪（サンドヰッチ　ドッチドッチ
サンドヰッチ　ドッチドッチ）
うたいながら1拍ごとに、まず右手で自分の左手をポン！　次に相手の左手をポン！　これを繰り返します。

②♪（ハームを　いれ……）
ひとりは手をひらいて（パンになったつもりで）
もうひとりは片手を上にあげて（ハムになったつもりで）

♪ハームをいれ

③♪（……て）で、
ハムはすばやく手をふりおろします。
パンはその手をつかまえます。
＊つかまえるまで、①〜③を何度もくりかえします。

④ハムをつかまえたら、
♪（バターをぬって）とうたいながらパンにハムをいれて、バターをぬって……ここまではゆっくりゆっくりね。そして、
⑤突然！　「アグッ！」
ハムの手をアグッと食べちゃおう。

10円いれてくださいな　福尾野歩／作詞　中川ひろたか／作曲

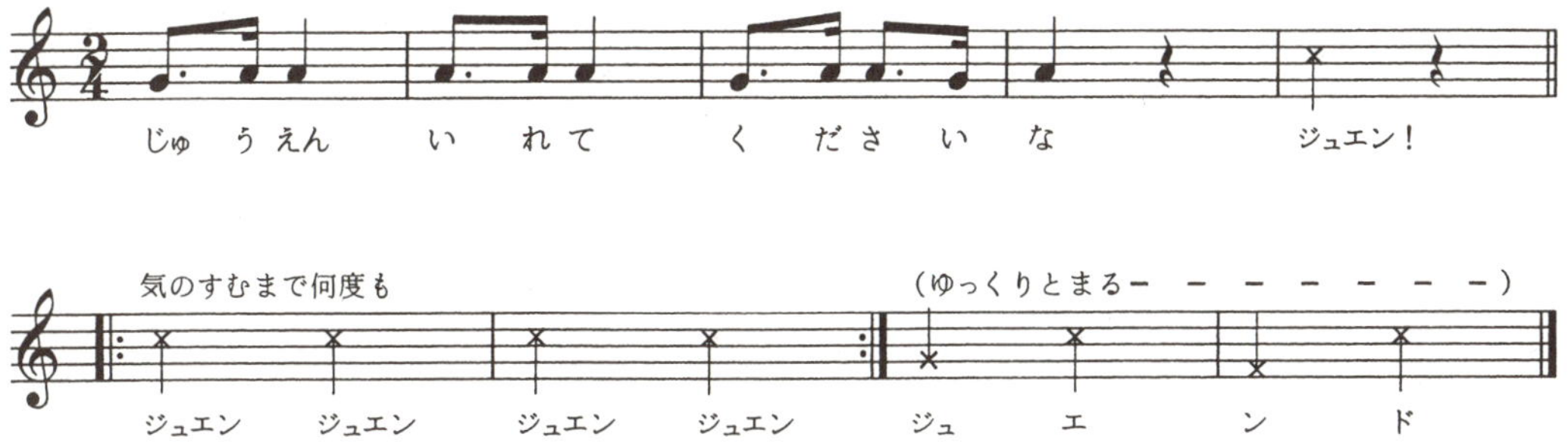
じゅ う えん い れ て く だ さ い な ジュエン！
気のすむまで何度も
（ゆっくりとまる――――――――）
ジュエン ジュエン ジュエン ジュエン ジュ エ ン ド

10円いれてくださいな

2人

おんぶにだっこは気持ちいい。ゆすられると気持ちいい。大人と子どもはもちろん、年長の子どもが年少の子どもにしてあげる……そんなつながりもあったらいいな。

♪じゅうえん
いれてください
な

①子どもを、足の上にのせます。
♪（じゅうえん　いれてくださいな）
「な」で右手を出します。

ガッチャーン

②子どもが10円入れたら、「ガッチャーン」。シートベルトをしっかりしめます。

③とたんに子どもを左右にふりはじめます。
♪（ジュエン　ジュエン　ジュエン　ジュエン）
好きなだけ何度でも繰り返し続けます。

♪ジュエン
♪ジュエン
♪ジュエン
♪ジュエン

④10円分ゆれたら、両足をひらいて
♪（ジュ・エン・ド）
子どもをストンと落とします。

♪ジュ・エ・ン
ド

●バリエーション
たてゆれにしたり、10円を1円や100円にしてゆれる時間を変えたりするのもたのしいよ。

月までつくまで

月までつくまで　　福尾野歩／作詞　中川ひろたか／作曲

つ き ま で つ く ま で と ん で い け
5!
4!
3!
2!
1!
0!
はっしゃ
キ〜〜〜ン

♪つきまで
♪つくまで
♪とんで
♪いけ
ロケット
発射台

①3人ひと組みになります。ふたりが向かい合って手をつなぎ、ひとりがその中に入ります。中にいるひとはロケットだよ。

いくぞ〜

②どの組もいっせいにやるよ。歌に合わせて、中のひとを前後にゆすります。5！4！3！2！1！0！

3人組〜

いまいる場所から飛び出してあたしいところに向かう。自分から積極的に行かなくっちゃぁならないんだ。こうして子どもは、あそびのなかで育ってゆくんだろうなぁ。

はっしゃー

③「はっしゃー」で、片手をはなして、人間ロケットを飛ばします。いっせいにロケット発射！

ロケットのひとは、「キ〜〜ン」と跳びながら別の発射台をさがして、飛び込みます。
④次は、発射台とロケットの役を交替してもいいね。

おどろョBaby

2人〜

手と手を合わせ、目と目を合わせる。からだがふれて、背中を合わせる。たのしくおどっているうちにふたりの距離がどんどん近くなるよ。

おどろョBaby

福尾野歩／作詞・作曲

F
おどろョベイビー　こんやはふたりでー　イェイ!　イェイ!
B♭　F
うたおョベイビー　イカしたリズムでー　イェイ!　イェイ!
C7　B♭　F
おたのしみは　これからだ!　1《ワン》　2《ツゥー》　3!《スリー》

♪おどろョベイビー　こんやはふたりでー
♪うたおョベイビー　イカしたリズムでー

①ふたりで向かい合って、手をつなぎます。歌に合わせて自由におどってください。

イエイ!
イエイ!
イエイ!
イエイ!

♪おたのしみは　これからだ!

ワン
ツー
スリー!

②♪（1・2・3）手をつないだまま、くるっとまわって背中合わせになります。

＊3人、4人……どんどん人数を増やして、みんなでくるっと背中合わせ。どうやったらできるかな？ワイワイ相談するのもたのしいね。

つんつんつっつく虫

5人〜

たくさんの要素が入っています。さわって、選んで、「わたし」が主役になる。でも、役はすぐ交替。名前を呼ぶ。知っているからこそ、さらに関係が深くなるあそびです。

つんつんつっつく虫

福尾野歩／作詞・作曲

♪つんつん　つっつくむし　なんのむし
だれがつっついた

①オニをひとり決めます。オニはうしろ向きで立ってください。みんなでオニの背中をつっつきます。

♪（つんつんつっつっつくむし　なんのむし　だれが　つっついた……）

②みんなで「だーれだ？」だれかひとりだけ、オニの背中を指で、すーっとなでます。

③オニは、ふりかえって最後になでたひとをあててください。

④あたったら、「ピンポーン」。手をあげてクルクル回転します。あてられたひとが次のオニです。

はずれたら、親指をたてて腕をのばし、片足をふみ出して「ブッブー」。2人まで答えられます。それでもはずれだったら、もういちど最初からやりなおし。

ジェットコースター

10人くらい

走る。走る。とにかく走る。
風をきってすりぬけて、
右に左にカーブして……。
もうここは遊園地。
スピード感がたのしさの
ひみつです。

①1列にならび、両手で前のひとの肩につかまります。

②歌をうたいながら先頭のひとから、のっしのっしと歩きはじめます。
♪（ジェットコースターのしゅっぱつだ　ダ・ダ・ダ・ダ……）

どこへ行くのかは先頭のひとの自由。うしろのひとは手をはなさずに、前のひとについて歩きます。

③♪（……ダ・ダ・ダ・ダ）
だんだんスピードをあげて……

④♪（ビュワーン）
ダッシュ！　先頭のひとは全速力でびゅんびゅん走りまわります。うしろのひとは手をはなさないようにひたすらついてゆくだけ。

ジェットコースター

福尾野歩／作詞・作曲

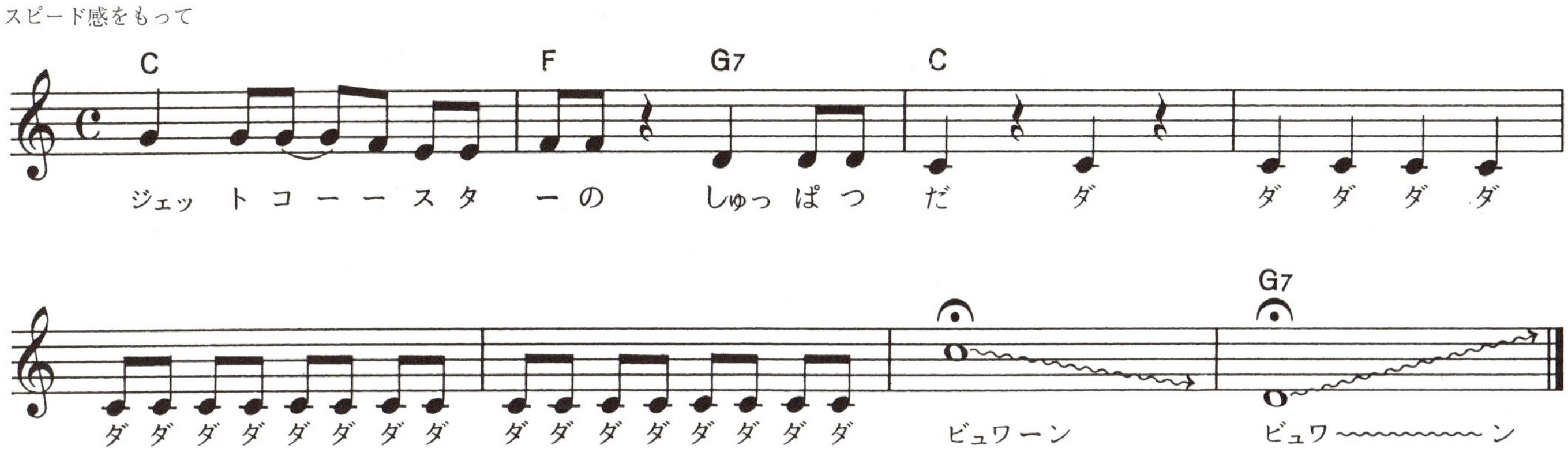

スピード感をもって
C F G7 C
ジェッ ト コ ー ー ス タ ー の しゅっ ぱ つ だ ダ ダ ダ ダ ダ
G7
ダ ダ ダ ダ ダ ダ ダ ダ ダ ダ ダ ダ ダ ダ ダ ダ ビュワーン ビュワ〜〜〜〜ン

●バリエーション

①1列にならんで、足をひらいてすわります。前のひとの腰に腕をまわして、ぴったりくっついてね。

②♪（ジェットコースターのしゅっぱつだ　ダ・ダ・ダ・ダ・ダ……）

「ダ・ダ」に合わせてギュッギュッとだんだんきつく前のひとの腰を引きつけてください。

③♪（ビュワーン）

前のひとのからだを、ちからいっぱい左右にゆすっちゃえ！

ビュワ〜アアン！

人間椅子

①みんなで輪になります。前のひとのかかとに自分のつまさきがくっつくくらいです。前のひとの肩に手をおきます。

②そのまま、かけ声に合わせてひざをまげます。「イチ」でかるくまげて、「ニィ」でもっと深く。そのまま、そのまま……これを何回か繰り返しておこう。練習にもなるし、みんなの気持ちもまとまってくるしね。

③「サン」で、そっとうしろのひとのひざにすわります。

たくさん

輪になると、いままで見えなかった風景が見えてきます。あんなひともこんなひとも、いろんなひとがいて、だれかがだれかを支えています。遠慮はいらない。相手に、誰かに身をまかせる。身をあずける。だからひとつになれるんだヨネ。

みんなで挑戦！手をはなしてみる

「せーの！」で、手をはなしてみよう。意外にむずかしい。これができたらつぎは「せーの！」で、ぱっと手をひろげて「ひこうき」に挑戦してみてね。前の前のひとの肩をもってたちあがる、っていうのもおもしろいよ。

*やくそく
みんなの体重が分散されるので、想像するほど重くないはずです。そっと、でもしっかり全体重をうしろのひとにあずけてすわろう。遠慮はぜったいにダメ。かえって危険だから。そして、自分の体勢が少しくらいたいへんでもそのままがまん。輪から抜け出さないこと。これだけはしっかり守ってくださいね。

人と人との間にある　何か
時と時の間にある　何か
目と目が合って
手と手がふれて
だんだん　何かが近づいて
だんだん　何かがやわらかくなって
わたしが　あなたになってゆく
あなたが　わたしになってゆく
わたしがみんなになってゆく
みんながわたしになってゆく

福尾野歩

「このあそびでは、とくにつながりを意識した。面々とつづく物語のように、おなじあそびでも物語をもたせると、みんなの気持ちもどんどんかわっていきます。何かを目指すわけじゃない。あそんでいるうちに、だんだん仲良くなる。あそんでいるうちにこころとからだが解放される。知らないうちにあそびの中で、あそぶなかで……」

あそび名人の哲学 1

福尾野歩

あそびはどこにでも転がっている

「今日なにしてあそぶ?」

それが子どもと僕らの合い言葉だ。昨日まであんなにあそび続けていたあそびでも、今日の気分とはちがうことだってあるに決まっている。

それは幼稚園や保育園やあそびの教室でもだ。

カリキュラムは書かなくちゃあなんない。週案も月案も……。それは僕だってわかっているつもりだ。たいへんなことも知っている。

だけど「ねらい」や「生活の流れ」「環境と援助」「予想される子どもの姿」などなど……。

本当に予想されるんだろうか? とも思う。

カリキュラムを組まないことは怖いことだとも同時に思うんだけど、僕がいまやっている、幼児あそびや、小学生の「風の子村」では、細かくはじめから決めないようにしている。これはかなりこちらの引き出しがないと、難しいことかもしれないが、僕はここを大事にしたい。

「今日なにしてあそぶ?」

これが僕たちのはじめのことば、里山で走りまわってただ終わるかもしれない。竹を見つけて切って見るかもしれない、そこに落ちている缶でカンケリをすることもあるだろう。それでもどうころんでもいいように、こちらとしてはありとあらゆることを考える。造形をすることになるかも知れない。用意するものはどうする? 集めることからはじめよう! ダンボールがいる?

「ダンボールってどこにあるんだろうね」

「スーパーで前おかあさんがもらってきたョ!」

「じゃあ行ってみようか?」

そこからはじまることもある。お店やさんのひとと話し、交渉し、運び、何を作ろうか考える。切るものは、つなぐものは、何がいるんだろう、色を塗りたい、何を使う。そんなことで1日が過ぎていってしまっても、いいんじゃあないだろうか。

人は　あそびのなかで　だんだん人間になってゆく。
人は　人との間にある何かを紡いで　人間になってゆく。
人は　時間と空間と世間の間を通して　人間になってゆく。
その間にある何かを　僕はあそびと呼ぶ。

あそびはどこにでも転がっている。街のなかに、ひとのなかに、子どもたちのこころのなかに、僕たちの胸のなかに、あそびはいつだって無限大だ。食べることも、ウンチをすることも、行き帰りの道のりも、あいさつも、何もしてないときも。

そこに自然がある、そこに街がある、そこにひとがいる。何かと関わり、だれかと関わり、自分のこころと関わるとき、あそびは生まれる。決まったことではなく、決めてゆくこと、変わらぬことではなく、変えてゆくこと。人間はあそぶために生まれてきたといってもいい。

あそびはあそんでこそ、はじめてその命をみなぎらせる。からだとこころと魂を解き放つ。

さあ子どもたちも、大人たちも、「今日なにしてあそぶ?」

親子でいっしょにあそぶ園づくり
芹沢義泰さんの「あつまり」あそび

子どもが同じ幼稚園・保育園に通っていても、親どうしってなかなかなじめないことありますよね。でもせっかくならなかよくなりたい！　なかよくなってほしい！　そこで、親も参加して、子どもといっしょにあそびの世界に入り込める「あつまり」あそび、芹沢義泰さんにおしえてもらいました。

はじめは大人どうし、お互い緊張していても、あそびの中で協力したり、励まし合ったり、思いやったりしているうちにだんだんなじんでくるはずです。何度かあそんでいるうちに「幼ななじみ」ならぬ「大人なじみ」になった気分……になってもらえたらうれしいなぁと思います。大勢の子どもたち、大勢の親たち。30人、40人、50人……大勢がたのしい！　あつまってあそぶ醍醐味、新鮮さ！　こたえられません。

子どものエネルギーってすごい。子どもにはあそびがうんと大事。もちろん、家の中で、おかあさん、おとうさん、おばあちゃん、おじいちゃん、みんな総動員だって、できちゃうね！

イラストレーション／田中暎子　写真提供／三島市立南幼稚園

どうぶつ山のぼり

高いところが大好きな子どもたちは、おおはしゃぎ。大人たちも一致団結。そのうえ、どうぶつになりきることは、想像力をふくらませる。よつんばいで歩くことは、幼児にはとっても大切な運動になる。1石4鳥のあそびです。まずは、準備たいそうから。

じゅんび●1・2・3たいそう

①子どもたちと向かい合って立ち、動作をまねしてもらいます。
「1（いち）」両手を横にのばします。

②「2（に）」両手を肩にのせます。

③「3（さん）」両手を頭の上にのばします。

④①~③を2・3回繰り返したあと、「今度はどうしようか?」と聞いて「3（さん）」の動作を子どもに考えてもらいます。

⑤今度は犬のまねをしてみせます。
「こんなのは、どうかな? 1・2・…ワンワン　ワンワン」

⑥ほかにも……
「イヌになっておとうさん、おかあさんとお話ししてきてください」と親のところへ行かせてみたり、

「あかちゃんコアラになって抱っこしてもらってください」と親に抱っこしてもらうと子どもはおおよろこび。

*ぞう、あひる、さる、わに、ねこ、かんがるー、うさぎ、ごりら、へび……いろいろな動物になってみよう。子どもたちに何のどうぶつになりたいか聞いてみてください。

大人は山、子どもはどうぶつ
さぁさぁ、のぼって、のぼって！

①大人は「山」をつくります。よつんばいになり2人1組でくっついてください。

＊高い山があったり低い山があったり、腹ばいになって「ぺったんこの山」をつくったり、ときには大人は、背中を軽くゆすったりしてみても。

②子どもは自分のすきなどうぶつになって、大人の背中にのぼっておりて、「山のぼり」をたのしもう。

③子どもが山のぼりになれてきたら、大人は、ほかの組とくっついて、4人、6人、8人……とどんどん山を長ーくしていきます。

④あそびのおわりは、「みなさん、わにさんになってゆ〜っくりもどってきてください」と声をかけるといいでしょう。

ドキドキトンネル

トンネルをくぐることは子どもにとって大冒険！　親たちで協力して人間トンネルをつくってみよう。つかまるかも知れないというドキドキ感、危機をすり抜けるスリルを味わえるゲーム感覚のあそびです。

じゅんび●ロンドン橋

ロンドン橋
イギリス民謡
D A7 D
ロン ドンばし おちた おちた おちた
D A7 D
ロン ドンばし おちた ロン ドン ばし

①大人は「橋（トンネル）」役です。2人1組になって頭の上で手を組み、全員で輪になるように立ってください。

②全員で「♪ロンドン橋おちた　おちた　おちた……」をうたいながら、子どもは順番にトンネルに入ってください。全員が輪に入るまで、歌を繰り返します。

③全員が入ったら……いよいよ開始です。♪ロンドン橋おちた　おちた　おちた　ロンドン橋おちた……

④最後の♪ロンドン橋で、腕をおろして子どもをつかまえます。

⑤つかまった子どもは、輪の中に入ります。

＊全員がつかまるまで③④⑤を繰り返します。

がんばって
つかまったー

＊つかまってもおわりじゃないよ。まだ残っている友だちに声援を送っていっしょにたのしもう！

大人たち、知恵をしぼってしぼってしぼって!? 子どもたち、出てこられるかな？

①「ロンドン橋」の要領で、大人がトンネルをつくり、輪になります。今回は、高いトンネルや低いトンネルなどいろいろなトンネルをつくり、そこをくぐるときのルールを決めます。大人どうしでよく話しあってくださいね。

たとえば……

●思いっきり腕を高くあげて「**ぞうのトンネル**」をつくります。ここを子どもはぞうになって通ります。以下同じように、

●しゃがんで「**ねずみのトンネル**」

●仰向けに寝ころんで、足を合わせて「**わにのトンネル**」といった具合です。

●そしてもうひとつ「**まほうのトンネル**」をつくります。これは見た目には「ふつう」だけれど、そこを通る子どもをくすぐっちゃうところ。だれがまほう使いなのか、それは大人どうしのひみつです。

②子どもは順番にトンネルに入って、ねずみになったり、わにになったりして、出口を目指します。

ジャンケンでポーズ

自分を表現するあそびです。上手、下手ということばはつかってはいけません。あくまで本人がいい気分になったかどうかです。

用意するもの●イスまたは台（親子の組数分）、紙テープ（首にかけられるくらいの大きさの輪（レイ）をつくり、いすの上においておきます）

①親子で向かい合って立ち、ジャンケンをします。

②勝った方は一歩前にすすみます。

③3回はやくかった方が、紙テープを首にかけていすの上に立ち、好きなポーズをします。

ぜんぜん すすめなーい
また あいこだ…
アンパンマーン

まけたらレイ

用意するもの●紙テープ（あれば何色か）でレイをつくっておく

①全員がレイを首にかけ、2人1組（親子）になります。

②ふたりの両手をポン！　と合わせたあと、ジャンケンをします。

＊このとき目と目を合わせることが大切です。

③負けたひとは自分のレイを相手のひとの首にかけます。そのひとの後ろにまわって肩に手をかけます。

④勝ったひとは、次の相手を探して、②③を繰り返します。

⑤だんだん列が長くなって、先頭のひとが4～5人ほどになったら、その4～5人で決戦ジャンケンをします。

＊列の後ろのひとは、応援しよう！

このあそびのミソは、ジャンケンをする前に、手を合わせることです。お互いに目と目をあわせて、両手をポン！　相手の存在を認めます。あそびには、思いどおりにならないことがいっぱい。でもそこから相手を思いやる気持ちが生まれます。

まほうのハンカチ

連想してあそぶ。走ってあそぶ。子どもの空想をふくらませ、エネルギーをかきたてる……そんなファンタジックなあそびです。くだものや花や風景など子どもたちが色から連想するものは、季節を感じさせてくれます。

じゅんび●まほうのハンカチ

用意するもの●ハンカチ（白、赤・黄・緑・青など何色か。薄い布のほうが宙に舞いやすいのでおすすめ）、箱（色のハンカチを中にいれておく）

①白いハンカチを見せながら、「この箱に入れると色が変わって、まほうのハンカチになるんだよ。赤に変わったら、赤い色のものを言ってください」と説明しておきます。

②白いハンカチを箱に入れて「まほうのハンカチ　まほうのハンカチ　赤になれ！」と言って、赤いハンカチをさっと取り出します。

③子どもたちは、赤い色のものを思いつくまま言ってください。

＊ハンカチの色を変えて何回か繰り返します。

じゅんび●まほうの木にあつまれ

「まほうのハンカチ」の続きです。親もいっしょに参加してください。

用意するもの●ハンカチを何色か、箱、色紙（遠くからでも見えるような大きさのものを木や柱にはっておく）

①白いハンカチを箱に入れて「まほうのハンカチ　まほうのハンカチ　空の色（色は自由に変えてください）になれ！」と言って、青いハンカチをさっと取り出します。

②子どもたちは、空色の紙がはってある木（空色の木）に走ってあつまります。

＊人数の多いときは、空色の木を2本にしておきます。

＊ハンカチの色を変えて何回か繰り返します。

親子で勝負！
まほうの島に上陸だ

「まほうのハンカチ」シリーズ、いよいよ本番です。親子でいっしょにあそびましょう。親どうしの協力も絶対的に必要になりますヨ。

用意するもの●ハンカチ何色か、箱、バナナ、メロン、ぶどうなどの絵を描いた紙（ハンカチの色に合わせて）

①大人たちは手をつないで輪になり、外側をむきます。

＊10人前後で1グループ、人数に応じて2～3つのグループをつくります。

②輪の中心に、紙をもった大人がひとり立ちます。バナナの絵なら、できあがった輪は「バナナの島」です。

③黄色のハンカチを取り出しながら、「まほうのハンカチ　まほうのハンカチ　黄色になれ！」

＊赤いハンカチを出して、リンゴ畑のリンゴの丘とか、イチゴ畑など、いろいろ工夫してみてください。

④子どもたちは、黄色？……バナナの島だ！　と黄色いバナナが描いてある島を目指して走り出そう。

トビウオやカモメやイルカになりきって、海をわたって島へ行ってね。大人の輪の中に入ったら島に上陸成功だよ！　まだ上陸できない友だちを応援しよう。

⑤大人たちは、子どもたちを島に入れないように、阻止しましょう。この攻防がたのしいのだ！

たんぽぽのたねの空中旅行

その場限りの「これっきりあそび」にしない、というのがあそびの基本。知っているあそびを繰り返すうちに、あそびがどんどんふくらんでいきます。

じゅんび●たんぽぽのたねをつくる

用意するもの●折り紙、はさみ、マッチ棒、セロハンテープ

①折り紙をイラストのように8等分に切ります。

②たて半分に折り目をつけて、下から2センチ残して切ります。

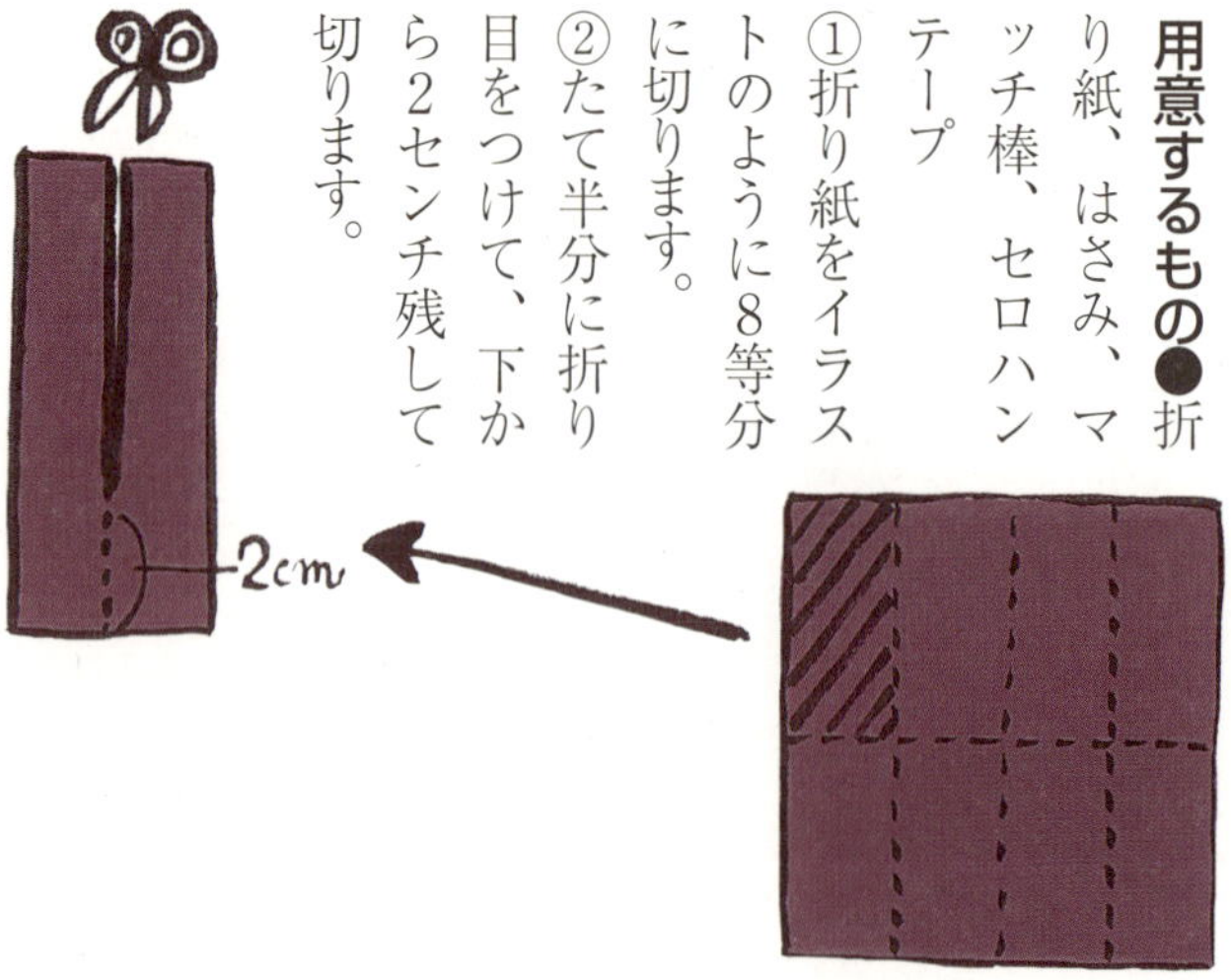

③マッチ棒にセロハンテープ（約3センチ）をつけて……折り紙の裏側に貼ります。

＊マッチ棒が折り目にそってまっすぐになるようにしてください。

④右のはねを手前に、左のはねを向こう側にきっちりと折ります。

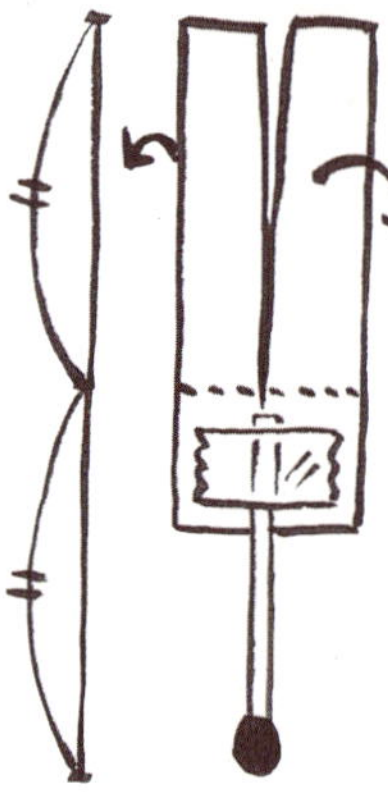

折り曲げたはねが、ちょうどマッチ棒の先とそろっていると、きれいにとぶよ。

⑤折り目をよくつけていったん元にもどしてから、もう一度はねが前後にV字型になるように開いて、できあがり！

上のほうをつまんで、パッとはなすとくるくるまわりながら落ちるんだ！

●とばしてみよう

①たんぽぽのたねを3本、紙コップに入れて手にもちます。

②「1・2の3」で勢いよく紙コップを上にふりあげて、たんぽぽのたねを空中にほうり出します。背筋をピンとのばしてね！

③飛び出したたんぽぽのたねを紙コップで受け取ろう！何本取れるかな？

＊親子いっしょにあそべるよ。大人が高いところからたんぽぽのたねを落として、子どもが受け取ります。

みんなでいっせいにとばそう！

おおぜいでとばすと、迫力があります。ひとり、ふたりであそぶのもたのしいけれど、みんなでいっせいにやるたのしさはまた格別です。

番外編 わくわくハイク

ただの遠足じゃないよ。親子や友だちのコミュニケーションがとれるようなしかけがいっぱいの芹沢流遠足です。準備は大変だけれど、終わったあとの充実感は格別。親は子どものたくましさを再発見するとってもいい機会になるはず。

用意するもの●ロープ、ダンボールでつくったトンネル、紙でつくった関所札・くじ・冒険の森の入場券、輪ゴム

コース●事前に自然公園や森、野原など、遠足コースになる場所を下見しておきます。野の花の咲いているところ、木などロープが張れるもの、斜面、わかれ道などがあるといいね。

準備●コース上にトンネルを設置する、冒険の森の入場券を隠しておく、ロープを張っておく、など事前にできることはしておくといいでしょう。

①スタート

親子いっしょにスタートします。まずは「野の花の関所」を目指します。道ばたにはどんな花が咲いているかな？ 関所に着くまでに、親子で色のちがう野の花を1輪ずつ摘み取って、関所札に入れます。

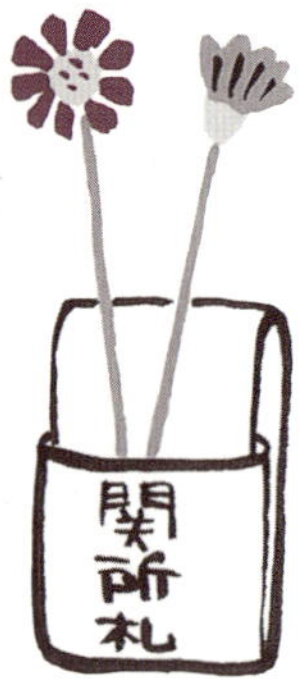

②野の花の関所

関所札を見せて通過します。

関所札のつくりかた

①三つ折りにし、
②また三つ折りにして、
③上を下へ入れて、
できあがり！

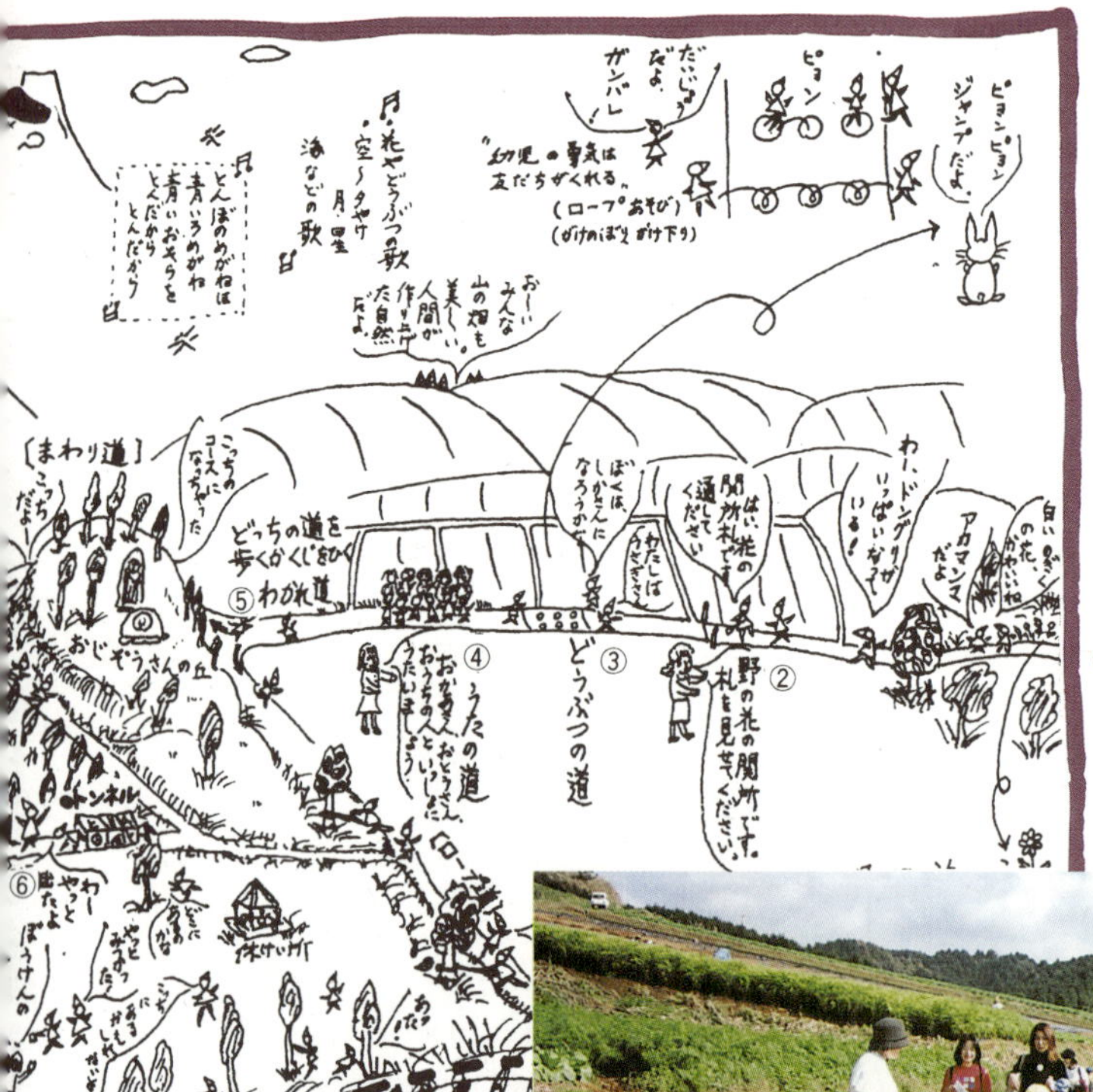

③どうぶつの道

好きなどうぶつになって、ケンケンパをします。

④歌の道

親子（何組かいっしょでもOK）でいっしょに歌をうたいます。なんでも好きな歌をどうぞ。

⑤わかれ道

右へ行くか、左へ行くか……子どもにくじをひいてもらいます。

⑥トンネル

ダンボール製のトンネルをくぐります。

＊ダンボールトンネルのつくり方
天地をはずして筒状にしたダンボールを2～3個、ガムテープでしっかりくっつけます。

わくわく
ハイク
おべんとう
⑦ロープあそび
⑧宝さがし
池
やっと出られた！
⑨よるのみち
ゴール
⑩くものす
くもの糸にひっかからないように歩くんだね
つぎはどこへいくの

⑦ロープあそび

ロープをつたって斜面をのぼります。

⑧宝さがし

冒険の森の入場券を探します。見つけたひとは、それを目かくしにして「夜の道」へ出発！

12 cm
ぼうけんの森
にゅうじょうけん
6 cm

入場券のつくり方

12×6センチの紙（子どもの目がかくれるくらいの大きさ）を用意します。

両端に穴をあけ、輪ゴムを通します。

⑨よるの道

入場券で目かくしをして、ロープをたよりにゴールを目指します。

＊ロープを張るときに、一カ所行き止まりをつくっておきましょう。

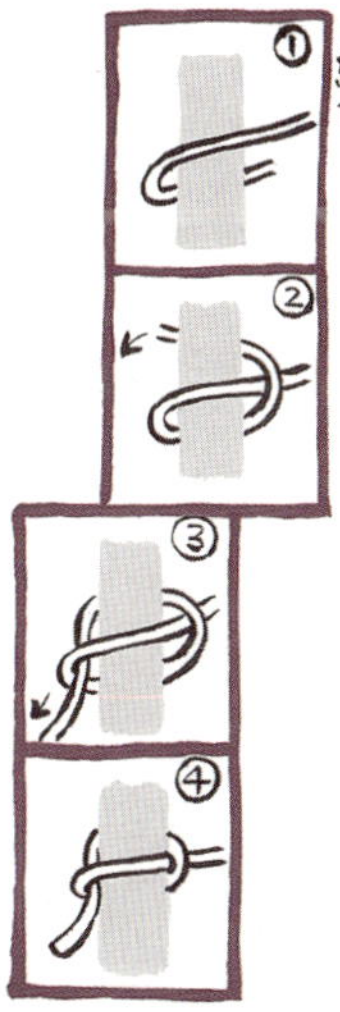

てこ結び
①
②
③
④

⑩くもの巣

くもの糸（ロープ）にひっかからないように通り抜けてください。また下を這ってもいいよ。

⑪終了

わくわくハイクのしかけは、これでおしまい。たのしかった思い出をいっぱい持って、お家に帰ろうよ。

子どものムレから生まれたガキ大将。年下の子どもにとって頼りになる、可愛がってくれるお兄さんお姉さんの存在が薄れていく世間で、子どもが大きくなりたいという本能的なエネルギーを満足させるあそびの復権はいま、家庭の父親母親にかかっています。

子どもとともにあそぶたのしさのなかで、あそびが子どものこころとからだの成長をどれだけ促すものかと再発見し、想像の世界に入り込む子どものこころの広さと動きまわるパワーにあらためて目をみはることでしょう。参加したあるおとうさんからも、「あそびはわが家の文化です」という手紙が届きました。

意欲いっぱいたのしくあそんで、わたしの創造あそびに生命《いのち》を吹き込んでくれた静岡県三島市立南幼稚園のみなさんは、休日に「親子のムレ」となって街の広場に、里山の森に向かってあそびに出かけました。

芹沢義泰

あそび名人の哲学 2
芹沢義泰

豆っ子のパワーを燃焼させよう

　夏の夕暮れだって、北風の吹く午後だって子どもたちは外で走りまわってあそぶ。家並みを一周するリレー。電柱を陣地にしてジャンケン陣とり。路地や空地で石けりやドッジボール、三角ベースボール、チャンバラをして相手に先に切られ（さわられ）たら相手の陣地に連れていかれるチャンバラ陣とり等々。

　それらのあそび集団のなかには小学生にまじって4歳、5歳の幼児も動きまわってあそんだ。その幼児たちを小学生は「豆っ子」と言った。豆っ子には小学生たちのあそびのルールとは別に豆っ子だけに許容するものを約束ごととして胸のなかに収めて豆っ子をあそびに入れ、あそんだ。それはけっして甘やかしではなく、豆っ子のパワーを燃焼させてあそんでやる年上の者としての“思いやり”であった。

　たとえばチャンバラ陣とりでは、豆っ子は不死身のサムライである。豆っ子は強いサムライに変身して、その気分になっておにいさんおねえさんに向っていく。豆っ子のパワーである。切っても死なない、だが自分たちは切られると死んでしまう。小学生たちは必死に相手をし、逃げまわり、友だちとも真剣にチャンバラをして陣とりあそびの世界をたのしんだ。

　この豆っ子とともにあそぶ子ども集団が消滅していることを残念に思う。豆っ子を入れてあそぶ年上の子どもたちの“思いやり”のこころの大切さ。そしてまたこれはあそびのもつ迫力のたのしさの伝承でもあり、豆っ子のパワーが全回転してこころもからだも満足して育っていく大切な「時」でもあるのに。

　いま、幼児たちは豆っ子パワーをどう持って、どうやって燃焼させることができるのだろうか。つぎの小学生の時代に入っていいのだろうか。保育園、幼稚園、また親たち、地域の大人たちも豆っ子のパワーを充実させ、愛し育てる行動に入っていくようにと願う。

　もう一度「チャンバラ陣とり」を取り上げて見よう。味方がチャンバラで切られて敵の陣地に捕らわれている。助けなければならない。途中には敵のサムライがいる。いざ、自分も強いサムライになって相手の陣地に向かって走って行く。味方の友を助けねばならぬというこころの働きが動き出す。

「かくれんぼ」物かげにかくれる。つぎに何が起きるのか、つぎへの期待、ドキドキのこころ。鬼はどうするか、自分はどうするか、こころが必死に働く。

「木のぼり」をして枝の上に立つ。足が地上から離れ、目線が高くなると不思議なこころが働く。何か遠くのもの、未来のものに近づき出発しようとする“はるかなる思いのこころ”の働きである。

　4歳には4歳のあそびのなかでこころが働き、発達していく。5歳には5歳のあそび。こころが働く。こころの働きの発達には、飛び越しはない。「各駅停車」である。このこころの発達が、友のこころを察し、友の身になれる子どもと育っていく。本物のあそびはやさしさのこころの花を咲かせる種子《たね》を持っている。

ケロポンズの「あそびネタ」まるごと

0歳からみんな、
ふたりからみんな、
だれでもたのしい
あそびネタ！
歌や音で、
もっともっと
たのしい！
あそびネタを
あそびのタネに、
いろんなあそび、
つくってあそんで！
広がるあそびが
ケロポ～ンズ！

子どもの毎日、
まるごと「ごっこ」。
大人も昔は、子ども！
さあさ、いっしょに
「ごっこ」をあそぼ！
あそんでハッピー！
あそんで、あそんで
あそぶが勝ち！
でもでもね、
うたえなくても
無理はしないで。
気持ちのまんまに
さあ、あそぼ！

イラストレーション／たかはしりえ

あかちゃんといっしょのあそびうた
ラッコのおやこ

あかちゃんをだっこしてゆらゆらゆれながら、ほのぼの〜した時間を過ごしてほしいから、こんなあそびうた。うたいながらいろんなどうぶつになって、あかちゃんとたのしくスキンシップをしてね。

ラッコの親子

増田裕子／作詞・作曲

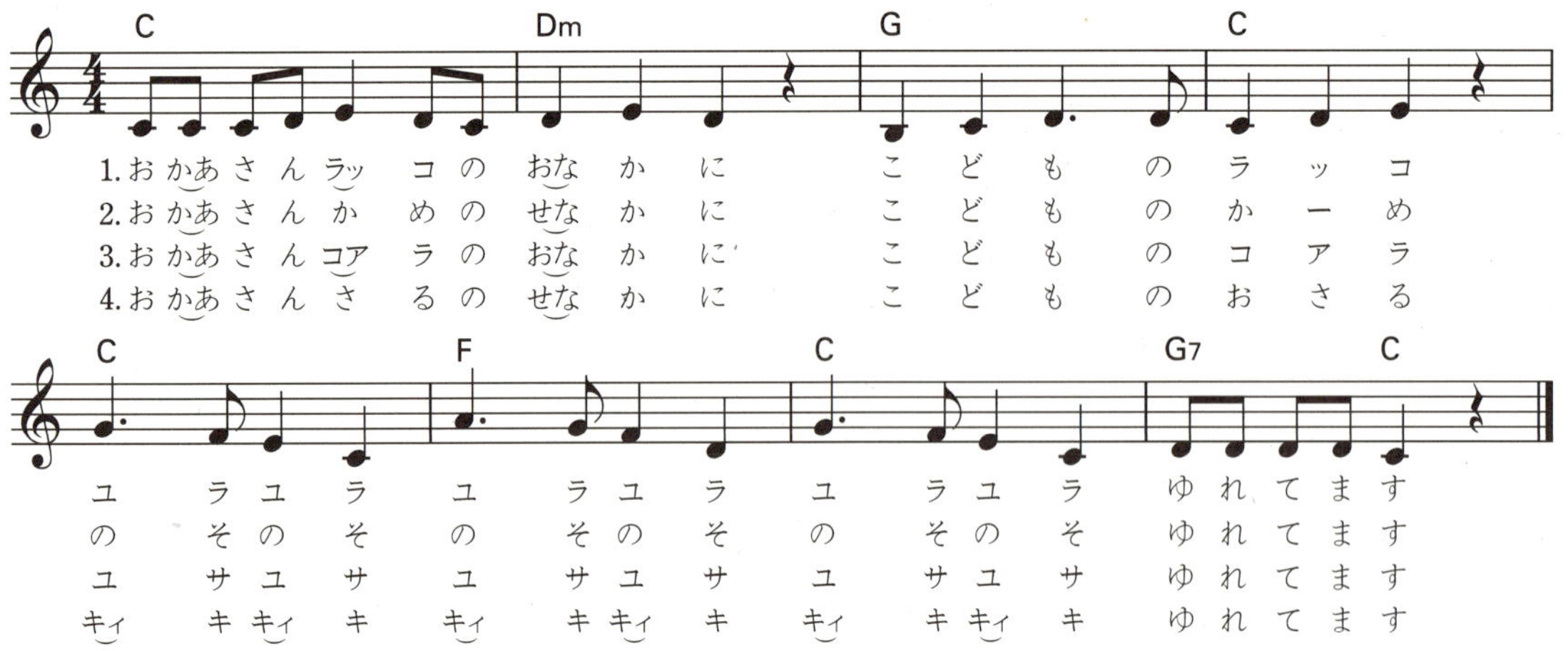
C Dm G C
1.おかあさん ラッコの おなかに こどもの ラッコ
2.おかあさん かめの せなかに こどもの かーめ
3.おかあさん コアラの おなかに こどもの コアラ
4.おかあさん さるの せなかに こどもの おさる
C F C G7 C
ユラユラ ユラユラ ユラユラ ゆれてます
のそのそ のそのそ のそのそ ゆれてます
ユサユサ ユサユサ ユサユサ ゆれてます
キィキキィキ キィキキィキ キィキキィキ ゆれてます

おとうさんがいっしょにあそぶときは、「おかあさん」のところを「おとうさん」と歌詞を変えてうたってください。

ラッコのおやこ

おなかにのせて

♪ユラユラ
ユラユラ
ゆれてます

おなかの上であかちゃんをだいて、うたいながら、ゆっくりからだを左右にゆらします。

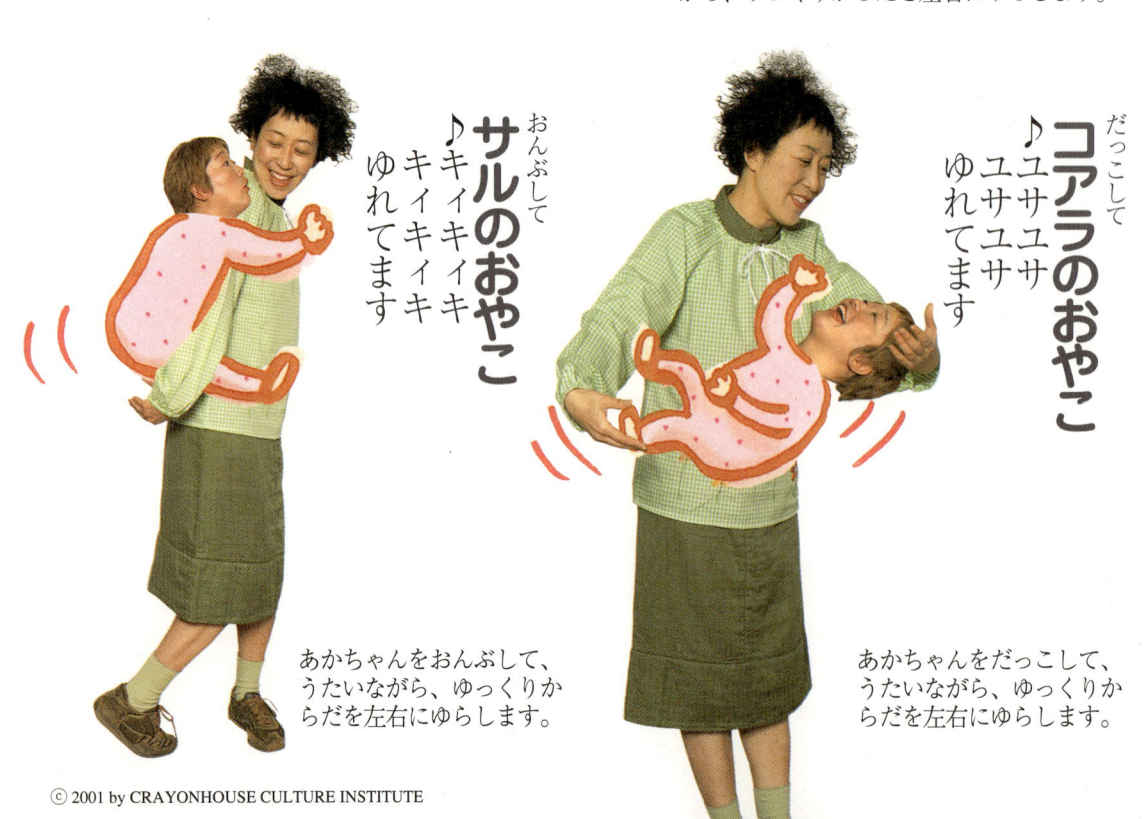

カメのおやこ

せなかにのせて

♪のそのそ
のそのそ
ゆれてます

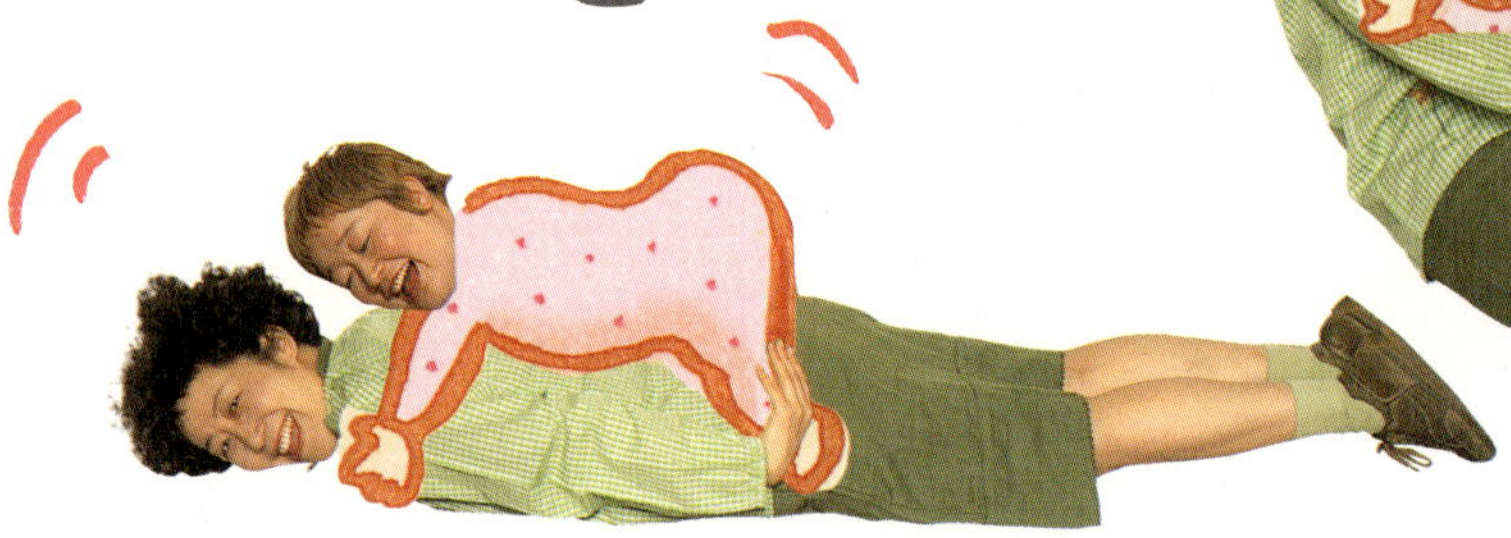

せなかの上にあかちゃんをのせて、うたいながら、ゆっくりからだを左右にゆらします。

コアラのおやこ

だっこして

♪ユサユサ
ユサユサ
ゆれてます

あかちゃんをだっこして、うたいながら、ゆっくりからだを左右にゆらします。

サルのおやこ

おんぶして

♪キイキイ
キイキイ
ゆれてます

あかちゃんをおんぶして、うたいながら、ゆっくりからだを左右にゆらします。

いつでもどこでも、おやこでスキンシップ
でんしゃがはしる

乗りもののなかで子どもがあきちゃったかなというとき、だっこしていっしょにうたって、子どももごきげん。もちろん家のなかでも、「乗りものごっこ」でたっぷりあそんで。親子で思いっきり、べたべたしよう。

でんしゃがはしる

増田裕子／作詞・作曲

F B♭ F B♭ F セリフ
みっちゃんをのせて　でんしゃがはしる　「ガッタンゴットンガッタンゴットンガッタンゴットンガッタンゴットン」
みっちゃんをのせて　バスがはしる　「ブッ　ブー　ブッ　ブー　ブッ　ブー　ブッ　ブー」
みっちゃんをのせて　じてんしゃがはしる　「チリン　チリン　チリン　チリン　チリン　チリン　チリン　チリン」
みっちゃんをのせて　ひこうきがとぶよ　「ビューン　ビューン　ビューン　ビューン」
みっちゃんをのせて　ロケットがとぶよ　「5.　4.　3.　2.　1.　0.　はっしゃ〜〜」
F B♭ F B♭ F セリフ
みっちゃんをのせて　でんしゃがとまる　「つぎはきちじょうじ〜」
みっちゃんをののせて　バスがとまる　「のはらまちです〜」
みっちゃんをののせて　じてんしゃがとまる　「けんちゃんちについた〜」
みっちゃんをののせて　ひこうきがとまる　「アメリカにひとっとび〜」
みっちゃんをのせて　ロケットがとまる　「つきへちゃくりく〜」

♪でんしゃがはしる

ひざにだっこし、ひざを上下に動かしたり、からだを左右にゆらしてみたり。

♪バスがはしる

手をとって、いっしょにバスのハンドルをにぎって動かすように。

♪じてんしゃがはしる

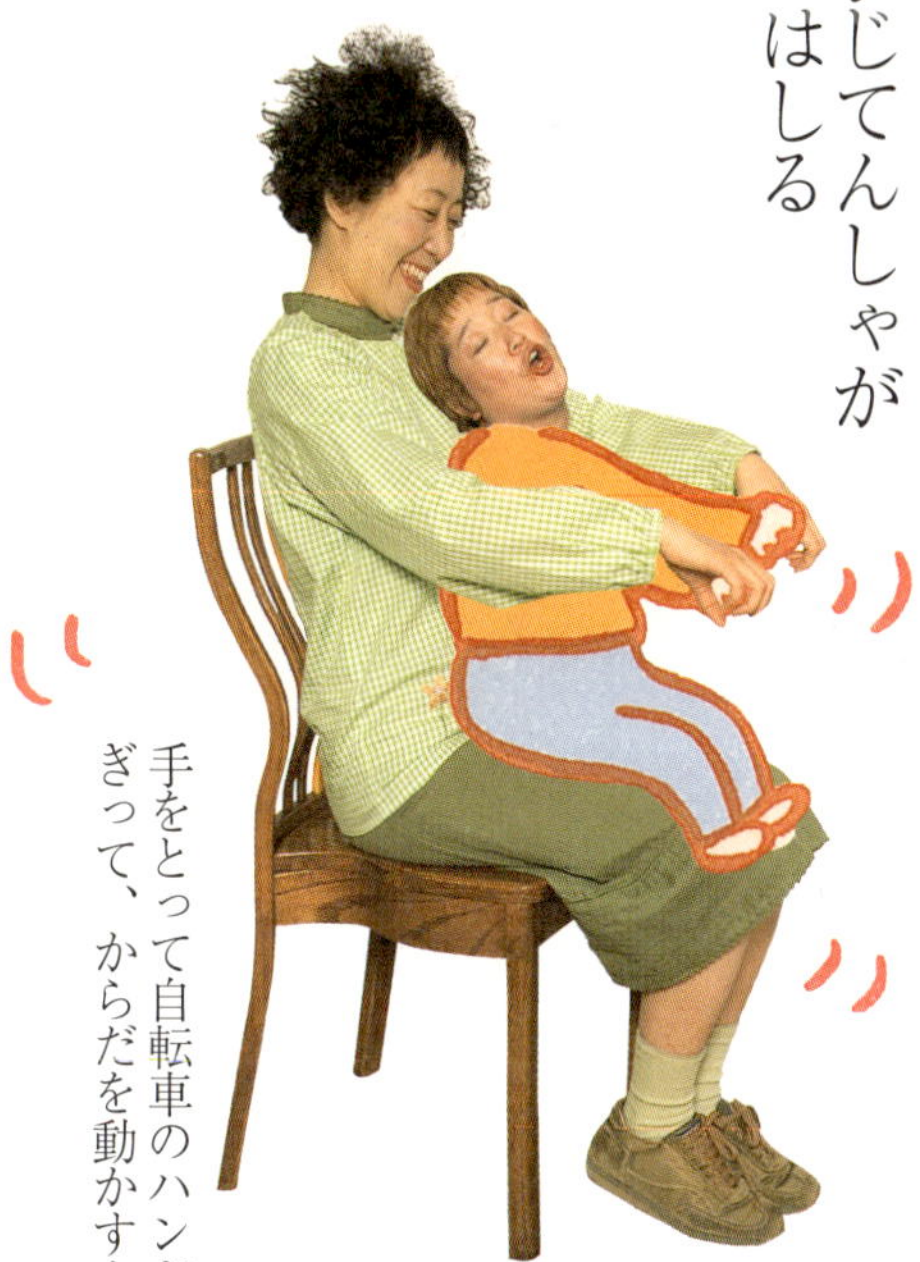

手をとって自転車のハンドルをにぎって、からだを動かすように。

♪ひこうきがとぶよ

子どもをだっこし、飛行機になったつもりで動かす。年齢に合わせて、旋回や降下や上昇の動きを工夫して。

♪ロケットがとぶよ
5、4、3、2、1

子どもを立たせて腰を支えておいて、カウントダウン。

「はっしゃー！」

「発射！」で子どもを抱えて立ち上がり、たかいたかいをする。

おやこでたのしく、生活あそびうた

トンネルくぐって

親子でいっしょにたのしんでいるうちになんとなくひとりで服が着られたら、子どもも「やったー！」って気分になれるよね。おもしろがってやってみてね。

トンネルくぐって

平田明子／作詞・作曲

F Gm C F F Gm C F
トンネルくぐって あたまをポン ホイ! トンネルくぐって あたまをポン ホイ!

はじめの２小節は、大人が子どもにうたいかけます。服のなかをトンネルに見立てて、子どもをのぞきこみながらね。

「ホイ！」で、つぎのフレーズは子どもといっしょにうたいます。

子どもがうまくくぐれるまで、繰り返しうたってもいいよ。

ポン！

トンネルからうまく頭が出たら、「ホイ！」でつぎのフレーズへ。

F Gm C F F Gm C F
ニュルニュルニョロニョロ ヘビさんが ホイ ニュルニュルニョロニョロ ヘビさんが ホイ!
もひとりニョロニョロ ヘビさんが ホイ もひとりニョロニョロ ヘビさんが ホイ!

F Gm C F F Gm C F
トンネルくぐって あたまをポン ホイ トンネルくぐって あたまをポン!
トンネルくぐって あたまをポン ホイ トンネルくぐって あたまをポン!

今度はうでをヘビに見立て、ニョロニョロ動かしながら、子どもにうたいかけてね。「ホイ！」を合図に、つぎは子どももいっしょにうたいます。

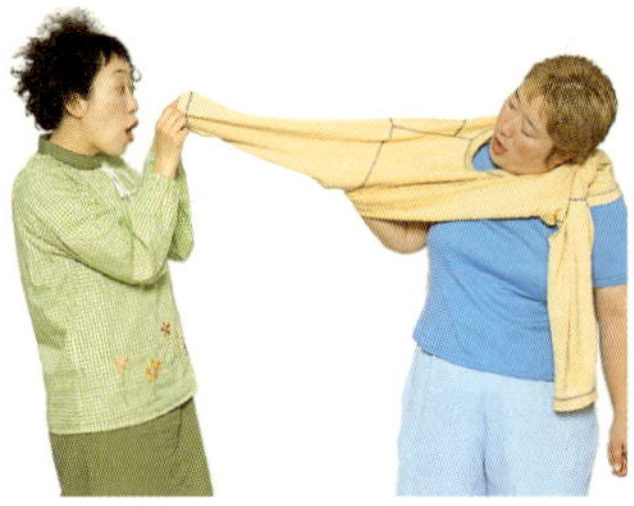

子どもはうでをヘビのつもりで動かして、そでのトンネルをくぐってみよう。

ホイ！

トンネルからうまく手が出たら、「ホイ！」で、もう片方も行くよ。

また大人が、反対のうでをヘビに見立てて動かしながら、子どもにうたいかけます。

ポン！

「ホイ！」の後は、子どもといっしょにうたいながら、もう一方のそでにチャレンジ！

F Gm C F
ぴーんとのばして できあがりー

これでいい？

頭も両手も出たけれど、もうひとつ忘れちゃだめよ……服のすそもぴーんとのばして……。

できた！

おしりフリフリ、おもしろあそびうた
しっぽっぽ

子どもってなぜかみんな追いかけたり、追いかけられたりが大好き。そこで、しっぽとりおいかけっこ。親子で、きょうだいで、ともだちどうしでも。ふたりでも！　おおぜいでも！　ど〜んとあそべます。

しっぽっぽ

平田明子／作詞・作曲

①しっぽをつけよう

ズボンやスカートの背中の部分に、タオルやひもをはさみこみます。

②なんになる？

しっぽのあるどうぶつになりきって、腰を左右にふりながら、うたいます。

③「よーい、ドン！」

の合図で、いざ勝負！　自分のしっぽをとられずに、相手のしっぽをねらってとります。

みあって

みあって

「GET！」

「とられちゃった〜」

あ〜

あーっ！

あ〜ん

●おおぜいであそぶときは、鬼ごっこのように、ひとり「ライオン」役を決めてあそぶのもたのしいよ。

●しっぽのあるいろんなどうぶつにあわせて、みぶりや歌詞も変えてあそんでみよう。

ケロちゃんの、ミュージックパネル

春のでんわ

子どもたちに大人気のミュージックパネル。歌とお話のおもしろさに、紙人形が動くたのしさをプラス。つくり方も、演じ方も、自由自在にアレンジしてみて。

春です……。電話が鳴って、冬眠していたどうぶつたちが、次々と起き出してきました。はじめに「あり」が起きて「かえる」に、「かえる」から「へび」に、「へび」から「かめ」に、「かめ」から「くま」に。

春のでんわ

増田裕子／作詞・作曲

F
B♭
F
G7
C
1. りん りん りん りん で ん わ で す か え る さ ん
2. りん りん りん りん で ん わ で す へ ー び さ ん
3. りん りん りん りん で ん わ で す か ー め さ ん
4. りん りん りん りん で ん わ で す く ー ま さ ん
5. りん りん りん りん で ん わ で す み ー な さ ん
C
セリフ「あ、もしもしありですけど…」「あームニャムニャかえるですケロ〜〜〜」
C
C
C7
F
1~4. は や く お き て く だ さ い な もう す ぐ は る で す よ
5. み ん な お き て き ま し た よ たの し い は る で す よ

＊セリフのところは、登場するどうぶつに合わせて自由にアレンジしてください。

ねている姿と起きている姿が、表とウラになっていて、ひっくり返したときの「びっくり!」がたのしいパネル。電話も、受話器と本体を別々にして、受話器をはずしたり、もどしたりする動きもたのしめます。

あそび方

①パネルのほぼ中央に、電話とありを貼りながら、

「もうすぐ、はるです。ありさんは、電話をかけて、冬眠しているかえるさんをおこしてあげることにしました」

受話器をはずし、ありのそばに貼る。

歌1番「♪りんりんりんりん　でんわです　かえるさん」

はる

用意するもの●Pペーパー、クレヨン（またはポスターカラー、筆、水、えんぴつ）、はさみ、パネル布（ネル地でもOK）、パネル、パネル台（イーゼルなど）

つくりかた●①Pペーパーに、どうぶつの絵を描く（起きている姿とねている姿を、表と裏にして）。②おおまかな形に切り抜く。③色を塗る。

②ありをはずして、受話器を戻し、ねているかえるを貼って、

「ここはかえるさんち。ありさんから電話がかかってきました」

受話器をかえるの側に寄せて……

あり「あ、もしもしありですけど」

かえる「あームニャムニャ、かえるですケロ〜」

♪りんりんりんりん　でんわです
かえるさん
はる

③歌「♪はやくおきてくださいな
もうすぐはるですよ」

さっと、かえるを裏返して、

「かえるはびっくりして、とびおきました!」

受話器を戻し、かえるをはずして、

「今度は、かえるさんからへびさんに電話です」

♪はやくおきてくださいな
もうすぐはるですよ
はる

Pペーパーは不織布で、パネル布（ネル地）にくっつきます。お近くの書店にご注文いただくか、またはクレヨンハウスでも扱っています（Pペーパー／L判四つ切り4枚入り、本体800円）。

④ねているへびを貼って、
「ここはへびさんチ」
歌2番「♪りんりんりんりん
でんわです　へーびさん」
「あ、もしもし、かえるですけど」
へび「あーニョロニョロへびニョロ」

♪りんりんりんりん　でんわです
へーびさん
はる

⑤歌「♪はやくおきてくださいな
もうすぐはるですよ」

ねているへびを裏返して、

「へびはびっくりして、とびおきました！」

♪はやくおきてくださいな
もうすぐはるですよ
はる

⑥次は、へびが、かめさんに電話。
受話器をもどし、へびをはずして、
ねているかめを貼る。
「ここは、かめさんチ」
歌3番「♪りんりんりんりん
でんわです　かーめさん」

♪りんりんりんりん　でんわです
かーめさん
はる

⑦へび「あ、もしもしへびですけど」
受話器をかめの側にもってきて、

「のろ～、のそのそかめです」

歌「♪はやくおきてくださいな
もうすぐはるですよ」

ねているかめをひっくり返す。

♪はやくおきてくださいな
もうすぐはるですよ
はる

⑧今度は、かめさんがくまに電話。
かめをはずし、ねているくまを貼り、
受話器をもどす。
「ここはくまさんチ」
歌4番「♪りんりんりんりん
でんわです　くーまさん」

♪りんりんりんりん　でんわです
くーまさん
はる

⑨かめ「あ、もしもしかめですけど」
受話器をかめの側にもってきて、
くま「あー、もぞもぞくまです」
歌「♪はやくおきてくださいな
もうすぐはるですよ」
ねているくまをひっくり返す。

♪はやくおきてくださいな
もうすぐはるですよ
はる

⑩最後に、全員集合！　パネルに、起きているどうぶつたちを貼って、
歌5番「♪りんりんりんりん
でんわです　みーなさん」

「ふわぁ――。よくねたー」

「わぁー、おはよう！」

「ケロケロ！　ひさしぶりだね」

歌「♪みんなおきてきましたよ
たのしいはるですよ」

「みんなおきたよ。もうすぐはるですね」

♪みんなおきてきましたよ
たのしいはるですよ
PERMANENT

「せりふやかたちにこだわらないで、いろいろアレンジしてたのしんでね」とケロちゃん。

ほかにもいろんなどうぶつにしてみたり、家族や友だちの絵にして、せりふも工夫して電話ごっこをたのしんだり。シンプルだから、いろいろにたのしめるんです。

パネルの絵／飛田京子さん
増田裕子さんとの絵本に、『むぎちゃんのすなば』『むぎちゃんのピクニックシート』（偕成社／刊）がある。

テクニックで勝負！ジャンガン・フー

あそぶうちにテクニックが身について上手になっていくあそびのひとつかな。うまくいくコツがわかってくると、けっこうみんな燃えるよね。子どもから大人まで、どんどんあそんで、すごい裏技を見つけよう。

●用意するもの
付せん数枚

付せんを1枚ずつ取って、ポンちゃんのように、鼻の頭にくっつける。長方形に切った紙を、ごはんつぶかスティックのりで貼ってもいいよ。準備ができたらスタート！

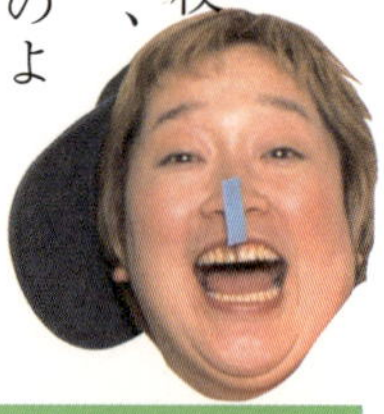

1回戦

①まず「ジャンガン・フー」と言ってじゃんけんをします。「フー」と言ったときに、自分の付せんを飛ばしてしまったら、もう負けだよ。

②勝ったひとは負けたひとに向かって「タイフータイフータイフー」と3回言って、相手の付せんを飛ばします。負けたひとは飛ばされないようにガンバレ！

③うまく相手の付せんを飛ばすことができたら勝ち。 勝ったひとはもう一枚、別の付せんをくっつけます。だんだん長くなってむずかしくなるよ。

2回戦

④今度はケロちゃんが勝ちました。

⑤ガンバレ！　ケロちゃん

⑥なんとケロちゃん、自分の付せんをとばしてしまいました。こうなってしまったら負けだよ。気をつけてね。

　勝ったポンちゃんはさらに付せんをくっつけて、長くしてから、いざ3回戦！

3回戦

⑦どうやらあいこのようです……

⑧あいこのときは、2人で、お互いに向かって「タイフータイフータイフー」と3回言い合いましょう。付せんが飛んでしまったほうが負けだよ。

⑨結局ケロちゃんは、一度も勝てませんでした。勝ちつづけたポンちゃんは、鼻高々ならぬ、こんなに長い鼻になりました。

今度はみんなで何になる?
なかよしこよし

なかよしこよし

増田裕子／作詞・作曲

F B♭ F B♭ C
オ レ とおまえ ー オ レ とおまえ な か よ し こよし ー
あな た とわたし ー あな た とわたし な か よ し こよし ー

「オレ」をさして　となりの「おまえ」をさす　肩を組んで左右にゆれる

F B♭ F B♭ C F
オ レ とおまえ ー オ レ とおまえ な か よ し こよし ー
あな た とわたし ー あな た とわたし な か よ し こよし ー 「がったーい！」

（相手も同様に）「オレ」をさして　となりの「おまえ」をさす　肩を組んで左右にゆれる

がったーい！

歌のあとは……「がったーい!」を合いことばに友だちといっしょに組んで何かを表現しよう。ふたりで、みんなで、いろいろなものに変身!

〈2人〉かたつむり

〈4人〉トーテムポール

〈3人〉サンドイッチ

〈2人〉こまいぬ

〈5人〉いもむし

〈3人〉じてんしゃ

その場でみんなで何やろうかなって相談して、瞬間の思いつきをたのしんであそんでほしいな。おもしろいアイデア大歓迎！　無理に表現しなくても、なかよしの友だちといっしょに、歌だけうたってもたのしいね。

かっこよくきめておどろう、超イケロック！

ケロケロロック

平田明子／振り付け

ロックスターになりきって、うたっておどろう。ギターを自分でつくってみてもいいね。サングラス、黒いビニール袋で革ジャン、カエルのお面と、衣装も工夫してみよう。友だちといっしょに、バンドごっこもたのしんで。

ダンボールやベニヤで自分だけのギターを作ってあそぶとたのしいよ！

1
♪ケロケロケロロック
ギターをかきならすように上から下に。

2
♪ケロケロケロック
下から上にギターをかき上げるように。

キメッ

3
♪ケロケロロロック
右手をぐるりとまわし、腰の位置でとめて、キメのポーズ！

4
♪うまれたころから
右手左手を交互におなかにあてる。（×2）

5
♪げんきなおたまじゃくし
カエルのポーズでしゃがんで、いきおいよく立つ。（×2）

6
♪びんびんてがはえ
あしがはえ
胸の前でグーをして小さくなり、手足を同時にパッとひらく。（×4）

7
♪いけのなかを
とびだして
右方向に2回平泳ぎ（片足を後ろにけり出す）、左方向に2回平泳ぎ（片足を後ろにけり出す）。

ケロケロロック

増田裕子／作詞・作曲

A　D
ケロケロケロック　ケロケロケロック　ケロケロロックー
Fine
D　F♯m
1.うまれたころからー　げんきなおた　まじゃくしー
2.グラサンかわジャンー　きまりのスタ　イルだぜー
Bm　A
びんびん　てがはえ　あしがはえー
がんがん　ギターを　うならせるー
G　D
いけの　なかを　とびだしてー
せかい　じゅうを　かけまわるー
Em　A　D
オレはりっぱな　アオガエルー
オレはりっぱな　ロックンローラー
G　D
そんじょそこらの　カエルとちがう　ハートがびゅんびゅん
そんじょそこらの　カエルとちがう　ハートがギンギン
D　G
とんでるぜ　オレのからだの　ちがさわぐ
ないてるぜ　オレののうてん　つきやぶる
A
ロックがすきな　カエルだぜ　ーっ「超イケロック!」
ロックをあいする　カエルだぜ　ーっ「超イケロック!」
D.C.

8

♪オレはりっぱな

髪をなでつけるように、両手を頭の後ろに回す。

ニヒッ

9

♪アオガエル

カッコつけて前を指さす。

10

♪そんじょそこらのカエルとちがう

左右の順で肩にあてた手を前につきだす。（×2）

12

♪ハートがびゅんびゅんとんでるぜ

胸の前で両手でハートのかたちを作り、前へ突き出す。（×4）

12

♪オレのからだのちがさわぐ

ノリノリ気分で、両手をブンブンふる。

13

♪ロックがすきな

上から下へギターをかきならすように動かす。

14

♪カエルだぜ

左足を軸に、くるっと1回転。

15

両手でなげキッス

超イケロック!

キミゴリラ? オレゴリラ!
ゴリラッパ!

リズムにのってうたっておどろう。ラップにはこれといった振りがないから、みんな自由におどってね!

オレゴリラ?!

音やことばのかけ合いをラップっぽくきめよう。

パッパッパ!

(パッパッパ!)

ラップって、ことばあそびみたいなものなんだ。ひとりがいったことばを、みんなで追いかけて口まねするだけでも、ノリのいいラップの感じが出るよ。紙楽器も鳴らして、みんなで盛り上がってあそんでね。

コレラッパ!!

ゴリラッパ!音楽隊

いろんな楽器を鳴らしながら、うたっておどろう。おすすめは、切り抜いて組み立ててつくる紙楽器たち。
『よく鳴る紙楽器』繁下和雄/作
本体1、942円　クレヨンハウス/刊

ゴリラッパ

ストローの先を4センチくらいまでくわえ、思いきり強く息を吹き込むと音が出ます。

ゴリラッパ！

平田明子／作詞・作曲

歌詞の中の☆部分は楽器の音にしてもいいよ！

前のめりになったり、のけぞったり。
とにかく、かっこよくおどろう！

ポンちゃんの秘密の裏技大公開！
ゴリラッパの先を手のひらで、
開けたりふさいだり……
さあ、どんな音が出るかな？

カズー

両手でカズーを持ち、穴に口をつけて「ドウドウドウ」と声を出すと、よく響きます。詩を静かにうたっても、きれいに響きわたります。このカズーでうたえば、気持ちのよいハミング状態を作ることができます。

スライドホイッスル

片手でストローのついた筒を持ち、もう一方の手で重なっているほうの筒を持ちます。吹きながら、重なっているほうの筒を伸ばしたり縮めたりすると、音が変化して愉快に響きます。

あそび名人の哲学 3
ケロポンズ

ケロポンズ流　あそび哲学は……
「ごっこあそびっ?!」

テュ～ルルテュルルテュ～ルル…～（♪○子の部屋のテーマソング）

ケロ子「え～みなさんこんにちは。ケロ子の部屋の時間です。
　　きょうのお客さまはケロポンズのおふたりですっ」

ポン「あ～どうもこんにちは～」

ケロ子「はい。きょうはケロポンズのあそび哲学を聞かせていただけるんですってね。
　　あら？ところで、ケロさんはきょうはどうされたんですか？」

ポン「仕事だっていうのにハワイに行っちゃんたんです。ヒドいでしょ」

ケロ子「んまっ。ケロさんに限ってそんなことっ……（ぶつぶつ）」

ポン「いえいえ本当なんですよ。ってそれよりも、そろそろごっこあそびもやめて……。んくくく……。（笑いをこらえるポン）」

ケロ「はあ～いっ（笑）。でも、ごっこあそび、たのしいよなあ」

ポン「そうだね～。暇さえあればやってるよね、ごっこあそび（笑）」

ケロ「そうだっ！　ケロポンズ流のあそび哲学は『ごっこあそび』ってのはどう!?」

ポン「（ばたっ）どんなんじゃっ！（笑）あ～？　でも基本はそうかっ!?」

ケロ「そうそう。あ、あとシンプルさが大事ね！」

ポン「なるほど～。わかりやすいでんがな」

ケロ「あとは…」

ポン「自分たちがおもしろいと思うことがあそびになるってこと？」

ケロ「そうだあ～。それそれっっ!!」

ポン「あそび哲学っていうか……」

ケロ「ただ単に自分たちがおもしろいって思うことをやってたら、
　　それがあそびになっちゃったってことだね」

ポン「だははは……。くっだらな～いって言いつつも（笑）」

ケロ「たのしい我が家……（←意味なし）。だってたのしくなきゃさ～……」

ポン「あそばないよねえ!!（笑）ふはっ！」

ケロ「あっそばないようっ！」

ポン「ケロちゃんとだってたのしくないと…」

ケロ「あっそばないようっ！（笑）ポンちゃんとだってたのしくないと……」

ポン「あっそばないぞうっ!!　なんちゃってー!!（笑）」

ケロ「いつまでもそういう自分たちの感覚に敏感でいたいなあ」

ポン「そうだねえ。ケロちゃんは本能のままだから、だいじょうぶ、だいじょうぶ」

ケロ「こらこら～（笑）」

ポン「理性より本能!!」

ケロ「ポンちゃんもじゃないかあ～食べて寝て食べて寝て……」

ポン「ほんとだあ～ケロポンズならずホンノウズ!?
　　そんなこと言ってたらホントにおなかへってきた……。ふはあ～」

ケロ「じゃ、哲学もここらへんにして、栄養学のほうに……」

ポン「んもう、学はええからごはん食べにいこう（ヨロヨロ立ち上がる）」

ケロ「それではみなさん！」

ポン「さよおなら～」

（ケロポンズ退場）　（おしまい）

新田新一郎さんのあそびじゅつ

どうも、新田さんは子どもたちをあそびに熱中させる魔法を知っているらしい。ぬったどん（どんちゃん・新田さん）がまいたあそびのタネは、子どもたちのなかでどんどん育って、ひとりひとりが見事な花を咲かせてしまう。それって、どんな魔法？

＊

ぼくは「こんなのどう？」と呼びかけるだけ。「こうしなさい」とは絶対言わない。でも、「わっ、おもしろい！」と思った子どもたちはどんどん自分で、もっとすごいことを思いつくんだよね。

アートは「自遊」だから、ひとりひとりの個性が生きてくる。それぞれがちがっているから、おもしろい。「あそびじゅつ」はあそび＋美術。自分の好きなように感じて、表現していいんだよ。

＊

子どもたちをやる気いっぱいの顔にするためのドラマチックなあそびの提案、子どもが自分で決めていくための大人の関わり方。

これも、ぜひどんちゃんから、ぬすんでみたい。

取材協力／アトリエ自遊楽校

からだで感じて、表現する
線香花火を描く

みんなの生きている目でしっかり見て、生きている耳でよ〜く聞いてごらん

一回しかやらないよ。どんなふうに花火がはじけるか、よく見て、よく聞いて。

「何だかわかる？」

子どもたち―線香花火！

「どんなふうにして光ってた？」

子どもたちは、思い出した花火のイメージをことばにしていく。

「これから火をつけます。どこにつければいいんだっけ？」

灯りが消えて、まわりが暗くなると……

―何にも見えないよ。

火がつくと、静まり返ったなか、花火のはじける音だけが大きく、そして、ぽっとん……。

たった1本の線香花火のショーに、子どもたちは見事にくぎづけ。

―花火、描きたい！

―絵の具で描く！

―バチバチって光ってたとこ、描きたい！


「描きたい」という気持ちが高まってあふれ出すと、だれでもすごい絵を描くことができる。どう感じるかは、ひとりひとりちがっていいんだよ。だから、できあがった絵もちがってくる。いまのその子にしか描けない絵が生まれてくるんだ。

なんとハブラシで絵を描くよ

花火のもつとこ、いろんな色があったね

どんちゃんがクレヨンで描き出すと、

―わあ、じょうず！

「そうやって友だちの絵をほめることができるの、すごいことなんだよ」

さて、絵の具をつけるのはハブラシ。

―ハブラシで絵、描けるの？

「ほら、こうやって絵の具をつけて……バチ、バチバチ……」

自分も早くやってみたい、描きたいという気持ちでいっぱいに。

どんちゃんの見たバチバチ！こんなだったな

別の色をつかうときは、一度水で洗って、タオルでふいてからね。

描きたいひと？
ハイ！

用意するもの●黒い画用紙、クレヨン、各色の絵の具をいれた器、古いハブラシ、筆洗い、古いタオル **準備**●画用紙や絵の具は、まとめて別のテーブルに用意。それぞれ水をくんで、好きな色をもってきて、さあ描くよ。

いろんな色が「にじ」みたい
ピシピシ……
ジジジジ……
バシ！バシ！
すごいな！バチバチはじけてるね
パチパチパチパチ……

花火の何をどう感じたか、ひとりひとりがイメージを描いていく

花火がどう光ってたか、そのときどんな音がしたかを描いていく……。同じものを見て、同じ道具をつかっても、こんなにもちがった絵ができあがった！

「絵を描いて、ほとんどみんなが同じ絵になってしまうほうがヘン。だってひとりひとりがちがっているんだから、感じたこともイメージすることも当然ちがう。そのひとりひとりがちがっていることが、すばらしいことなんだよ」と新田さん。

花火を集中してじっくりと見るという強烈な体験と、さらにハブラシという絵を描くのには意外な道具との出会いが、子どもたちのやってみたい気持ちをぐいぐいひっぱり出した。描きたいというやむにやまれぬ欲求がムクムクしてきて、それぞれのすばらしい絵が生まれてくる。

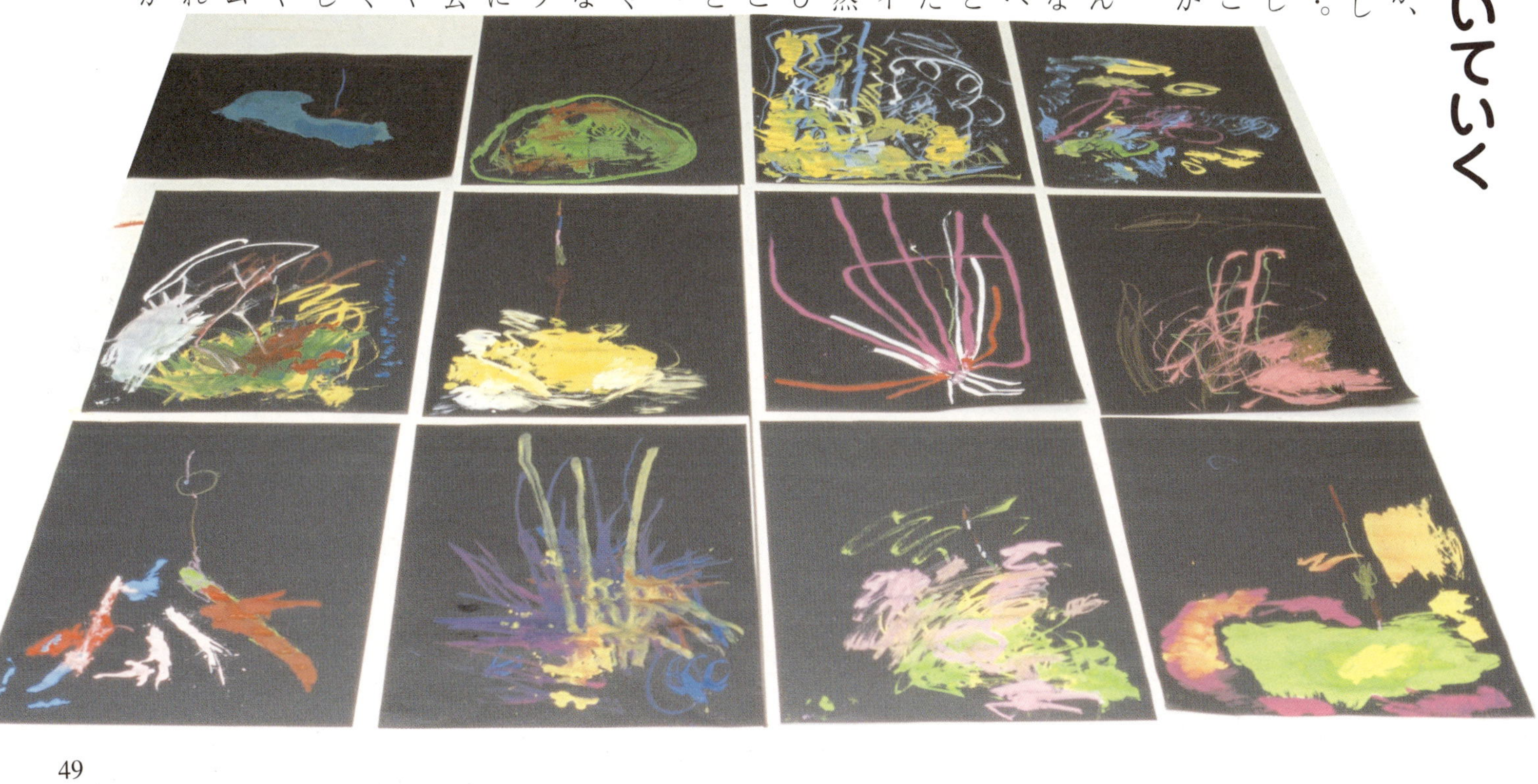

アッとおどろく、がアートのはじまり
つくる、描くあそび

つくることとは、失敗と挫折の連続。でも、つくりかたは教えない。大人もいっしょにドキドキしながら、つくることをたのしもう。どんなものをつくりたいのか、どうつくるのか、子どもは自分で考えて、つくりかたを見つけていく。

カメラをつくる

空き箱でつくったカメラをかまえて、「写真を撮ります。はい、ポーズ!」カシャ! とシャッターを押して……「はい、できた」と、写真(入れておいた絵)を取り出して見せよう。どんなかたちの箱を選ぶか、どんなレンズにするかで、いろんな個性的なカメラのできあがり。スポンジのシャッターは、押した感触もバッチリ!

サンダルをつくる

いろんな種類のサンダルをならべて見せたら、「どんなのをはきたい?」と聞いてみよう。ひとりひとりがデザインのイメージをふくらませてみよう。画用紙に自分の足形をうつしとったら、オリジナルデザイン目指して、制作のはじまり。

思い描いていたものが、自分の手でだんだんかたちになっていく。イメージと少しちがっていても、うれしさは格別。さあ、はいてみよう。

パクパクをつくる

「これ何かな?」子どもの目の前で「パクッ!」とやってみよう。「見せて」「つくりたい!」あれっ! とびっくりする気持ちが子どもたちのこころを動かす。空き箱、ダンボール……ひとりひとりが好きなものを選んで工夫できるように、何でもつかえそうな素材をいろいろ用意しておこう。できあがったパクパクくん、を動かしていたら、いつの間にかおはなしができていく。

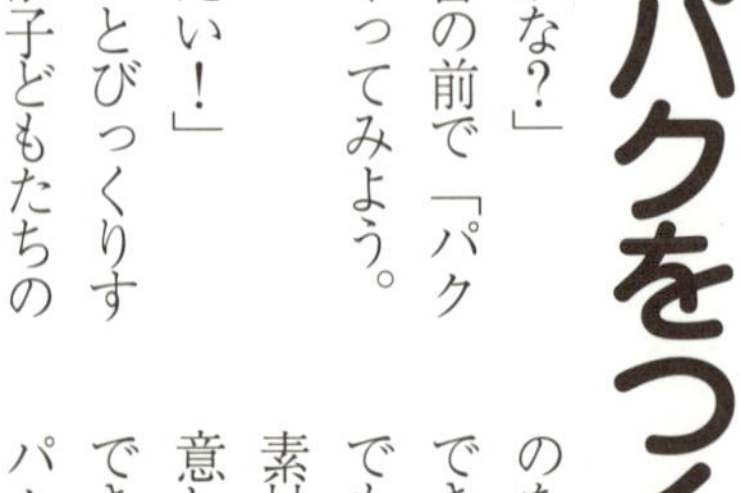

見て、ふれて、描く

毛ガニをじっくり間近で見る、さわってみる。「へんなにおい」「すごい毛」「ちっこい目」「痛い」感じたことが、つぎつぎと飛び出してくる。「じゃあ、自分の感じたそこを絵に描こうよ」そして、こんな生き生きとした絵ができあがった。最後はみんなで食べて、ごちそうさま。

みんなの友だちの「ウズラちゃん」がたまごを生んだ。いつもだっこしたり、ふれたり……どんなふうに走って、どう飛ぶかもよく知っている。だから、こんなリアルな絵になる。卵を抱えて、真っ正面から走ってくるところなんて、ふつう描けないよね。

新聞紙に描く

いつもの画用紙じゃなく、新聞紙に描いてみる。それだけでふしぎに、子どもたちが実にのびのびと描き出した。「失敗しても、新聞紙だからだいじょうぶだね」その安心感から、自由な気持ちで描けるみたい。

コラージュする

雑誌のカラーグラビアを切って貼って、コラージュ・アートに挑戦！「顔」をテーマにしたら、こんなどっきりや現代アートの作品みたいな傑作が登場。絵を描くのが苦手でも、小さい子でも、たのしめる絵のひとつ。

絵本をテーマに描く

「いい作家やいい絵本と出会うことで、想像力と創造力が刺激されるんだ」

「どこがすごかった？」「どうしてこんな絵になったのかな？」と、絵本を読みながら聞いてみよう。すぐれた絵やおはなし、詩のことばは、いろんなイメージを引き出す力をもっている。

『とべ　バッタ』の原作を超える力強いバッタ。絵本の迫力が、印象的だったからこそ。

『かさじぞう』のいちばんこころに残ったシーンを。赤いおじぞうさま、青い雪……子どもたちのイメージは、なんと豊かなことか。

『コーネリアス』の立って歩いたワニは、子どもたちに強烈なインパクトを与えた。色紙や包装紙をコラージュに。

工藤直子さんの詩「のはらうた」の絵本『あいさつがいっぱい』。「あっちのたんぽぽが『たん』といったら、こっちのたんぽぽが『ぽぽ』とへんじしたよ」

『とべ　バッタ』（田島征三／作　偕成社　本体1400円）『かさじぞう』（赤羽末吉／絵　福音館書店　本体743円）『コーネリアス　たってあるいたわにのはなし』（レオ・レオニ／作　好学社　本体1456円）『あいさつが　いっぱい』（工藤直子／文、長新太／絵　小学館　本体1260円）

見るたのしみから、演じるたのしみへ
おはなしあそび

絵本や紙芝居、パネルシアター、パペットシアター……演じられる物語のなかには、子どもたちをひきこむふしぎな力がある。想像力をかきたてられ、創造へとつながるあそび。絵本を読んで終わらないで、そこからがはじまり……。

パペットシアター

くまのモコちゃんです

「モコちゃんです。こんにちは」
子どもたち―こんにちは！
モコちゃんが動き出すと、子どもたちはからだを乗り出して、モコちゃんから目が離せない。友だちのぷーちゃんのきょうだいを紹介してくれたよ。

「はらぺこぷーちゃん」のはじまり！
こんにちは
ええい
よいしょ
よいしょ

ダンボールの箱が、舞台にも楽屋にもなる、すぐれもの。新田さんが師とあおぐ遠藤実さんが考案したもので、長らくいっしょに演じ、いまは新田さんがうけついでいる。

ひとつの肉まんをめぐって、きょうだいげんかに。子どもたちから「けんかしちゃだめ」と声があがる。つなひきで勝負することに……。でも、「ふたりで半分こすればいいよ」と声がかかって、ぷーちゃんたちはけんかをやめて、おなかもいっぱいに！

ぬったどんの絵ばなし『ふしぎなたいこ』

「ふしぎなたいこ」をたたくと、鼻がどんどんのびる……！　日本の昔ばなしを、大型のめくり絵ばなしに。パネルシアターの厚地Pペーパーをつかったしかけがふんだんに工夫されている。おはなしにあわせて、絵のなかの鼻がどんどんのびていくようすに、子どもたちはすっかり魅せられてしまった。絵ばなしが終わると、自分たちも、こんな絵本がつくりたい、という気持ちでいっぱいに！

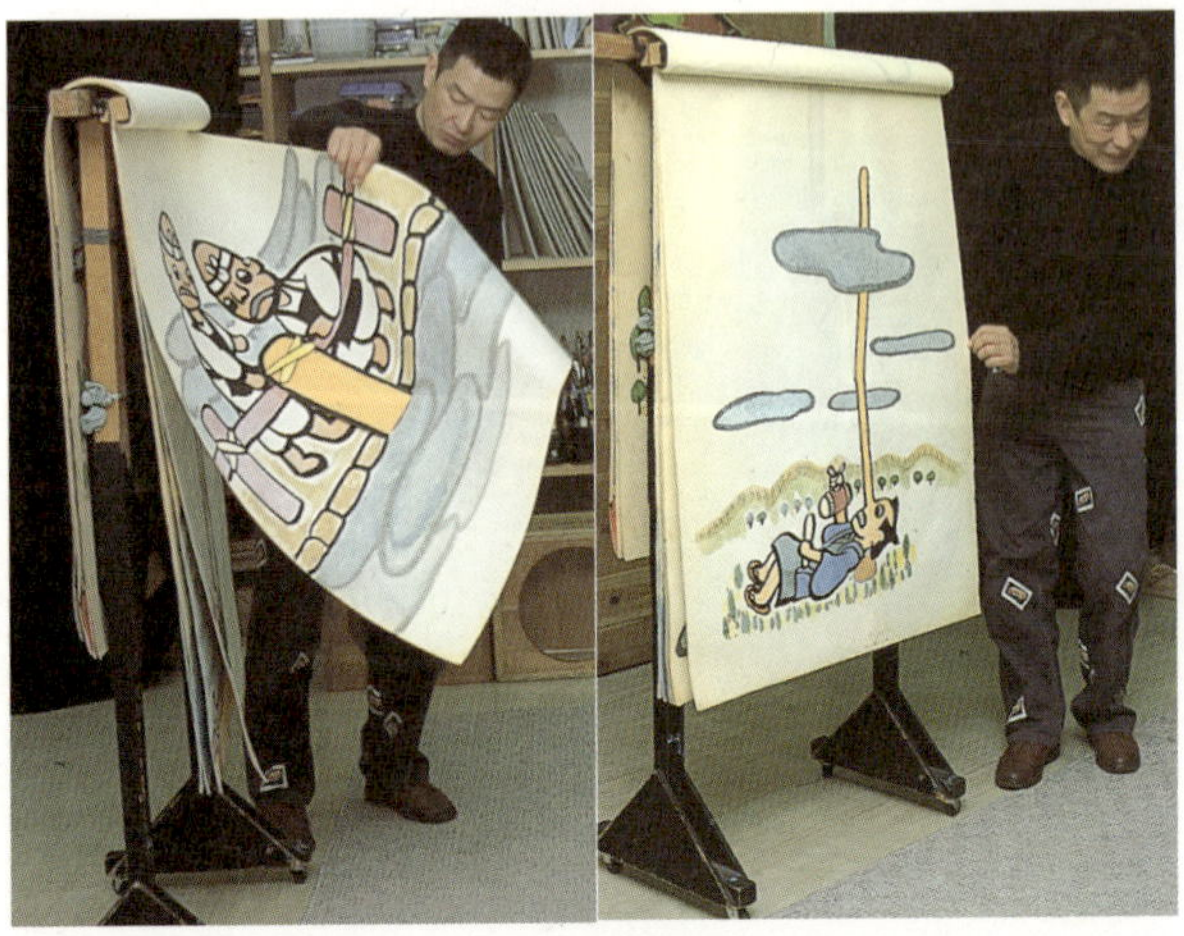

この絵ばなしも、遠藤実さんが考案・制作したもの。

＊『ふしぎなたいこ』については、絵本『ふしぎなたいこ』（石井桃子／文　清水崑／絵　岩波書店　本体640円）や『石井桃子集2』（石井桃子／著　岩波書店　本体2900円）に収録のお話があります。

うごくお人形をつくって「わたし劇場」の開幕！

目をつけて、指を入れて動かすよ
髪はどんなのにしようか

用意するもの●フィルムケース（頭に）、目（手芸用の動くもの・黒いシールでもいい）、いろんな布など（服に）、毛糸やスチールウール（髪の毛に）、はさみ、ボンド、両面テープ、カラーマジックなど。＊好きに選べるように、できるだけいろんな種類を多めに用意。

「目は何でつける？どこに？」

—おじぎしたらバラバラになった…

「失敗したらどうするんだっけ？」

—やりなおす！

「どうやったらいいと思う？」

問いかけに答えることで、子どもたちは自分で決めてつくっていく。

どれにしようかな
色をぬってかっこいいのつくろう
髪は…
口はどうする？
わあ〜おひめさまみたい！

まず、フィルムケースに目を貼ろう。何色の髪にしようかな……貼りつけたら、今度は口を描こう。洋服にするシートや布を選んだら、指を入れてみて……ケースの内側に両面テープを貼って固定するといいよ。

おにいちゃん星人
足もつけたんだ
おかいものに行くの
たっくん

つくった指人形に名前をつけよう。空を飛んだり、とことこ歩いたり……。友だちのお人形とごあいさつ、人形を動かしながらおはなししよう。ひとりひとりのおはなし劇場のはじまり。

全身でねんどを感じるライブ
とことんねんどあそび

ねんどになる、ねんどをつくる、ねんどでつくる、みんなでつくる……最高にドラマチックなねんどあそび。「ねんどって気持ちいい」と実感、「やった！」って気分になれること、まちがいなし。

第1幕 ねんどになって「ねんどたいそう」

「ねんどであそぶ前に、とっても大切なことがあるんだ。ねんどってどんな感じ？ みんなでねんどになるよ。さあ、『ねんどたいそう』いってみよう！」

ぐにゃぐにゃ

まるめて転がして

どんどんのびて

ねんどがかたまっちゃった

みんなでどんちゃんねんどにかたまれ！

みんなすっごくいいねんど！

ねんどを手にする前に、自分たちがねんどになって、からだじゅうで感じてみよう。ふにゃふにゃねんど、のび～るねんど、丸めたねんど……。ねんどあそびへの期待は、どんどん高まっていく……。

第2幕 ねんどづくりにチャレンジ

すっかりからだもほぐれて……


子どもたち―早く、ねんどやりた～い！

「ごめん。ねんど買うの、忘れちゃったんだ。どうしようか？」

―つくればいいよ。

「ねんどってつくれるの？」

―つくれるよ。

「どうやって？」

―粉でつくれるよ。

―小麦粉？

「土の粉で、ねんどをつくります」

―うでまくりしようっと。

「おーっ、みんなやる気の顔だな」

用意するもの●土ねんどの粉（陶器をつくる粉でホームセンターなどで手に入る）、水（コップなど小さな器にいれておくといい）

①粉をまとめて、山をつくるよ。

わあ、火山みたい

②山のてっぺんに指を指し入れて、穴をあけよう。

③穴に、水を少しずつ入れていく。

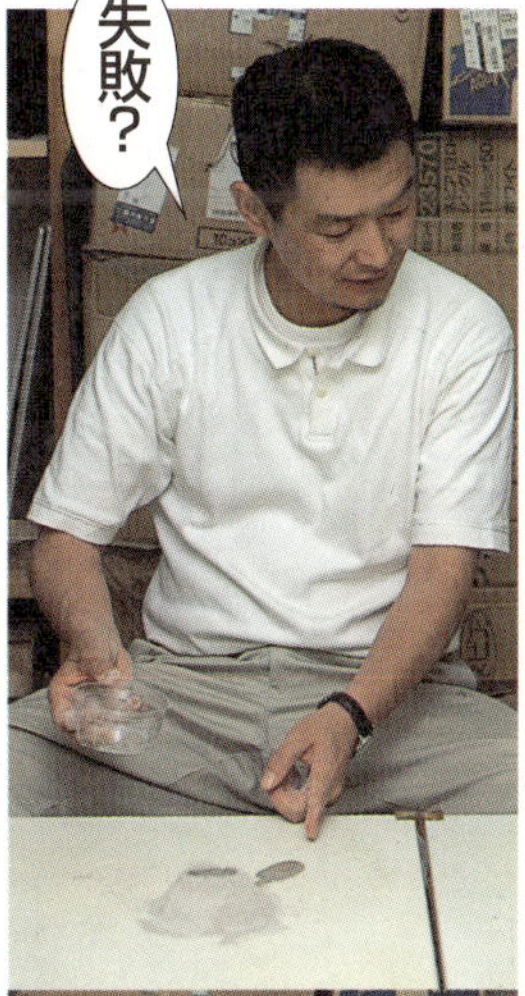
失敗？

④水があふれてしまってもだいじょうぶ。粉をかぶせて、まぜればいい。

⑤粉と水をまぜてこねる。「ぼろぼろ」なら水を少しずつ足して、「べちゃべちゃ」なら粉を足して。

ゾンビの手！

⑥こんなボロボロでも、まとめてねっていくと、ちゃんとねんどになるよ。

これが土の粉どんな感じ？
つめたい…さらさら

はやくかたまりたいなあ…
わあ、きょうりゅうみたい

まぜまぜ…
おだんごになってきた

ぼろぼろねんどを「まぜまぜ・なかよし……」と呪文を唱えて集めると、テーブルも手もきれいになっていく。

粉が「さらさら」から「べとべと」になって「ぼろぼろ」に。さらに「ぐにゃぐにゃ」が、丸めていくと「どっしり」に。ねんどの変化と、「ねんどって気持ちいい！」をたっぷり味わいます。

ドン！ドン！

だんごにしたら、テーブルに「ドン！ドン！」と打ちつけて。これがいいねんどをつくるための、とっておきの秘訣！

第3幕　足のあるどうぶつをつくろう

「特上のねんどができたかな？　特上かどうかは、わってみるとわかる」

―わってもいいの？

　なかはすべすべで、なめらかなら特上のねんど！　そうじゃなかったら、「ドン！　ドン！」ともう少し打ちつけてみよう。

「さあて、何つくろっか？」

4本足だ！

①ねんどで長い足をつくって、立ったよ。

やっほー
きりんだ！

②4本足に胴体をのっけて、なが～い首をくっつけて、なにかな？

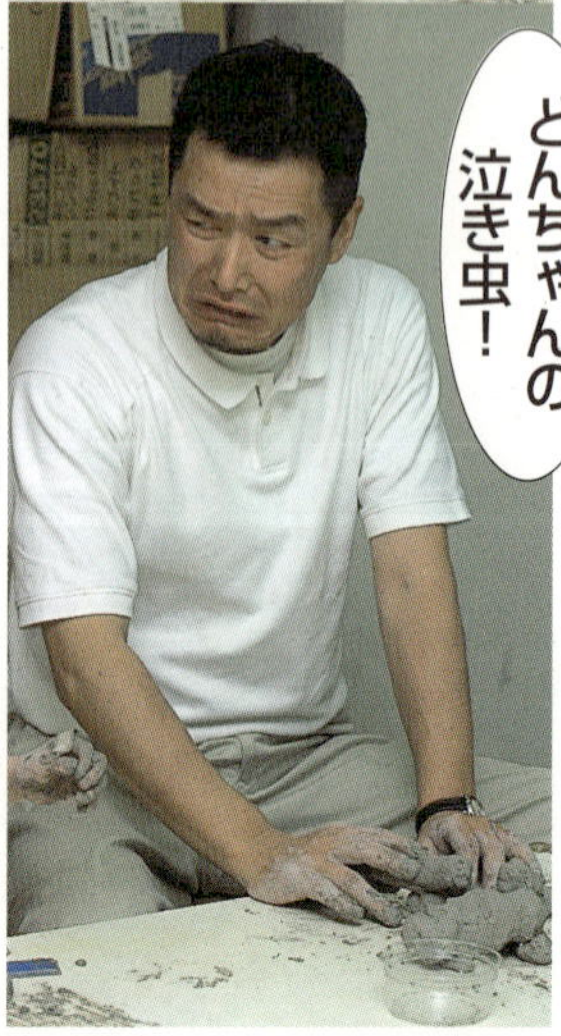
どんちゃんの
泣き虫！

③完成と思って、手をはなしたら、くずれちゃった。「あ～ん、どうして？」

―ねんどあげるから、泣かないで。

―失敗しても、もう一回つくればいいよ。

「だけど、どうしてつぶれちゃったのかな？」

―もっと小さいどうぶつにすれば？

―もっと足を太くすればいいよ。

「みんなは足で立っているけど、どうしてつぶれないんだろう？」

―骨があるから！

―からだのなかには骨があるよ。

―あっ、わりばし！

―よっしゃ！　もってくる。

　子どもたちのアイデアで、きりんの足と首にわりばしを入れて、またチャレンジ！

こんどは立ったよ！

足のあるどうぶつ？……自分のつくりたいものをつくる！

わりばしの
骨をねんどで
くるんで
きりんがね、
水をのんでる
ウルトラマン
なんだよ
ちびゾウ！
足のある
ゆきだるま

第4幕 みんなでゾウをつくって、のるゾウ！

もっと、太く太く

①みんながのるゾウだから、足の骨はわりばしよりもうんと太い棒をつかおう。くるむには、ねんどがたくさんいるね。

わっせ、わっせ

②できあがったゾウの足、1本でも、どっしりと重い。ひとりで持つのは、なかなかたいへん。

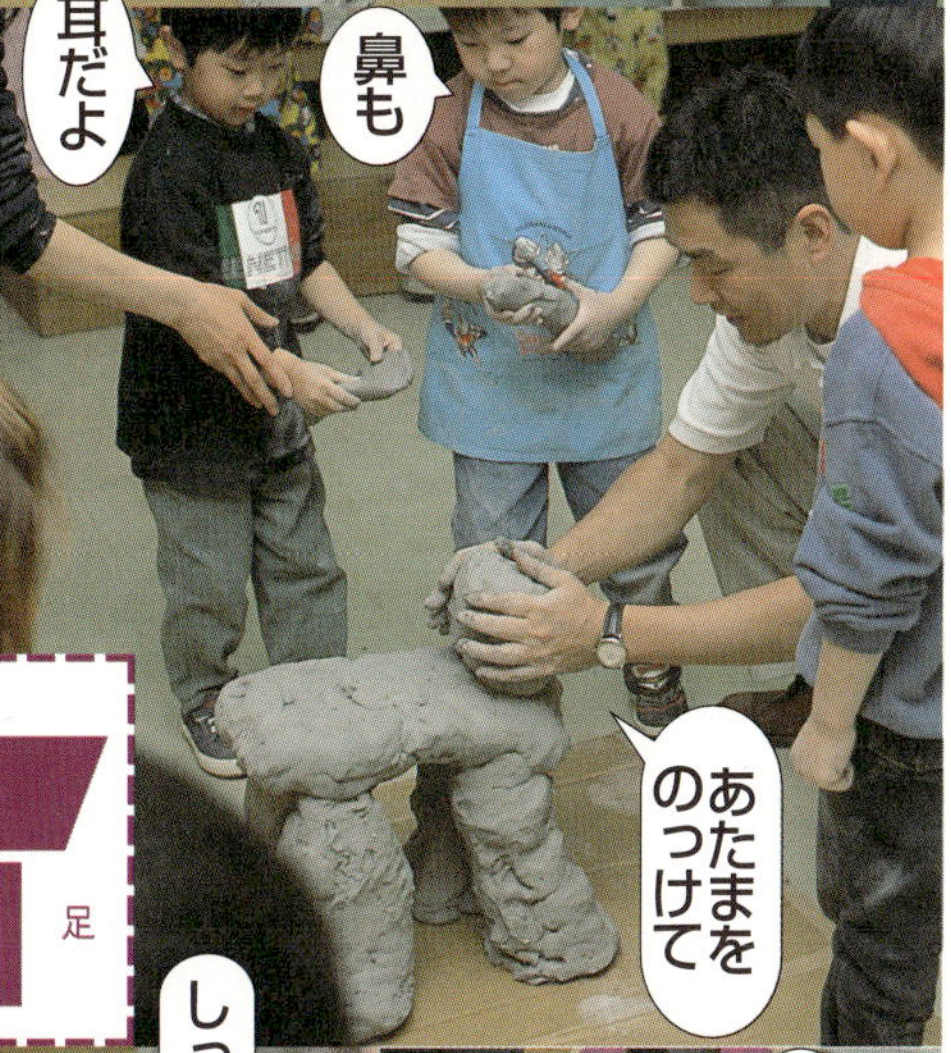
耳だよ
鼻も
あたまをのっけて

③みんなで手分けしてつくったからだを、つぎつぎ合体！

背
足

骨につかったのは、4本の棒と、板1枚

しっぽも
きば

目だ

④目は、指で穴をあける。「あっ、しっぽがない！」。大急ぎでつくってくっつけて、「かんせーい！」

やったゾウ！
ゆきだるまがぞうつかいに

すごいゾウ！

子どもたちが
ひとりずつのって、
手と足をはなしても
びくともしない。
拍手が続き……

わぁ～

最後にどんちゃんの番。
「ほんとにのってもいい？
つぶれるかもしれないよ」
子どもたち――いいよ！

「じゃあ……」

――あーっ！

ゾウはバラバラに。

「ごめんな」

――だいじょうぶだって。

またつくればいいから。

ふれて、感じて、聴いて、うたって

ふれあいうたあそび

子どもとの時間は、いっしょにいることをよろこんで、こころを全開にして子どもと向き合おう。自分のためにうたってくれていると感じることで、子どもたちはとってもうれしくなるんだから……。

おめざめしてね　南夢未／作詞　たかはしあきら／作曲

C F(onC) G D7 G7 F C(onE) Dm C
だ れ か が ね て い ま す クー クー クー クー (4×)
ね こ さん も ね て い ま す ニャー ニャー ニャー ニャー
ぞ う さん も ね て い ま す zz zz zz zz
ア リ さん も ね て い ま す … … … ありっ？
Coda
C F(onC) G D7 G F C(onE)
みん な で あ く び を し ま し た クー ニャー
Dm C F C G C G7 F C G C
パオーン ありりりっ？ お き ま し た パチッ お き ま し た

だっこしていっしょに横になって、子どもにうたいかけて。0歳のあかちゃんにも、ぜひ。

♪○○くんがねています

歌詞の「だれかが」のところに、子どもの名前を入れてうたってあげて。

♪クークークークー

こんな気持ちのいいねむりも、あっていい。

あーぁ
ファー

♪みんなであくびをしました

うたいながら、大きくのびをして、起きあがる。

プルルンいいおかお

南夢未／作詞　たかはしあきら／作曲

♩=100 (4番♩=92)
1. おかおをプルルン あらいましょ プルプルプルルン プルルンルン
2. ねこさんおかお あらいます ペロペロペロリン プルルンルン
4. ありさんおかお あらいます あさつゆみつけて ツンツンツン
おみずをパシャパシャ パーシャパシャ タオルでふいたら いいおかお ニッ♥
おててでペロリン プルルンルン ペロペロなめたら いいおかお ニャ♥
はっぱをゆらして ツンツンツン バシャンとかかって アププププー アリ？
(2×rit.- -)
Fine
♩=80
3. ぞうさんおかお あらいます おはなをのばして スゥ――ッ
おみずをいっぱい スゥ――ッ おかおにかけたら いいおかお パォー！
D.C. al Fine

ねむりからめざめたら、次は何をする……？そこで、こんなたのしい顔をあらうあそびうた。ちいさい子は大人がだっこして、顔をあらってあげるしぐさを。大きい子なら、向かい合って大人のしぐさをまねしたり、子どもが大人にやってあげるのもいいかも。

♪おかおを
プルルン
あらいましょ
プルプルプルルン
プルルンルン

ほっぺを両手でかるくたたいて、ほっぺをくるくるなでる。

♪おみずを
パシャパシャ
パーシャパシャ
タオルで
ふいたら

水をかけるまねをして、タオルでふくように。

♪いいおかお
「ニッ！」

ふたりでニコッ！

こんどは、いろんなどうぶつになって顔をあらおう。ほかにも子どもに「つぎはだれかな？」「どうやったらいい？」とたずねて、いろいろあそんでみよう。

♪ねこさん
おかお
あらいます
ペロペロ
ペロリン
プルルンルン

にぎった手をネコのように動かして。

♪ぞうさん
おかお
あらいます
おはなを
のばして
スゥ――ッ

ぞうの鼻のつもりで、うでをふりまわして。

♪ありさん
おかお
あらいます
あさつゆ
みつけて
ツンツンツン

ひとさし指で、ツンツンつつくように。

あそび名人の哲学 4
新田新一郎

『遊美術』（あそびじゅつ）のすすめ

小学校のとき、いちばんおもしろい先生は図工の先生だった。表情豊かというか、ほかの先生たちと比べてすごくイキイキしていた。当時、まだまだ「わたしはセンセイです」的に威張っている先生が多いなか、本当に自然に人生をたのしんでいるって感じ。

中学校に入学した。やっぱりいちばんおもしろい先生は美術の先生だった。先生は、マンガを描くのが大好きで、町の子どもたちとマンガのサークルをつくっていた。美術の先生がマンガ描いていいのかなぁーって、中学生であるわたしが心配するほど、本人は飄々としていた。

高校に入学した。いちばんすごい先生は美術の先生だった。職員室で先生方の職員会議がはじまり、校長先生があいさつをすると、「ワッハッハッハッ」と、どこからともなく笑い声が聞こえてくる。ラフィングバッグ（笑い袋）にスイッチを入れるのが美術の先生だった。

うーん、何と言ったらいいんだろう。みんなちゃんとあそぶということを知っている大人だったような気がする。存在感があり、カッコよかった。

わたしはいま、「あそぶこと」と「美術する」ことを合体した「あそびじゅつ」という世界で子どもたちと毎日のようにあそんでいる。また、あの林竹二先生が学長だった宮城教育大学というところで大学の先生をしている。講座名は「人間と遊び」。ひとはなぜあそぶのか？ からはじまり、あそびの領域から新しい発想やすべての創造性が生まれてくるのではないかという問いかけをしている。

いま、わたしが子どもたちとあそんでいることと大学生に教えていることとの原点は、あの美術の先生たちにあるのではないか、とこのごろ思いはじめている。

わたしはまだ、わたしが教わった美術の先生たちのレベルに達してはいない。「もっとあそばないとダメだ」と思っている。

ウチのスタッフからは「えーっ！ もっとあそぶんですかー」の声が聞こえてきそうだが、ひとはあそんではじめてひとである。「ホモ・ルーデンス＝人間あそぶもの」である。

勘違いしてもらっては困るが、子どもをイキイキさせるために教育的な意義を持って子どもとあそぶのではない。わたし自身があそぶのである。子どもとあそぶのがたのしいので、わたしがイキイキするために、子どもとあそぶのである。

現代の子どもたちへのアンケート「いまいちばん何をしたいか？」の問いかけに「あそびたい」と答える子より「寝たい・休みたい」と答える子どもたちが増えている。

これは大問題である。その問題を解決するには、ちゃんとあそんでいる大人を増やすことだと思っている。

「さあ、みなさーん！　もっとあそびましょう!」ということでわたしは、『全日本あそびじゅつをすすめる協会』会長である。

降旗信一さんの
身近な自然を感じる
3歳からの
ネイチャーゲーム

NATURE GAME

思いっきり野外であそびたい！　そこで、自然をあそび場にしたネイチャーゲームを降旗信一さんにおしえてもらいながら、子どもたちとたのしんできました。

海や山や森や川だけでなく、身近にある公園や庭、毎日の散歩道でもできるのがネイチャーゲームのいいところ。

子どもたちの、自然を見る目、自然を感じるこころを育てます。もちろん大人だってついつい夢中なってしまうあそびです。

ネイチャーゲームではそれぞれのゲームを目的ごとに分類し、シンボルマークをつけています。

カワウソ……1日中ふざけ合って過ごすカワウソにちなんで、激しく動くエネルギッシュなゲーム。

カラス……好奇心が強く観察力を持ったカラス。ちょっと気分を落ち着けて、自然を観察するゲーム。

クマ……自然との一体感を味わえるもっともネイチャーゲームらしいゲーム。

＊イルカ……自然から受けた感動をみんなでわかちあうゲーム。(今回は紹介しません)

フローラーニングと呼ばれるネイチャーゲーム特有のあそびの展開方法では、カワウソ→カラス→クマ→イルカの順でゲームをすすめます。子どもたちの状況に合わせて、いろいろなゲームをたのしんでください。

取材協力／東京都杉並区立和泉保育園のみなさん

天敵から逃げろ！ コウモリとガ

コウモリは暗闇の中でも音を頼りに餌を捕えます。自然界の食物連鎖を疑似体験できるゲームです。コウモリにつかまらないように必死に逃げて、走って、ギャ～！ 歓声が絶えません。

お話●コウモリって何を食べているの？

降旗　きょうは、簡単なあそびをやってみたいと思います。みんな、こうもりって知ってる？

子ども　知ってる！ こうやって（手を広げて見せて）翼を広げて飛ぶ。

降旗　こうもり、見たことあるかな？

子ども　うん、川で。

降旗さんはゲームをはじめる前に、コウモリについて、子どもたちとお話をはじめました。

降旗　こうもりは何を食べる？

子ども　ねずみ！

子ども　とんぼ！

子ども　うさぎ！

いろいろな答えが返ってきます。

降旗　こうもりはいつ飛んでいる？

子ども　夜！

降旗　どこ、飛んでる？

子ども　空！

降旗　そう。こうもりは、夜に空を飛びながらごはんを食べているんだよ。

子ども　じゃあ、からす！

子ども　はと！

降旗　だけどさ、こうもりってどのくらいの大きさだろう？

子どもたちは、思い思いに手を広げて見せながら、アッと気づいたようです。そこで降旗さん、説明を続けます。

コウモリは夜に活動するちいさな昆虫をとって食べること。なかでもガが大好物であること。コウモリは目があまりよく見えないけれど、高い声を出して、ガのからだにあたってはね返ってくる音を聴いて、ガがどこにいるのかわかること……。

降旗　こうもりは高い声を出すって言ったけれど、何て言っていると思う？

子ども　おなかすいたー。

降旗　何て言っているか知らないけれど、『こうもり！』って言ってる。

ウホホ～！ これには、子どもたち、大受けです。

降旗　ガは、声が当たって『が！』って言ってる。

おなかをすかせたコウモリがやって来たぞ！

用意するもの●目かくし用のバンダナ

ルール●鬼ごっこの要領で、コウモリ役は目かくしをし、ガ役を捕まえます。このとき、コウモリ役が「こうもり！」と叫んだら、ガ役は必ず「が！」と大きな声で応えます。

手順

①声を出す練習をします。子どもはガの役です。

降旗　こうもり！

子ども　が！

大きな声で言い合ってみましょう。素早く言えるようになったらゲーム開始。

②10人くらいで手をつなぎ輪（壁）をつくります。ガ役は、輪から出てはいけません。

＊大人がいる場合は、大人が壁になるといいでしょう。

③コウモリ役は、バンダナなどで目かくしをします。

④コウモリ役は「こうもり！」と叫びながら、ガを追いかけます。

ガ役は「が！」と応えながら、捕まらないように逃げます。

＊コウモリ役は、いかにも「う～ん、腹減ったなー。食べちゃうぞー」という雰囲気でジェスチャーたっぷりにガを追いかけるのが、盛り上がるコツです。

＊壁のひとは、応援してもいいのですが、「が！」と言わないようにしましょう。コウモリが迷ってしまうからです。

⑥捕まったガは、輪に入ります。

だんだんガの数が減って、最後はコウモリとガの一騎打ち。

残りのガが2～3人になったら、もういちど最初からはじめてもいい。

⑤次のコウモリ役は壁役と交代しても、最後まで残ったガと交代しても。

＊子どもがコウモリ役をすると、どうしてもガの逃げ足の方が速くてなかなかつかまりません。大人がコウモリ役をしたり、あるいは輪をちいさくしたりするとよいでしょう。

五感をフル回転！ フィールドビンゴ

タテ・ヨコ・ナナメ……発表された数字が1列そろったら「ビンゴ！」。そう、おなじみのビンゴゲームを自然の中でやっちゃおう！ というもの。数字を自然の宝物に変えて、自然探索に出かけよう。

フィールドビンゴキッズカード／50枚入り、1,300円（税込）。ほかにも多種類あります。お求めは、ネイチャーゲームクラブ http://www.ngclub.jp 電話03-5291-6832

右のカードは、ネイチャーゲーム協会で使っている「フィールドビンゴ」カードの幼児用。

・目のマークは、目で見る
・手のマークは、さわる
・鼻のマークは、匂いをかぐ
・耳のマークは、音を聴く

絵に描いてあるものを見つけたら、マークの指示に従って、体験したあとでマークを折って穴をあけます。

小学生以上なら、マス目が16ある左のカード「フィールドビンゴ」を使ってもいいでしょう。もちろん、自家製のカードをつくってもたのしいのでは。

お散歩しながらさがしもの

用意するもの●フィールドビンゴキッズカード　人数分

ルール●絵に描かれたものを見つけたら、穴をあける。穴が、タテ、ヨコ、ナナメ、いずれか1列並んだら、「ビンゴ！」と言います。

手順

①ビンゴカードをひとり1枚ずつ配ります。

②どんなものを見つけたらいいのか、カードの見方やルールを説明したら、出発！

＊何かを発見したら、それについての話をしたり、じっくり見たりさわったりして、一人ひとりが自分の感覚で確認することが大切です。

＊ビンゴについての説明は、出かける前にするよりも、途中で、いくつか穴があいてからの方がわかりやすいようです。

＊ビンゴになっても全部見つかるまで続けると、さらなる発見があるはず。

③途中で立ち止まって、いくつ穴があいているか確認してもいいですね。

④最後にみんな何を見つけたか、話し合ってみましょう。

子どもたちが見つけた いろいろなモノ図鑑

「これも実？」
誰かがこっそり見つけました。

柵の間にきれいなくもの巣が……
見えるかな？

「ちくちくだよ」
「どれどれ」

「たべあと、あるある！」
「誰が食べたんだろう？」

「これやわらかい」
「え！　ほんと？」

「匂い見つけた！　ちょーおんぱみたいなにおい」
「いい匂い？」
「くさい！」
「じゃぁね、いい匂いと思ったひとは穴をあけてください」

「ありんこ！」
木の幹をはっているありの行列発見！

「みんな耳をすましてみよう」
「……」
「カァカァカァ」

残念ながら、きのこは見つかりませんでした。また、今度……。

＊今回の取材で、何かを見つけても「見つけてないもん！」と言って、カードに穴をひとつも開けない子どもがいました。
和泉保育園の手塚むつ子園長先生は、はっとしたそうです。
「大人の決めたことに当然のように右にならえではなく、こんな個性を持っている子どもはなんて素敵なんだろうと思いました」

真似してみよう! 木のシルエット

単純だけれど、おもしろい。子どもたちの観察眼を伸ばし、いつの間にか、木になりきって、自分も森の一部になったような気分になれる。ネイチャーゲームを代表するゲームです。

真似するって、どんなふうに?

用意するもの●雑木林や公園など、木がたくさんある場所

ルール●ほかのひとにわからないように自分の好きな木を見つけ、その木の形を真似します。

誰が、どの木を真似しているか、みんなで当てっこしよう。

手順

①まず最初に大人が例を見せます。

降旗　これから、10数える間、眼をつむってください。

全員で　1、2、3……10!

②**降旗**　どの木を真似していますか?　ゆび指してください。

子ども　あれだ～～～!

降旗　どこでわかった?

子ども　だって、風が吹いていてザワザワしているもん。

答えは、右の写真の、左に写っているソテツです。まっすぐスクッと立って、熊手のような葉っぱがワサワサと風になびいています。

降旗　木のかっこうをしてみるとおもしろいよね。葉っぱにも、広がっているものやふわふわとしているものがあるよね。みんな自分の好きな木を1本決めて、真似してみよう。

子どもたちの森ができました

ふたりで1本。ほんとは、だっこしてほしくて、順番待ち。

どの木?

考え中です。

あれあれ!?　しゃがんでいるのは……?

くねくねの木は、みんなでつくってみたよ！

どこへ行くの？目かくしイモ虫

目かくしをして、視覚以外の感覚をとぎすましてみましょう。いつもの見慣れた風景が、まったく別の世界に変わります。前のひとの肩にしっかりつかまって、みんなでワクワク気分も味わえるゲームです。

イモ虫になってみよう

用意するもの●目かくし用のバンダナ　人数分（タオルでもＯＫ）

ルール●前のひとの肩につかまって、ゆっくり静かに歩きます。

手順

①1列に並び、バンダナで目かくしをします。5～8人で1列になるといいでしょう。

②前のひとの肩に両手をのせます。これで、みんなでイモ虫になったつもり。

＊ひとりでやりたい、という子どももいますが、ひとりだところんだりする危険があるので、かならずイモ虫になってもらいます。

③準備ができたら、ゆっくり歩きはじめます。先頭の子どもの手を大人が軽くもって先導します。

木があれば、幹や葉をさわってみてください。表面の感じはどうですか？　葉の縁はギザギザですか？

＊最初は、歩くだけでもおそるおそる……といったようすなので、ゆっくりゆっくり。歩く距離は、テニスコート半面分くらいの範囲を1周するくらいです。

今回は、保育園の近所にある公園でゲームをしました。

歩きはじめて2～3メートルのところに、まわりをコンクリートに囲まれた砂場があります。

降旗　段になるよ。

子ども　こわい！／かいだん／ここ、どこ？／押さないで。

降旗　足の裏の感触が、変わったらおしえてね。

子ども　あ！　砂場がわかった！

子どもたちはそれぞれに、段差や砂の感触をたのしんでいるようです。

＊園庭など、危険なものが落ちていないところでは、はだしになってやってみても。

④出発点に戻ったら、今度は目かくしをしたまましゃがんで、まわりのようすを感じてみます。

降旗　地面をさわってみてください。

子ども　土がある！／土！　土！

降旗　耳をすましてごらん。

子ども　なんか聴こえる／風！

降旗　上の方に木があってね、風でゆれてるんだよ。

子ども　聴こえてる／風か扇風機。

降旗　お日さまが照っているけれど、どっちから照っているかわかる？

子ども　上！

降旗　今度は、まわりのことを想像してごらん。

子ども　上を見ると木でね、こっち（左側をさして）はきれいで……。

⑤目かくしをはずして、感想を聞きます。

子ども　あー、もう1周してきてる。

降旗　どうだった？

子ども　たのしかった／おもしろかった／目かくし、なんか黒かった／また今度やってみたい。

＊時間があるときには、もういちど、同じコースを目かくしをしないで歩いてみましょう。

何がかくれている!? カモフラージュ

何がかくれているかな……五感のなかでもとくに視覚を働かせて自然を観察する力を養い、自然界の虫や動物たちの擬態・保護色について実感できるゲームです。

目をこらして、人工物をさがせ!

用意するもの●ロープ5メートルほど、人工物（自然界にはない、人間がつくったもの。今回用意したのは、ボール、スポンジ、造花、おもちゃのいちご）

ルール●まわりのひとと相談しないこと。ロープの向こう側に入らないこと。

手順

はじめの①と②は、子どもが見ていないうちにこっそり準備しておきましょう。

①道の端にロープを張ります（写真のように置いてもOK）。

②人工物をロープの向こう側に置きます。木にぶら下げたり、巻きつけたりして工夫してください。ただし、ロープに沿って歩くひとから発見できるように、奥行き2メートル以内にセットしましょう。

③スタート地点の手前に全員集合。ゲームの説明をします。

降旗　あの白いひもの向こう側におもしろいものがあります。自然の中にはないものが置いてあります。ひとがつくったものですが、たとえば、どんなものがあると思う？

子ども　ドラエモン／ぼうし／洋服／色えんぴつ。

降旗　そうだね。これから、あのひものところへ行って、何が置いてあるのかよく見ることをします。そして、全部でいくつあるか数えてください。でも、見つけても、ほかのひとにわからないように、こっそり指を折ってくださいね（右手を後ろにまわして、指を折ってみせる）。最後に、○○（ガイドの名前）に、いくつあったかこっそりおしえてください」

ゲーム開始

④1列になって、スタート地点からロープに沿って探しはじめます。

⑤ガイドはロープの終点で、子どもたちを待っています。

子どもがやって来たら、いくつ見つけたかたずねます。正解でなかったら、「もういちど、さがしてごらん」「もっとたくさんあるよ」と、再びチャレンジしてもらいます。

⑥全員が最低2回以上さがし終えたところで、答え合わせをします。

ガイドが、スタート地点から歩きはじめます。

子どもたちは、ガイドが「人工物」の前に行ったら「ストップ」と声をかけ、何があるかガイドにおしえてね。

椿の葉の中に、黄色のボールが……

上の方ばかり気にしていると、難しいかも……

造花のカモフラージュは、意外にあっさりと見破られました。

裏側の濃い色の部分なら、葉の色と同じなのに……

お話●カモフラージュって何？

虫たちの中には、周囲の木の葉や幹と同じような色をしていて、鳥などの敵から身を守るものがたくさんいます。こうやって周囲の景色に溶け込んで自分の身をかくすことを「カモフラージュ」と言います。

降旗さんの説明を聞いていた子どもたち、「カモフラージュしているバッタいないかなぁ」「さがしにくいんだよね」「葉っぱと同じ色だから」「カマキリもね」と、うれしそうに話しはじめました。

走れ、走れ！カウボーイゲーム

原っぱを走る、走る。馬を目ざして追いかけろ！ からだいっぱいに風を感じて、みんなカウボーイ気分！ 子どもたちのエネルギーを自然の中で発散させる活動的なゲームです。

お話●カウボーイってどんなひと？

降旗　カウボーイというのは、“牛飼い”のことです。牧場では、広い草原にたくさんの牛を放し飼いにしているんだよ。夕方になるとカウボーイは、馬にのって、牛を小屋に入れるんだ。でも、ときどき、その馬が柵の外へ逃げ出すことがあるんだって。そうなったら、もうたいへん！ カウボーイたちは、総出で馬をさがしに行きます。

では、これから、カウボーイゲームをやります（バンダナを腰につけながら）。何かをつけました。

子ども　しっぽー！

降旗　わたしは馬です。逃げ出しちゃった馬です。これは、馬の尻尾。みんなは、カウボーイです。この尻尾をとったら、馬をつかまえたということだよ。

さぁ、追いかけよう！

用意するもの●バンダナ　1枚

ルール●ゲームをする範囲を決めておきます。道や畑などで区切られた場所がない場合は、ロープを張っておくとよいでしょう。また、馬役は人数に応じて増やしてもいいでしょう（5〜6人で1頭ぐらい）。

手順

①1回目は大人が馬役になります。腰にバンダナをはさみ込んだら、子どもたちに目をつぶって10秒数えてもらいます。この時間は、広さに応じて、変えましょう。

②1・2・3……（馬役はかくれます）……4・5……10！

③子どもたちは、いっせいに馬を探し、見つけたらしっぽをねらって追いかけます。

＊馬役は、茂みをくぐったり、草むらをかきわけたり、木のまわりをグルグルとまわったり、カウボーイを上手にかわして逃げましょう。

④尻尾をとられたら終わり。尻尾をとったひとが、次の馬役です。

＊馬役は大人が交代でやってもよいでしょう。

耳をすまして音いくつ？

自然に対して意識的に感覚を集中していくと、それまでに気がつかなかった自然の変化を感じとれるようになります。「音いくつ」では耳に神経を集中して自然の中の音を聴いてみます。

用意するもの●なし

ルール●静かに耳をすます

手順

①両手を、耳の後ろにぴったりとかけます。

②目をつむって、1分間、まわりの音を聴きます。

③どんな音が聴こえましたか？　いくつ聴こえましたか？

降旗　何が聴こえる？

子ども　海だ／からすだ／CDだ／大工だ！／携帯（電話）の音／シューンシューンとか……。

降旗　いまは、昼間でしょ。夜になると音は変わるかな？

子ども　ウワ〜〜〜／シーン／ワォーン／ニャオ。

夏の暑いときだと？　秋になったら？　降旗さんと子どもたちは、どんどんと想像をふくらませていくのでした。

ネイチャーゲームは五感で自然を感じる自然ふれあい活動プログラムです。ネイチャーゲームは約1979年頃にカリフォルニアの森の中で生まれました。その後、世界中に広がり、日本でも1986年から普及がはじまりました。いまでは森や公園だけでなく、雪や川や海のネイチャーゲームも登場しています。

子どもたちは、自然が大好きですが、大人にとっては自然ってちょっと難しそうに感じる時もありますよね。それとどうしても危険というイメージが先にたってしまうため「〜しちゃだめ！」という言い方になりがちです。そんな時は、ネイチャーゲームがおすすめです。

ネイチャーゲームは100種類以上の様々なアクティビティで構成されていて状況（人数や環境や季節など）に応じてたのしく子どもたちに自然を案内しながら、安全に、しかも身近な公園や広場でもワクワクする冒険や発見ができます。

ぜひ、ネイチャーゲームで子どもたちといっしょに自然へのワクワク、ドキドキを感じてください。

降旗信一

あそび名人の哲学 5
降旗信一

たのしく自然と出会うこと
自然とともにあること

わたしのあそびのルーツは幼稚園から小学校低学年にかけて熱中したザリガニ釣りや隠れ家づくりなど、自然のなかでのあそびにあります。当時住んでた山梨県甲府市の自宅の近所の公園にちいさな池があり、そこにアメリカザリガニがいました。細い木の枝の先にヒモを結び、そのヒモの先端にスルメを結びます。たったこれだけの仕掛けを池の中にたらし、あとはゆっくりとその枝を上下させます。このとき、枝を持つ手に感覚を集中させます。何度かくり返すと、あるとき、少し枝先が重く感じられることがあります。池の底でザリガニがスルメにさわったのです。ところが、ここで慌てて枝を引き上げるとたいていは失敗します。しばらくじっと我慢してその状態で静止してから、ゆっくり静かにヒモを引き上げるのです。水面からザリガニが顔をのぞかせるときのドキドキ感。あわてて途中で釣り落としてしまったときの悔しさ、無事に陸の上まで釣り上げた時の達成感など、たった1匹のザリガニ釣りのなかにさまざまなドラマがあります。わたしの場合、このような自然とのワクワクドキドキする出会いは大人になっても続いています。先日も谷川の渓流で子どもたちと一緒にサンショウウオ探しに熱中しました。

わたしの自然あそびには、いつもあそびの相手となる生き物たちがいます。野山で小鳥たちとバードコール（口笛のような音を出して鳥を呼ぶ方法）をしながらあそぶこともあります。シジュウカラやエナガの群がむこうから近づいてきて取り囲まれることもあります。キジやヤマドリと出会ったときには、なるべく近くでその姿を見ようと彼等に気づかれずにそっと近づこうとします。いつもうまくいくとは限りませんが、手の届くような近さのところで、美しいキジの全身を見る瞬間には何物にも変えられないしあわせな気持ちになります。もっと大きな野生動物に近づいたこともあります。

学生時代に行っていたニホンカモシカの生態調査では、ブナの原生林のなかでわずか数メートルのところでカモシカと長い時間を一緒にすごしました。そんなとき、この地球上にはたくさんの生き物たちが暮していることを実感してしあわせな気持ちになったのです。木や草とのあそびでは動物たちとはまた少し違った静かな一体感を味わうことができます。

ネイチャーゲームは、このように自然を感じながらあそぶさまざまな方法を体系化したものだとわたしは思っています。勉強とか研修とかいったことではなく、「あそび」という自由な雰囲気のなかでのたのしく自然と出会うこと、いつも自然に囲まれて、自然とともにあること、これがわたしのあそびの哲学です。

関根秀樹さんのあそびのたまてばこ

大人ができるのはこういうことか！

関根秀樹さんのあそびを見ているとそう気づきます。

大人は、子どもよりも少し多くのことを知っています。子どもよりも力があります。子どもよりも大きいからだをもっています。

それを生かせばいいんです。まず、自分自身が本気であそびます。子どもたちははじめてのあそびにドキドキ。

おしえてやろう、あそんでやろうなんて下心はいりません。大人のワザを見せつける（!?）のが大事。あそびが広がりだしたら見守るだけ…。
様々な民族のあそびや古代音楽などに詳しい関根さんに門外不出？のあそびを特別におしえてもらいました。あそんでくれたのは風の谷幼稚園の子どもたち。たまてばこのふたを開けてみて！

取材協力／風の谷幼稚園

こんなのはじめて！の音あそび
音のたまてばこ①

なにこれ？ まわすと音が出るよ

子どもたちはいい耳をもっています。関根さんが不思議なもので音を鳴らしはじめたら、すぐに、わあーっとたくさんの子どもたちが集まってきました。たのしいものは、すぐにわかるんです。

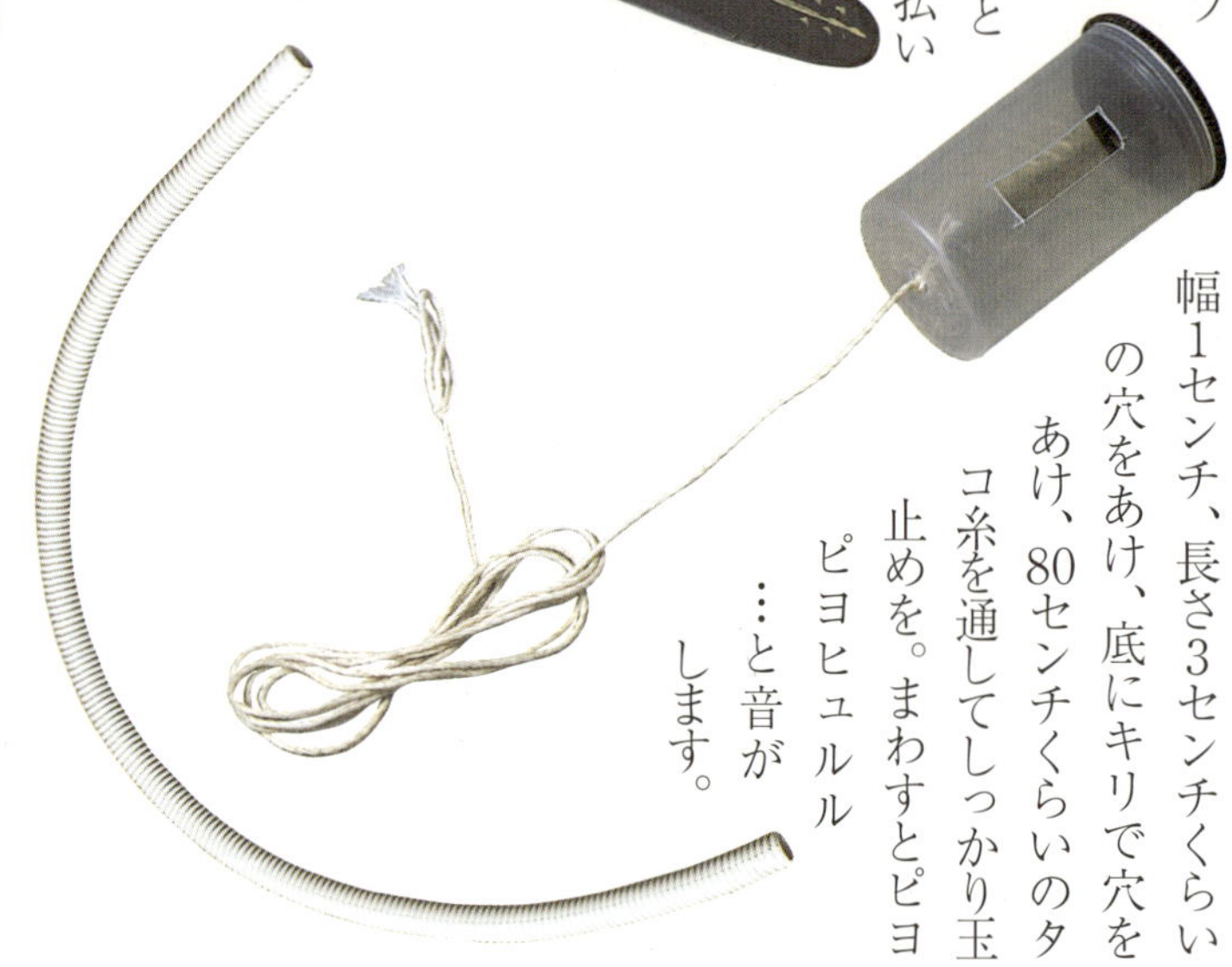

●うなり板

木の板、動物の骨、クジラのひげなどでできていて、振りまわすとブーンブーンとうなります。世界各地にあって、日本でも、アイヌのひとたち、奄美や沖縄のひとたちがその昔、雨乞いや、悪魔払いなどの儀式に使っていました。

●虫笛

フィルムケースの側面に、カッターで幅1センチ、長さ3センチくらいの穴をあけ、底にキリで穴をあけ、80センチくらいのタコ糸を通してしっかり玉止めを。まわすとピヨピヨヒュルル…と音がします。

●じゃばらホース

正体はドレーンパイプというクーラーの排水パイプ。まわすと、なんとも不思議な音が。1メートルあれば充分。ホームセンターなどで買えます。

どれも、関根さんのように頭上でまわすのが基本。でも、子どもたちが好きにまわしてもちゃんと鳴ります。だんぜん人気の「じゃばらホース」は、まわすと、なぜかぴょんぴょんはねたくなるみたい。振りまわすとあぶない？いえいえ、子どもたちはちゃんと、友だちにあたらないようあそびます。

3人で話せるケイタイ電話!?

糸電話って、子機が接続可能なんです！　ふたつの紙コップをつないだ糸の途中どこにでも、別の紙コップがいくつでもつなげられます。糸の長さ50メートルくらいまでは音声クリアです。あそぶときは、糸はピンと張る、糸にさわらないがコツ。また、糸をぬれた指でこすると不思議な音がしますよ。

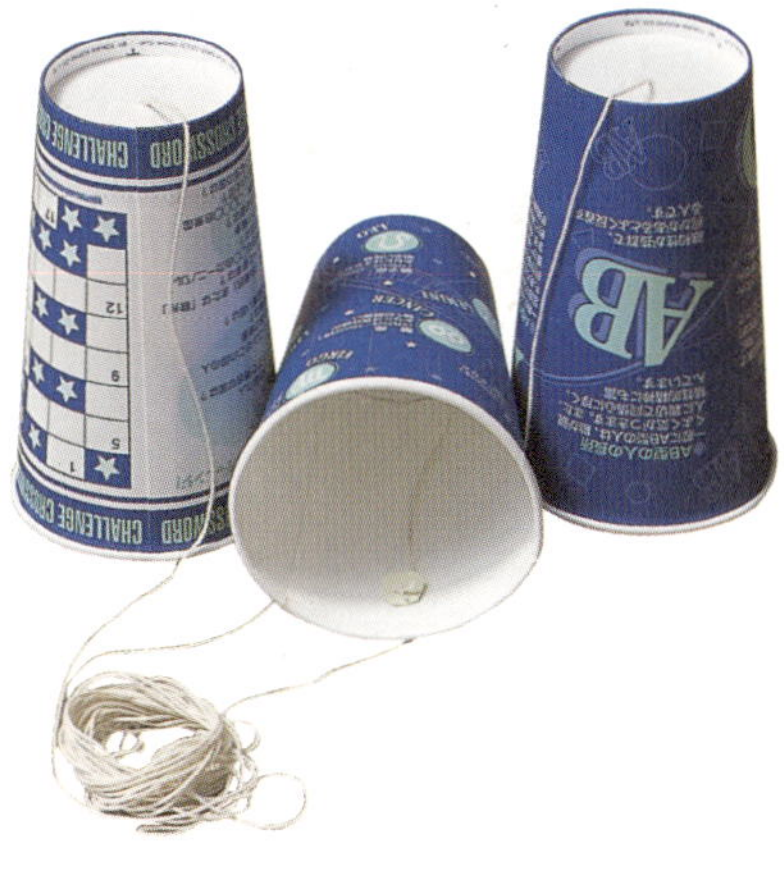

用意するもの

・紙コップ（大きめのほうがよりよく聞こえます）3つ以上

・糸（つり糸、タコ糸など。太いほどよく聞こえます）

・厚紙など、糸を抜けにくくするもの

つくり方

①紙コップの底に糸が通るくらいの穴をあけ、糸を通します。

②さらに、穴より大きめに切った厚紙などに通してから玉どめをすると、糸が抜けにくくなります。

③糸のもう一方を、同じように穴をあけた2つ目の紙コップに通します。

④③までできた糸電話の糸の途中に、糸を結びつけ、3つ目の紙コップをつなぎます。そのようにして、4つ目、5つ目とつなぐことができます。

いい楽器には楽譜なんていらない
音のたまてばこ②

どれをとってもすてきな和音！　のトンガトン

竹を切り出してつくるフィリピンの楽器です。左右の手に1本ずつ持って固いところへコンと打ちつけると、涼しげで深みのあるいい音がします。

長さを変えると音の高さが変わり、6本同時に鳴らしてもきれいな和音になるよう調節されています。だいたい「ドレミソラド」ですが、あまり厳密に調律しないのがコツ。聞いて心地よければOK。フィリピンのカリンガ族は6本（6人）ひと組で演奏します。

用意するもの

・竹2本　・のこぎり

つくり方

①竹の下のほうから、節から1センチくらい下のところで、ひと節おきに切ります。先の細い部分を除いて、6本分切り出します。

②底になる節を残して中の節を抜きます。鉄パイプや細い竹で突くと抜けます。

③いちばん低音になる筒を決めます。底を固いところにコンと打ちつけたときにする音が、なんとなくドの音に聞こえるように、少しずつ切りながら調節します（短くすると音が高くなります）。

④いちばん高音の筒を決めます。高いドの音に近くなるよう調節します。長さの目安は③の2分の1くらい。

⑤間の4本も同様に、耳で音を聞きながら、レ・ミ・ソ・ラの音に近くなるように調節してできあがりです。

関根さんの手元をよく見てまねて、同じリズムをとりはじめて……

そのうちみんなの合奏がはじまった！　カンコン、カンコン2拍子のリズム。

音楽といえば楽譜、というのはつまらない！　と関根さん。音楽ぎらいの子を増やしている原因かもしれません。だって、ほら、五線譜から自由なとき、子どもたちはこんなに音が大好きです。

全員集合！　大迫力の竹ぼら

スマートな見かけからは、ちょっと想像できないような音が出る竹のホラ貝です。関根さんがひとたび吹くと、ブオオ～ッと響きわたる音に、いっせいに子どもたちが集まってきます。

　くちびるをブーとふるわせて吹きます。子どもたちはスゴイ。吹いているうちにそのコツがわかってきて、いい音が出せるようになるんです。

用意するもの

・竹（直径7～8センチ、使うのは30～45センチなので、前ページの竹筒の残りでも可）

・キリかドリル　・ナイフ

つくり方

①竹を、片方は節から1センチくらい下のところで切って、もう片方は次の節の手前で、全体が30～45センチくらいになるように切ります。

②上の写真のように、節から1センチくらいのところに、キリかドリルとナイフで、直径12ミリくらいの穴をあけ、ナイフでかたちをまるく整えます。

風船？　いっちょまえの太鼓です

子どもにはたたく動作が好きな時期があります。そんなとき太鼓はうってつけの楽器。関根さんがつくる楽器のスゴイところは、簡単なのに、子どもだましでない、いい音が出るってこと。この風船太鼓も秀逸です。置かずに、手に持ってたたきます。

用意するもの

・缶（お茶筒、のりの缶など。深いほどいい音が出ます。または丈夫な紙筒でもよい）1缶　・はさみ

・ゴム風船（ヘリウムガス用など丈夫なもの）2枚　・輪ゴム2本

・わりばし1本（バチの本数）

つくり方

①ゴム風船を2枚とも、いちばん直径の大きいところより1センチ口に近い部分で切り取ります。

②ふたをとった缶に、①のゴム風船を1枚かぶせ、輪ゴムで固定します。その上に、もう1枚も同様に。

③わりばしに、①で残った風船を巻きつけてバチをつくります。

そうそう、持ち上げてたたくともっといい音がするよ。

自然はあそびの宝庫だから
緑のたまてばこ

自然の中に出ていく。それだけで子どもたちは生き生きと輝き出します。植物の名前をおしえるよりも、こんなあそびをたくさん伝えていくほうが、子どもといい時間を過ごせそうです。

木の枝をねらってエイッ、つる輪投げ

「輪投げ」というおもちゃがなくても輪投げあそびはできるんです。——ということを発見したのは、関根さんの息子・葉月くん。それを特別におしえてもらいました。

藤やアケビなど、植物のつるを使った輪投げです。どんなつるでもかまいません、つるをからませて、輪投げの輪をつくります。的は、木の枝です。ちょうどいい枝を切ってきて、どこかに固定してもいいし、だれかがそれを手にもっていてもいいでしょう。

上手になってきたら、生えている木を的にすると、ダイナミック！　林の中で、輪っかの首飾りをしている木があったら、それは、子どもたちといっしょに輪投げであそんだ木かもしれません。

もちろん、的は木でなくたっていいんです。だれかが挙げた腕でもいいし……子どもたちは、トガトンの竹楽器まで的にしていましたよ！

まずは関根さんのお手並み拝見。3つ投げて全部入った！「スゲ～」なかなかやるな。

ねらって、ねらって……

あちゃー、はずした～。もう1回、もう1回！

めざせ横綱！ 草ずもうでハッケヨイ！

草ずもうといえば、オオバコや松葉でするのがおなじみ。でも、実はどんな草でもできるので、季節に関係なくあそべます。

同じ種類の草の中から強そうなものを選んできて、2本をからませて引っぱり合い、切れちゃったほうが負け！

関根さんに、エノコログサやクズのくきでの草ずもうをおしえてもらった子どもたちは、そのうち葉っぱで、ついには、太〜いつるで草ずもうをはじめました。その力の入り具合ときたら、足をふんばって、顔を真っ赤にして……本物のおすもうさんみたい！

細い草だと、すぐに勝負がつくけど……→

太いつるだと……う〜ん、この勝負、水入りかな!? ←

葉っぱのお面で、だーれだ？

大きい葉っぱを見つけました。どれくらい大きいかって、子どもの顔がかくれちゃうくらい！

これであそばない手はありません。破かないように、目と口のところに穴をあけてみたら……ほらね、ゆかいなお面になりました。だれだかわかる？

リスのお食事用？ 葉っぱのお皿

大きな葉っぱと、松葉やササなどの細い茎があれば、こんな古代のお皿がつくれます。

写真のように、葉っぱの一部分（葉っぱのかたちによっては2ヶ所）を折り込み、松葉などをさしてとめます。

関根さんの手元を真剣に見つめながら一緒につくっていた子どもたち。できあがった後、「おしえてくれてありがとう」ですって。

そんなふうに言ってもらえること、いつも伝えられるといいなあ。

描いたり、切ったり、つったり？
紙のたまてばこ

お花畑のアーティスト？

クレヨンや色えんぴつのお絵描きじゃものたりなくなってきたら、本物志向でいきましょう。これは関根さんのパートナー・香織さん発明のあそび。

草花をとってきて、少量の水を加えながら指でつぶします。すると、色が出てきます。季節ごとに、いろいろな草花でためしてみて。

葉っぱに色をつけて紙に押しつけるスタンプあそびもできます。

何がたのしいって、筆ではなくて、指で描くのがたのしいんだよね。

水を加えてつぶして……色が出てきた。

手がたくさん伸びてきて、描く、描く、描く！

おもちゃがなければあそべない。クレヨンがなければお絵描きできない。そんな子どもにするもしないも、大人しだい。手づくりのあそびのたのしさを、どうぞ伝えてあげてください。

できました。みんなの共同製作。むむっ、この色づかい、指さばき……現代アートの傑作完成！

魚つり。笑い声につられてみんな来る

紙に魚の絵を描いて切り抜いて、魚の口のところにクリップをはめて並べ、磁石をつけた糸を棒に結びつければ、漁に出る準備はＯＫ。クリップを磁石に近づけて、魚をつりあげます。

タコやイカやヘンな魚、ヘビなんかもつくって入れちゃうことを思いついたのは葉月くん。そっとつらないと、はずれるくらいの磁石を使うことが、おもしろさのヒケツです。

「海に入っちゃだめだよ、おぼれるよ〜」「じゃあ、泳ごう」

つれた〜。大漁、大漁

飛ぶ、飛ぶ！　紙はすごいゾ！

紙でつくれる外あそびの道具がほしい！　関根さんに相談すると……「できますよ。紙とんぼとか、グライダーとかうなり板とか……」

写真の関根さんが飛ばしているのは、紙でつくったグライダー。おもしろすぎて、子どもと取り合いにならないように！

グライダー

カエデの種がモデルのグライダー。なるべく遠くへ行きたい種のようにスイーッと飛びます。

用意するもの

厚紙　はさみ　クリップ

つくり方

①紙箱などの厚紙に、下の図をうつす。
②線にそって切り取る。
③両端を少し、上にしならせる。
④写真のように、おもりになるクリップをはさむ。

あそび方

真ん中のへこんだ部分を手に持って、前方に飛ばして。

あそびごころがメラメラ燃える！ 火のたまてばこ

あぶないという理由で、子どもから取りあげないでほしいもののひとつが、火の体験です。火の美しさ、便利さ、こわさをあそびながら感じられたら……。そのためには大人のサポートが必要です。

ここが大人の見せどころ！ 火おこしにチャレンジ

火おこし名人・関根さんに、たき火のつくり方を伝授してもらいましょう。

薪《たきぎ》づくりのヒケツは、かわいた枝を集めて、空気の通り道ができるように、広がりすぎないように、こんもりと積み上げること。風上側の下のほうに、火がつきやすいスギの葉や木の皮などを入れて着火します。新聞紙など紙を燃やすと、ススが舞うので注意を。

手軽なマッチやライターもいいけれど、子どもにかっこいいところを見せたいひとは、火おこしにチャレンジ！

①火打ち石での火おこしです。火打ち石（硬い石と鋼鉄の火打ち金）とガマの穂の火口（ほくち）、麻ひもが必要。まず、麻ひもをほぐします。

②硬い石の角で鋼鉄の火打金をこするように打つと、火花が出ます。それを、火打石にのせた火口に受け、火種にします。

③火種から煙が出てきたら、赤くなるまで息を吹きかけます。

④火種を、①でほぐした麻で包み、さらに息を吹きかけます。

⑤煙がたってきたら、さらにそれを空中で2、3回振ると火がつきます。すかさずたきつけ（下に入れたスギなど）に着火してください。

⑥つきました！……すごい。

おやつのみかんであぶり出し

あぶり出しも、たき火でやると、もっとおもしろい！

みかんやグレープフルーツなどのかんきつ類と紙さえあれば、筆なんてなくったってOK。指に果汁をつけて描けばいいんだから。

絵を描いたら、かわくまでちょっとひとやすみ。

かわいて、絵が見えなくなったら、絵を描いたほうの面を火に向けて、あぶります。

でも、気をつけて。火がごうごうと燃えているときにすると、せっかくの作品が燃えてしまうし、やけどもします。あぶり出しはあくまでも弱火で。

パチパチ……ヒミツの花火の木

たき火をしたら、ぜひ、近くにカヤの木がないか、探してみて。油分を多く含んだカヤは、実はヒミツの花火の木なんです。

たき火の炎の中にカヤの葉を入れると、葉の中の油がはじけて「パチパチパチッ！」と音がします。

また、夜なら、はじけるときに花火のように見えてとてもきれいです。見つけられたらラッキー！　アセビや豆がら、イタドリ、ヒバやトベラの青葉、ウバメガシの葉もパチパチ鳴ります。ススキはピイピイ鳴ります。

うまいぞ〜、カボチャの丸焼き

火をおこすと、なぜだかおいしいものを焼きたくなります。焼きイモもいいけど、関根さんが、「おいしいよ」とおしえてくれたのは、なんとカボチャ。カボチャの丸焼きなんて、ワクワク！　子どもたちがびっくりするような大きなカボチャ、『ぐりとぐらとすみれちゃん』（中川李枝子／文　山脇百合子／絵）に出てくるようなカボチャを、丸焼きにしちゃいましょう。ほかに、リンゴ、ジャガイモなども、おいしく焼けます。

カボチャなど焼くものをアルミホイルで包み、火のついた薪の下のほうに入れます。大きなたき火で、灰の中で蒸し焼きにするともっとおいしくできます。

カボチャは30分くらい、リンゴ（紅玉がおすすめ）やイモは20分くらいで焼き上がります。少し冷めたら切り分けて、召し上がれ。

ふんふん、いい匂い

おいしそうに焼けました

あふれる元気、受けとめて！ からだのたまてばこ

安定性と創造性、両方が子どもの成長に必要だと関根さん。いつものだっこもいいけど、たまには刺激もほしい!? 子どもがいやがるときはしません。大人が疲れているときも、あぶないので禁止！

バシラン島ヤカーン族の肩車

これはフィリピンの民族の肩車で、バランスをとるのが難しいぶん、バツグンの平衡感覚が身につきます。

世界じゅうの子どもたちが、こうして大人には見えない景色を見ているんでしょうね。

大旋回だ、目がまわる〜

両腕をしっかり持って、まわします。遠心力でからだが浮いて、ものすごいスピード感！

子どもたちはダイナミックなあそびに大興奮。まわしている大人のほうが目がまわっちゃったりして。

うわ〜、遊園地みたい！

子どもに両手指を組ませて、組んだところを持ち上げます。そしてまわします。

片手でひとりだけまわしてもいいし、力持ちのひとなら、関根さんのように両手でふたりまわすと倍たのしい！

飛行機ビューン！

自分の側になる子どもの片足と、その逆側の片手をしっかりと持ってまわすと、まるで飛行機のよう！

子どもたちはこんなあそびで豊かなからだの感覚を覚えます。笑いすぎて墜落に注意!?

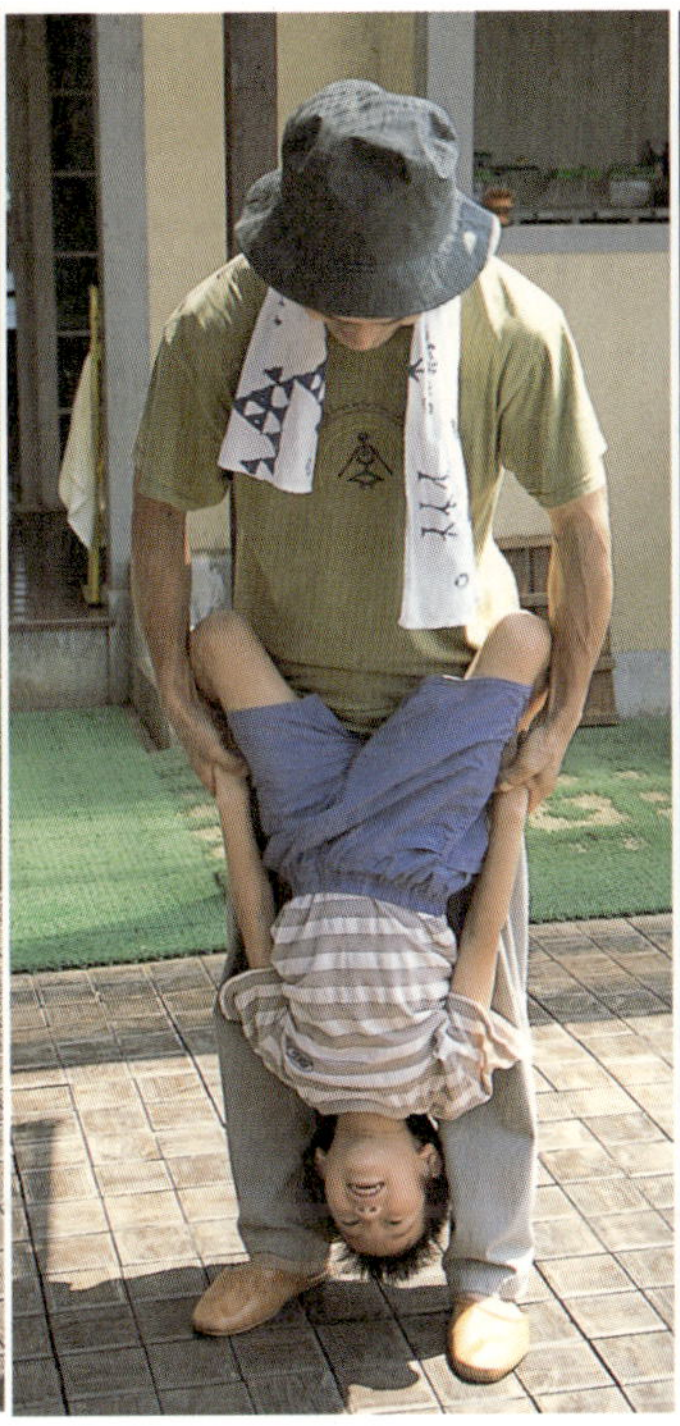

でんぐり返りだ、ぴょんぐるりん！

「そういえば、子どものとき、やってもらったなあ……」となつかしく思い出すひと、多いのではないでしょうか？

　子どものからだはもちろん、お互いの信頼関係も育ちそうなあそびです。

①まず、子どもと両手をしっかりとつないで向かい合ったら、子どもはぴょんととびあがります。

②そして、大人のおなかをかけあがるような感じではずみをつけ、ぐるりと後転します。

　子どもが、大人とあそぶたのしみのひとつは、こういう、大人の大きさと力を生かすところにあるのでは？

　おとうさんの、ちょっぴり出たおなかなんて、最高にやりやすいかもしれませんよ!?

いち・にの・ぴょんでびっくりぴょん！

　これはまたすごい大技です。

①まず、大人は仰向けに寝てひざを曲げ、その上に子どもをうつぶせに乗せます。

②次に、自分の胸のあたりに、子どもの手をつかせて、足を上げて子どものからだを逆立ちさせるようにし、子どもの胴体をしっかりと持って……

③そのまま、子どもを一回転させるようにして自分の後方に立たせます。

　子どもは、一瞬何が起きたのかわからないくらいびっくり！　でも、一度やったら、2回目、3回目……と、「やって、やって！」とせがまれることうけあいですよ。

①ここに手をおいて

②いち・にの……

③ぴょん！

あそび名人の哲学⑥
関根秀樹

子どもは、あそびの天才
あそびこそが生活の基本

遊びをせんとや生まれけむ　戯れせんとや生まれけむ
遊ぶ子供の声聞けば　我が身さへこそ動がるれ
（梁塵秘抄）

人間にとって、あそびは水や空気や食料と同じようにかけがえのないものです。科学技術が発達し、どんなに便利な世の中になっても、生活の基本は衣・食・住・遊。いや、子どもたちにとっては、あそびこそが生活の基本と言ってもいいでしょう。

あそびには、時代により風土により社会によってさまざまなものがあります。ぼくは日本を中心としたアジア、オセアニア、ポリネシアの民族音楽や自然あそびを調べていますが、草花あそびやコマ回しは世界じゅうにあります。あやとりも熱帯のパプア・ニューギニアから北極圏のイヌイットまで多くの民族に伝承されています。それにしても、高価なおもちゃやゲームのない第三世界や昔の日本の子どもたちのほうが、現代の日本の子どもたちよりずっと生き生きとしてたのしそうなのはなぜでしょう。

ぼくの生まれ育った福島県平田村や石川町には、子どもがあそぶには最高のやさしい自然がありました。裏山も周囲の山々もなだらかで低く、家の前の川も急流や大河じゃない小川で、ホタルもオタマジャクシも魚もクワガタもいくらでもいました。きらきら光るきれいな石も拾えたし、ほら穴を掘ったりガケをすべり下りたり、大きな桜の木の上に秘密基地を作ったりもしました。ぼくは泳げなかったのですが、上流から流れてきた臼につかまってどんぶらどんぶら流れて行ったこともあります。中学生も混じり、年長の子どもたちがいっぱいいて面倒を見てくれたので、ちいさい子はむしろ安全でした。

風景の豊かさが破壊された現代の都市でも、あそべる自然は必ずあります。ただ、マニュアルがないとあそべない、あそびを「消費する」だけの子ども（大人も）には身近な自然が見えないし、はじめはナビゲーターも必要でしょう。子どもの知的好奇心を触発しつつ、のびのびと自由にあそばせる優れたナビゲーターを育てるのが、これからの大きな課題です。

子どもは本来、あそびの天才。あそびのなかで自然の不思議や恐さ、たのしさと出会い、ものごとのしくみやはたらきに気づき、生きていくうえでのいろんな知恵や技術を身につけます。科学や芸術を生み出す創造の芽も、そうした自然のなかでの主体的、創造的なあそびを通して少しずつ育まれるのではないでしょうか。

木村研さんの
“手づくりおもちゃ”
“手づくりあそび”

「きれいにつくるのが目的なら工作でいい。ぼくは工作は苦手なんです。つくったあと、思いきりあそべてこそおもちゃ。切り口が曲がったら、それを生かす工夫をすればいい。その線もおもちゃの個性なんです」こんなおもちゃ哲学をもつ木村研さんに「すぐ手に入る材料で、5分でつくれて、とびきり簡単。外あそびにもってこいのおもちゃを教えて！」とお願いしました。新しいあそび方もどんどん発見！　のおもちゃの時間のはじまりです。

イラストレーション／木村研　取材協力／さかえ幼稚園

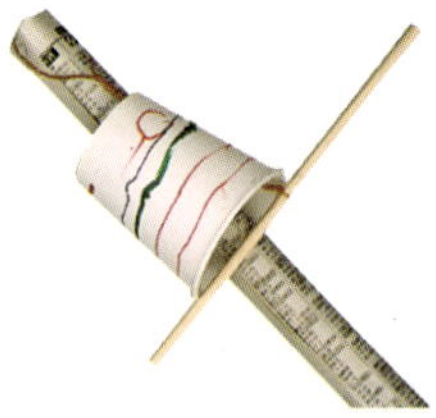

飛ばすって気分がいいね!!
巻くだけでロケット

ウォーミングアップにロケットおもちゃはいかが？　つくり方は本当に簡単。1、2、3で、ほら完成。飛ばし方も、ゴムをうーんと引っぱって、パッと手を離すだけ！

全身で新聞紙をくるくる

床に広げた新聞紙を、くるくる巻いて筒をつくったら、あとは輪ゴムと割りばしをセロテープでペタペタとめていくだけ！　4歳くらいの子どもでも、ほとんどひとりでできちゃいます。だから、“自分でつくった”満足感もいっぱい。

大人が手伝う必要があるとすれば、輪ゴムのつなぎ方を教えたり、巻いた新聞紙を押さえることくらい。ロケットにはトイレットペーパー芯や底を抜いた紙コップ。紙コップを使うなら、ハサミが入るくらいの穴を、大人が開けてもいいですね。

ロケットに自分流の工夫をしたら、もっともっとたのしい。何も言わなくてもすぐ絵を描きはじめる子どもたち。それなら、どれが自分のロケットか、すぐに分かるよね。パラシュートをつけてみてもカッコいい。たとえば、子どもの輪の中心に大人が立ち、思いきり高く飛ばしたら、子どもがみんなで追いかけて……。だれが取れるか、競争になること受け合いです。あれ？ あの子はトイレットペーパーの芯を3つもどうするの？ なるほど！

思いきり引いて……それっ！

3つ全部つなげたの

1本の大きなロケットになりました。でも重そう。「ちゃんと飛ぶのかな？」そんな大人の心配をよそに、ロケットをセットし輪ゴムを思いきり引いて、手をパッと離すと……、ちゃんと飛び立ちました。大成功だね。そして木村さんからのアドバイス。

「羽根やシッポをつけてもたのしいんですよ」

羽根の形やつける場所によって、飛び方に変化が生まれ、予想のつかない方向に飛んで行きます。

巻くだけでロケットをつくろう

用意するもの●ハサミ（またはカッター） 材料●新聞紙2～3枚、輪ゴム3本、セロテープ、割りばし、トイレットペーパーの芯（または紙コップ）

つくり方

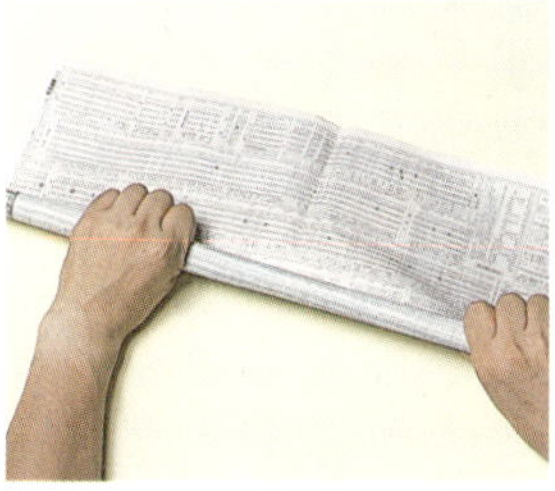

①2～3枚重ねた新聞紙を直径3～4センチの太さに巻く。セロテープで3～4カ所をとめ、筒状にする。②3本つなげた輪ゴムを用意する。

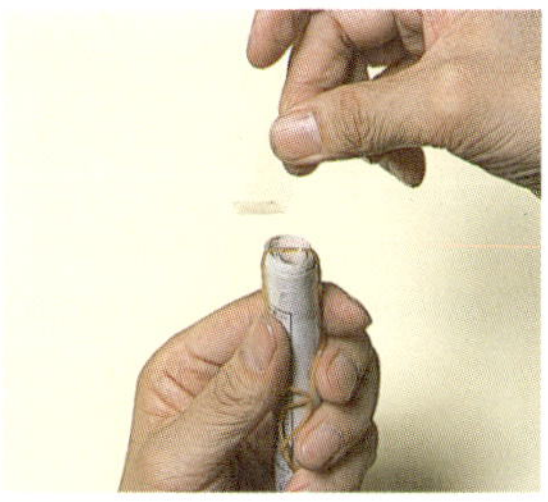

③①の新聞紙筒の片側に輪ゴムを引っかけ、動かないように上からセロテープを貼る。2～3重にしっかりとめて！

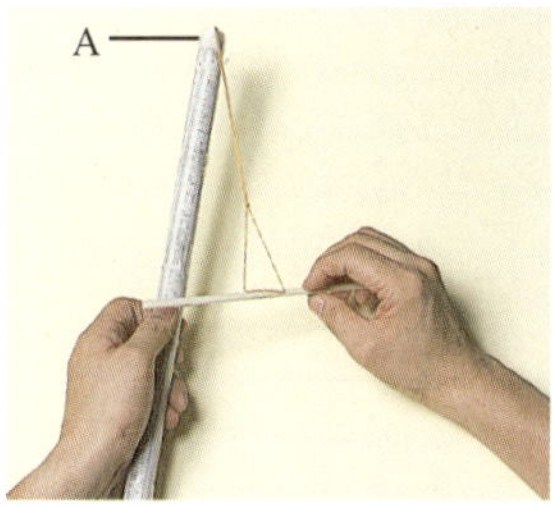

④輪ゴムの下のほうの輪に、割りばしを通す。割りばしの中心に、セロテープで輪ゴムをとめ、固定する。これで発射台の完成。

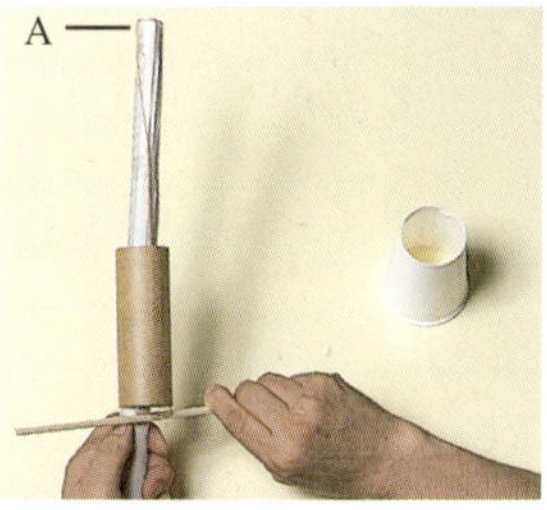

⑤新聞紙筒の上（A）から、ロケットになる、トイレットペーパーの芯を通せば、発射準備完了（紙コップの場合は、底をくり抜いて筒状にして使う）。

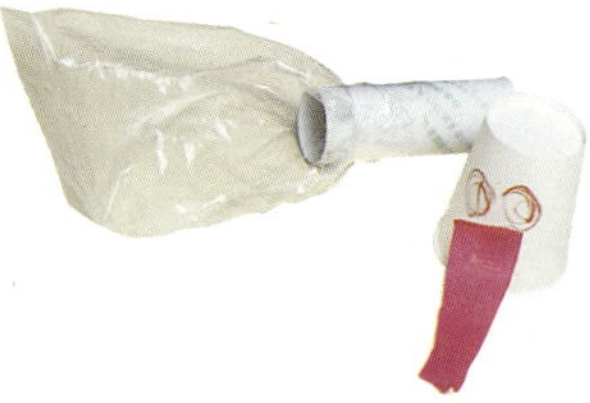

月に向かって3、2、1！
紙コップロケット

ゾウもウサギも飛んで行け！

ビニール袋はロケットステーションに変身！　つくり方の手軽さでは、「巻くだけでロケット」にも負けません。飛ばし方にはほんのちょっぴりコツがいるのが、おもしろい！

ビニール袋とトイレットペーパー芯がうまく連結できれば、ロケットステーションは成功。あとは紙コップを、その上にかぶせるだけ！　あそぶにはまず、①ビニール袋に息をふーっと吹き込んで、②たっぷり空気を入れる。③中の空気が押し出されるように、袋をポンっとたたいたら……、紙コップ製ロケットが元気よく飛び出します。

簡単だけど、空気がもれないように、チェックは念入りに。ビニール袋に穴は空いていない？　袋とトイレットペーパーの芯は、ぴっちりすき間なくとめられている？

ロケット本体は、やっぱりお手製紙コップロケット。絵はもちろん、カールさせた紙をつけたり、糸を巻いたり……。ゾウさん型ロケットもあれば、オバケ風ロケットも登場します。

ロケットだから、窓を描いて……なんて、大人の発想！　子どもたちはゾウさんだって、空を飛ばせてあげたいのです。ロケットができたら、ステーションにセットして発射準備オーライ。カウントダウンを待つのみです。

かけ声は、そうもちろん「スリー、ツー、ワン、ゼロ！」

うまく貼れないなぁ

傾けてみたらどうだ？

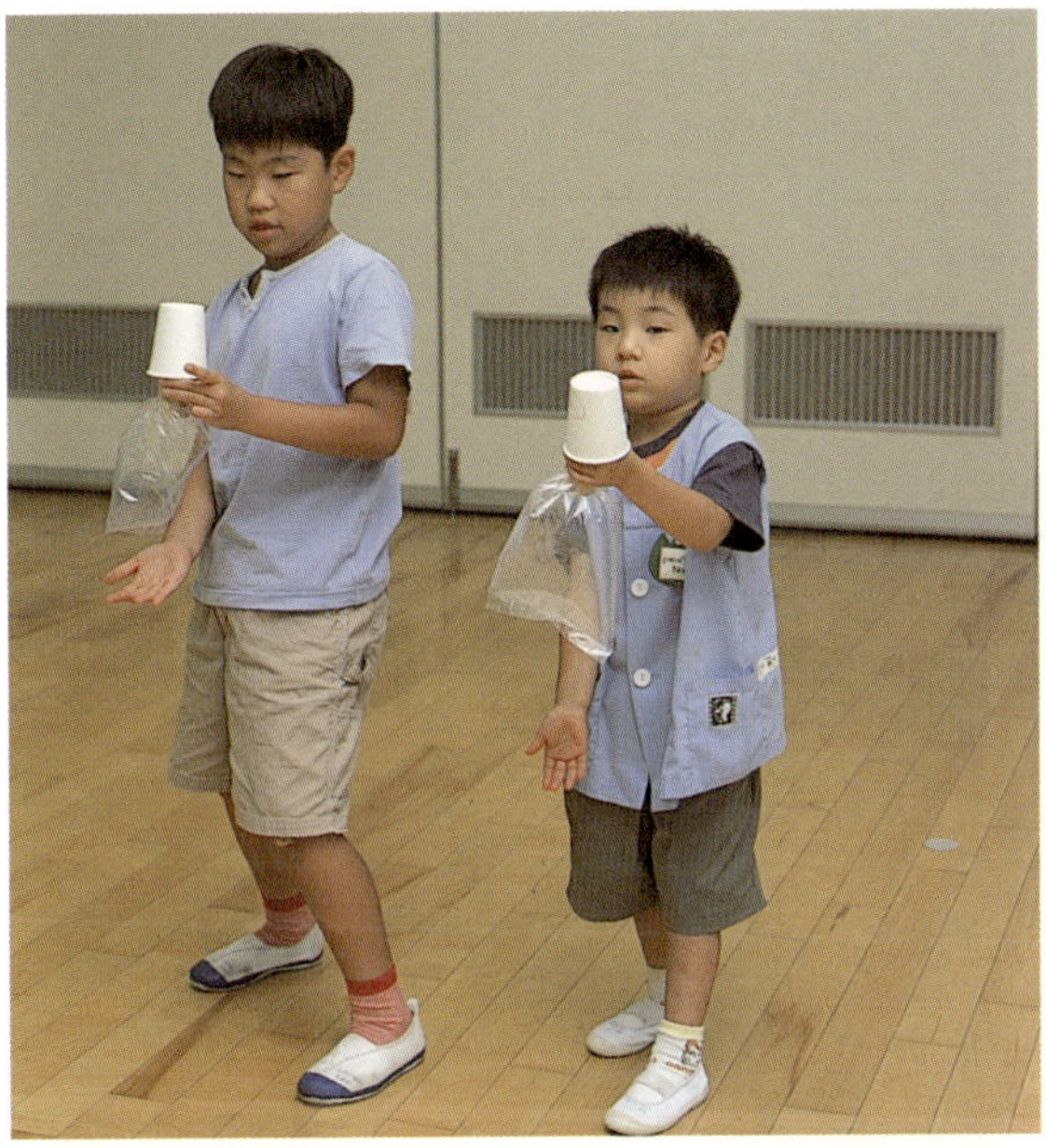

ぜったいまけないよ

3、2、1、それっ。あ、自分が飛んじゃった！

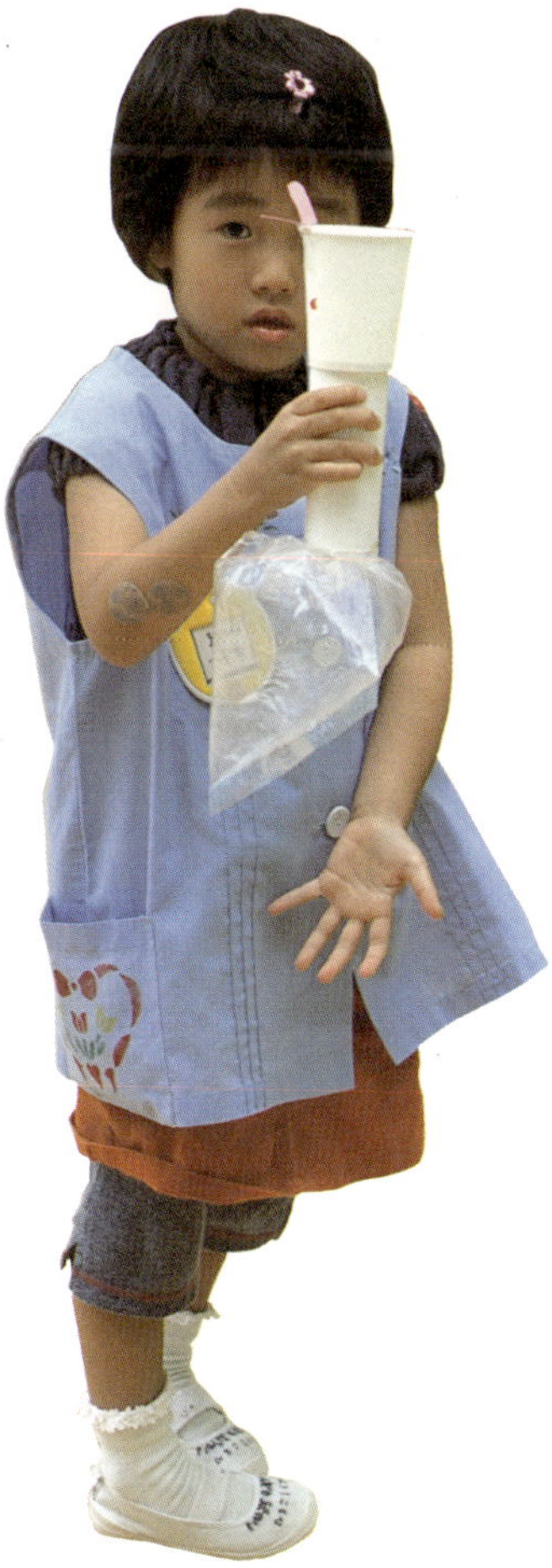

はじめは遠慮がちにビニール袋をたたいている子が多く、ロケットがなかなかうまく飛び立ちません。

「大丈夫、簡単には破けないから。空気をいっぱいに入れて……。思い切りたたいてごらん。さん、に、いち、ポン！」

　こんなかけ声で、みんな上手に飛ばせるようになりました。

　でも、隣をふと見ると、紙コップを逆さまに載せている女の子がいます。

「逆にしたらちゃんと飛ぶよ?」

「これ、うさぎさんなの。さかさじゃないの！」

　よく見れば耳もついています。ほとんど飛ばなくても、女の子は満足している様子。余計なお世話でした。

　向こうの方にいるちいさな子は、高く飛ばそうと思うあまり……、自分がとび上がっています。そう。一生懸命な、その気持ちが大切だよね！

　ロケットの先にオモリをつけてみたり、紙を丸めてつくったボールをロケット代わりに飛ばしたり。点数を描いた的を目がけて飛ばし、点数を競ったり……、工夫の仕方もいろいろあるのです。

紙コップロケットをつくろう

用意するもの●セロハンテープ

材料●トイレットペーパーの芯、ビニール袋、紙コップ

つくり方

①トイレットペーパーの芯の、下から5センチのところまでビニール袋をかぶせる。すき間がないよう、ギャザーをよせる。

②セロテープで、ポリ袋の口をぐるぐる巻いてとめる。空気がもれないように、2～3重に。

③写真のように、トイレットペーパーの芯の上側に紙コップをかぶせれば完成！袋をたたいてロケットを飛ばそう。

スイスイ〜と空を泳ぐ トレーグライダー

いい絵を描くとすごく飛ぶ!?

どの家にもある食品トレーも、おもちゃの立派な材料です。少し力がいるけれど、ザクザク切ったらグライダーができました。絵を描くのも、油性マジックならラクラクです。

七色に塗って、虹みたいなグライダーなの。

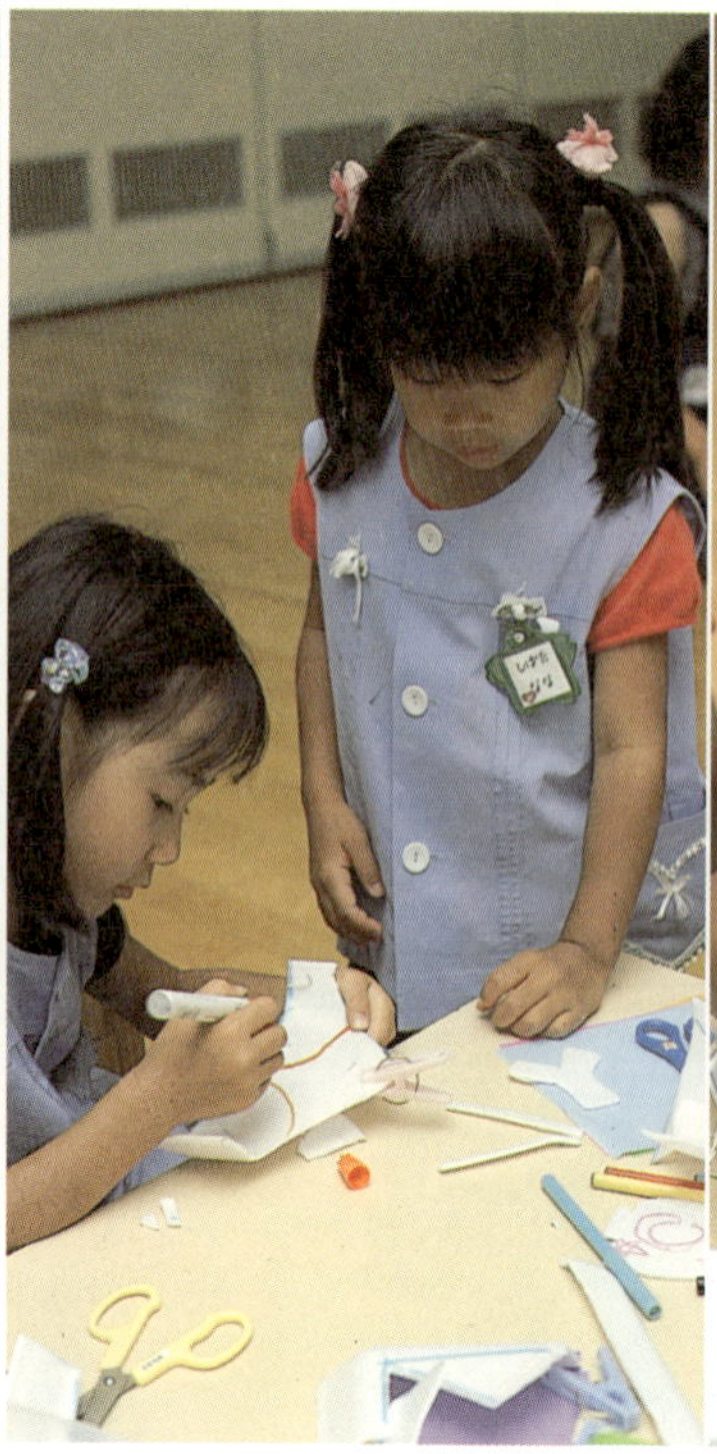

何描くの？　わたしも同じもの描きたい。

表と裏はちがう絵。昼と夜で変わるんだよ。

こんなグライダーができた！

手渡されたトレーを前に、何がはじまるのか、ふしぎそうな子どもたち。

「これでグライダーをつくって飛ばすんだよ」

「これでぇ？　飛ばないよ」

じゃあやってみようということで、グライダーづくりのはじまり、はじまり。まずは木村さんのお手本です。

トレーの形を生かして線を引き、切り取ると……？　なんとなくグライダーっぽくは見えます。けれどまだ、子どもたちは半信半疑。そこで手早く尾翼をつくってトレーに差し込み、先端におもりの洗濯バサミをつける木村さん。みるみるうちにグライダーらしくなりました。

「あれ？　どうやったの？」

さらにタコ糸をつけると……？　あっというまにグライダー完成！

家にあるときは肉や魚がのっているだけのトレーが、もう完全におもちゃに変身。タコ糸を手にもち、手を高くのばし、ぐるぐる回す木村さん。

グライダーは軌道をとらえ、気持ちよさそうに飛びはじめました！

「うわー、やりたい、やりたい」

子どもたちの目の色も、もうさっきとは違っていました。

自信作のグライダー。さっそく飛ばしてみると、みんないろんな方法でまわしています。砲丸投げの選手みたいに、からだごとまわっている子、肩を中心に前後にまわしている子……。下の写真の子のように、頭の上でまわすと、大きくきれいな輪を描いて飛びます。けれど「こうしなくては」なんてきまりはありません。大切なのは、「上手に」よりも「たのしく、気持ちよく」あそぶこと。それこそが、「手づくりあそび」の基本なのですから。

トレーグライダーをつくろう

用意するもの●油性ペン、ハサミ　**材料**●トレー1枚、タコ糸1m程度、せんたくバサミ

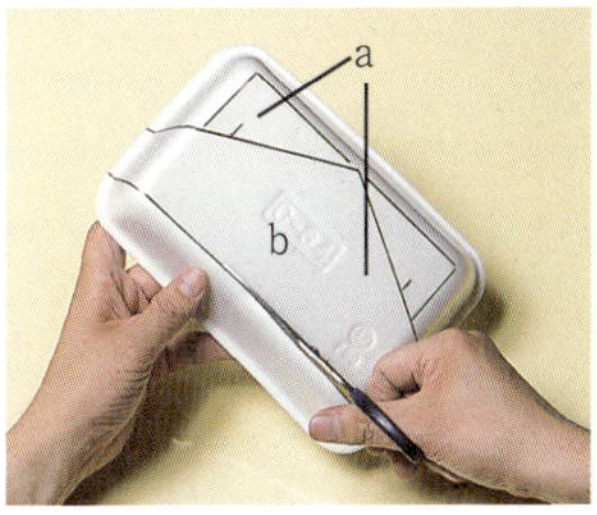

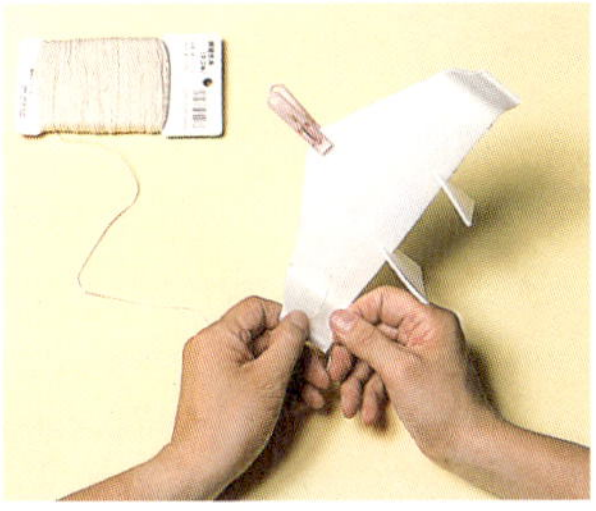

つくり方

①写真のように、トレーに油性ペンでab3つの形をとる。線はトレーの端まできっちり引き、線にそってハサミかカッターで切り取る。

②尾翼になる三角形aのいちばん長い辺に、それぞれ切り込み（長さ1～2センチ、幅1ミリくらい）を入れる。切り込みを、本体のcの直線に3等分になるよう差し込む。

③本体bの先端を洗濯バサミではさむ。片方の翼の先に、写真のようにタコ糸をつける。（穴を開けて糸を通すか、テープでとめる）

★これなら簡単！

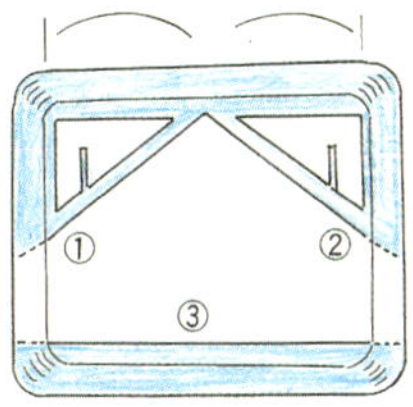

ハサミを使うのがやっとの幼児には、トレーを全部切るのは意外と大変。そんなときには、大人がこんな手助けを。

図の①～③の実線の部分だけ、あらかじめカッターで切っておき、子どもは4本の点線部分をハサミでカット。

きれいにトレイから外せるうえに、自分でできる満足感も得られるはず。

飛行機よりもはやいかな？
びゅんびゅんUFO

だれでも一度で覚えられる、簡単おもちゃ。その上おもしろさは、子どもたちの保障付き。きっと、どんどん飛ばしたくなっちゃうはず。お友だちには当てないようにできるかな!?

飛ばし方いろいろ

ふたりいっしょに「せーの！」

厚紙を輪ゴムに引っかけて飛ばす。ただそれだけなのに、本物のUFOみたいに、おどろくほどの勢いで飛んでいきます。これには大人もびっくり。

牛乳パックを持って、クリップを押し開けて飛ばせば、輪ゴムが手に当たらなくて安全だし、ねらいもつけやすい。ちいさな子どもにも、安心のおもちゃです。

「見て！　5枚重ねて飛ばすよ」

「これはブーメランの形なの」

しばらくすると、いろいろなものが飛び交います。

「ぼくはトレーで、飛行機つくってみたんだけど……飛ぶかなぁ」

びゅんびゅんUFOをつくろう

用意するもの●ホッチキス　**材料**●牛乳パック1個、輪ゴム2本、ダブルクリップ1個、コースター2枚（または厚紙、トレーなど）

つくり方

①牛乳パックの開け口をホッチキスでとめる（上からセロテープを貼っておくと、指に刺さらなくて安全）。

②輪ゴムを2本つなぐ。

③②の輪ゴムの片方の端を、牛乳パックの開け口に合わせ、上からホッチキスでとめる。

④Aの部分に、カッターでダブルクリップの幅分の切り込みを入れ、そこにダブルクリップをはさむ。

⑤コースターに図のような2カ所の溝をつくる。

⑥溝に輪ゴムを引っかけてコースターごとダブルクリップではさむ。牛乳パックごと手に持って、親指でダブルクリップを押し開けると、コースターが飛び出す。

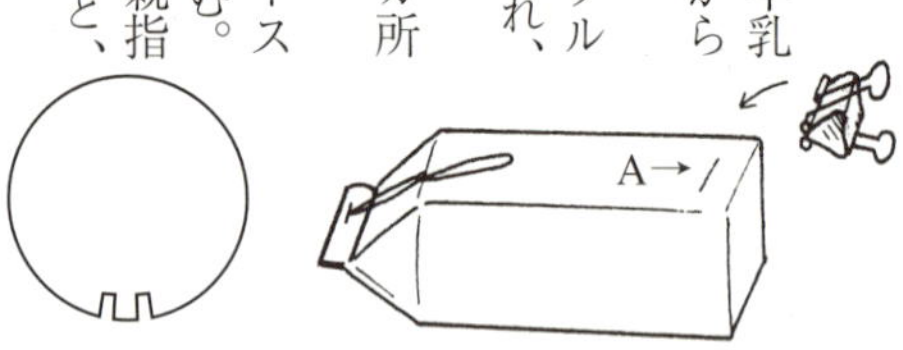

こんな飛ばしかたも……

大きなダブルクリップは、意外と固いもの。ちいさな子どもたちにとっては、開くだけでもひと苦労。

右の写真のように輪ゴムに引っかけて手で引っぱるだけでもOK。牛乳パックのかわりに、未使用のわりばしを使ってもいいです。わりばしの、われているほうの先に輪ゴムを巻きつけて、動かないようにセロハンテープでとめ、写真のように手で引っぱって飛ばしてください。

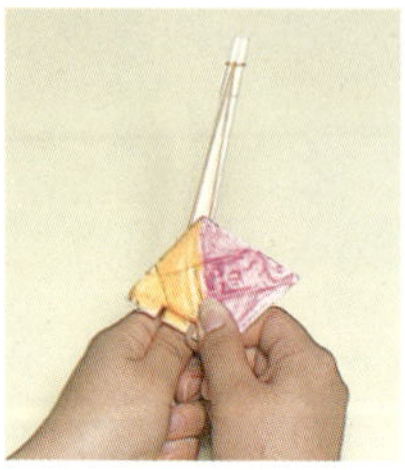

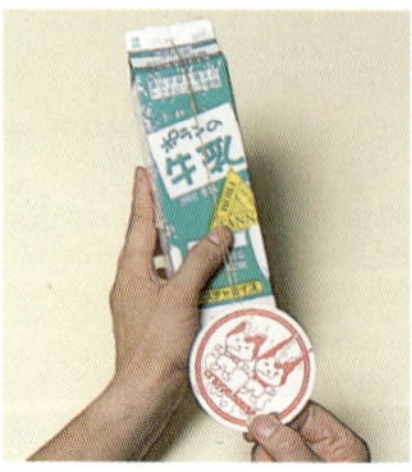

牛乳パックをいっぱいあつめて
牛乳パックン
そう簡単にはつれません

牛乳パックンを、開いた形でふせておき、先の曲がるストローで魚つり。「こんなの簡単、ほら、つれたよ」と、持ち上げたとたんに「パクン！」。落っこちてしまいました。糸と厚紙で、つりざおをつくっても、たのしいよ。

魚つりにあきたら、へびつりはいかが？

牛乳パックンをつくろう

用意するもの ●ハサミ、ガムテープ、キリ　**材料** ●牛乳パック2個、輪ゴム1本、糸15センチくらい、厚紙（牛乳パックの切れ端でもよい）

つくり方

①牛乳パックを、底から7センチのところで切りはなす。
②①で切りはなしたものを、三角形に半分に切り落とす（図）。
③①②をくり返し、同じものをもうひとつ用意する。
④底の面を、重ならないように並べて、ガムテープでつなげる（図）。
⑤側面のABの位置にキリで穴を開ける。
⑥AからBの穴に、輪ゴムを1本通し（図）抜けないようにABで止める（→P98）。
⑦牛乳パックのあまった部分でつくったU字型を、好きなところにガムテープでとめる（図）。魚つりをするときは、この部分に、先の曲がるストローをひっかける。

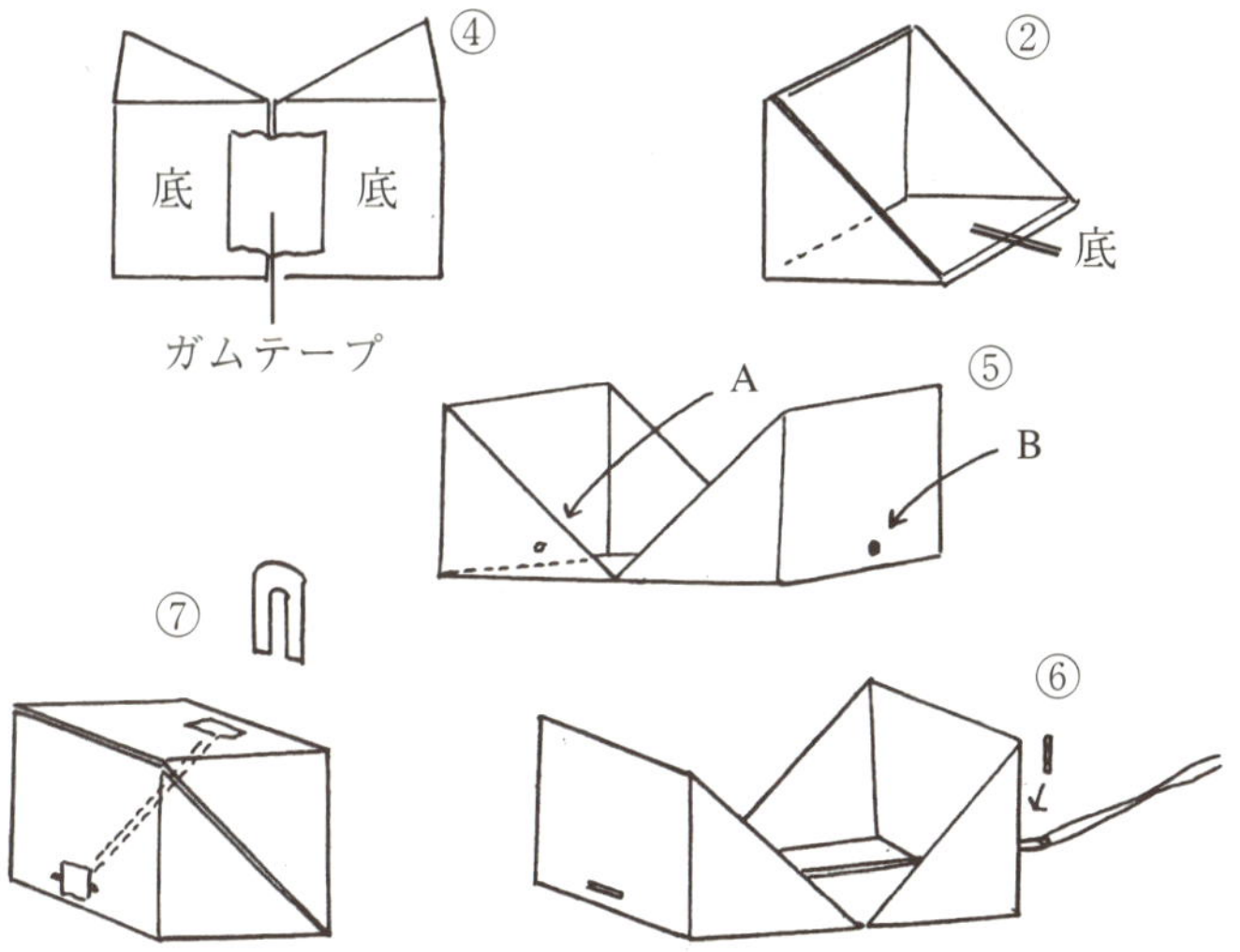

おまけに、積木にもなる

毎日たまっていく牛乳パック。おもちゃにしないなんて、もったいない。単純なおもちゃほど、子どもたちは工夫してあそぶもの。どんどんあたらしいあそびを発見してほしいな。

「牛乳パックンのつくり方②」までの形をたくさんつくれば、積木としてもつかえます。重ねてしまえばコンパクトに収納できるから、みんなでいろいろな種類のパックを持ちよって、色や柄の組み合わせも、おもいっきりあそんじゃおう。

三角の面と、四角の面をうまくつかうと……思いがけない形がどんどんできあがります。しかも、軽くてふにゃっとしてるから、高く積むと微妙にグラグラ……。そこがまたおもしろい！　水にも強いから、外にも持って行けます。ちなみに、4つ組み合わせれば、正方形のブロックにできるかな？　さっそく挑戦！

★これなら簡単！

牛乳パックンをつくってみて、あれ？　輪ゴムが届かない！　と思った方いませんか。そんなときはあわてずに、糸をつかいましょう。

適当な長さの糸を用意し、写真のように輪ゴムに通します。糸の両端をもって、えんぴつやキリで穴に押し込みます。出てきた糸を引っぱれば、簡単に輪ゴムが通ります。

巻く、走る、追いかける コロコロじどうしゃ

ぼくのおうちまではしるよ

竹ひごをくるくる巻いて、地面に置くと……コロコロコロコロ。不思議なことに勝手に走り出します。坂だってへっちゃら。

むかしからあるしくみですが、いまの子どもたちには、とっても新鮮。素材を変えてみたり、車輪の大きさを変えてみたり、いろいろためしてみてね。

くるくる巻いて「それいけ!」

ぼくはフィルムケースでつくったよ

手づくりおもちゃ中級編。ちいさな子どもたちは、大人といっしょに。ひとりでできる子どもたちは、がんばって挑戦。いろいろな素材でつくってみてね。

コロコロじどうしゃをつくろう

用意するもの●キリ、カッター、接着剤、セロハンテープ　**材料**●ヨーグルトカップ2個、丸いコースター2枚、輪ゴム2本、糸、厚紙(ヨーグルトカップの切れ端でもよい)、大きなビーズ、竹ひご(わりばし)

つくり方

①2枚のコースターの中心に、キリで穴を開ける。
②2個のヨーグルトカップ(以下カップ)の底を、カッターで切り抜く。
③輪ゴムを2本つなぐ。
④1枚目のコースターに、輪ゴムを通す(通し方はP97を参考に)。抜けないように細く切った厚紙をはさんでおく。
⑤Aのカップのふちに接着剤をつけ、輪ゴムを通したコースターの中央に貼りつける。そのままBのカップにも輪ゴムを通し、さらに、2枚目のコースターに輪ゴムを通す(図1)。
⑤さらにその輪ゴムを、ビーズに通し、輪の部分に竹ひごを通してとめる。竹ひごは、どちらかを長くしておく(図2)。輪ゴムが通ってから、Bのカップのふちに接着剤をつけ、コースターの中央に貼る。
⑥2つのカップの底(Cの部分)を合わせて、接着剤でとめてから、セロハンテープを巻きつけてとめる。

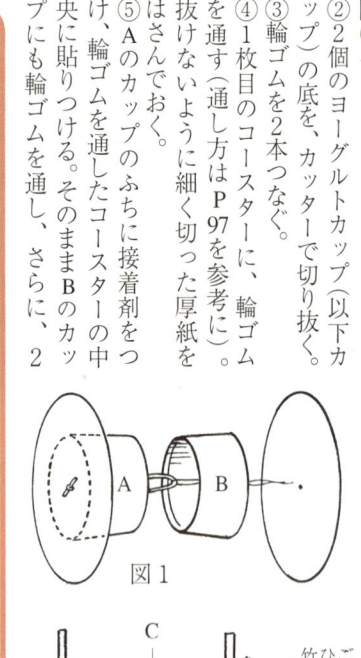

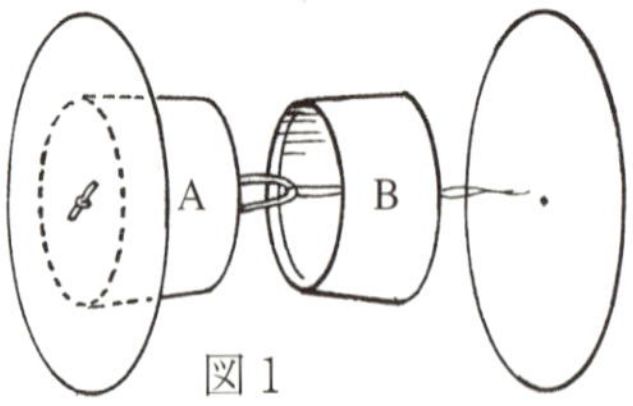

図1

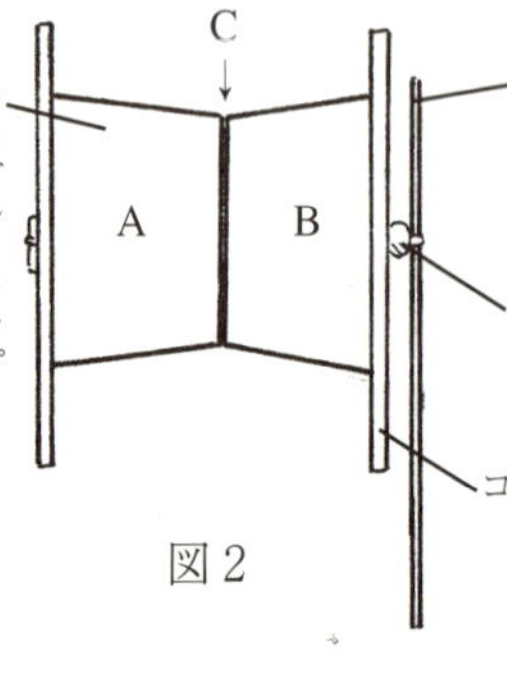

図2

★これなら簡単!

円の中心　紙の上にコースターを置き、えんぴつでふちを丸くなぞる。次にハサミで線の通りに紙を切り取り、図のように4つに折る。この紙をコースターに重ねれば中心がわかる。同様にヨーグルトカップのふちもなぞり、穴を開けたコースターと中心を合わせれば、貼りつける位置がわかる。

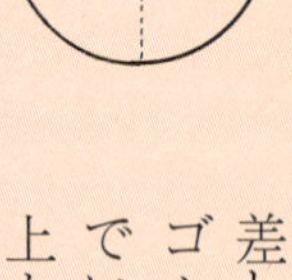

輪ゴムのとめ方　細く切った厚紙(材料の切れ端でもOK)を用意する。コースターの穴に輪ゴムを通したら、厚紙を反対側から図のように差し込んで、ストッパーにする。輪ゴムがたるんでいるときは、上からセロハンテープをはって補強しておくとよい。

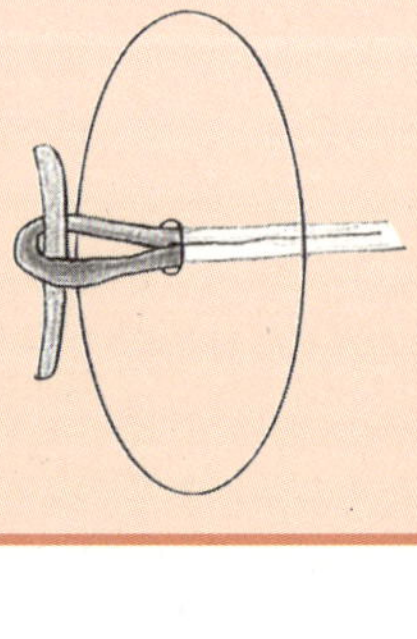

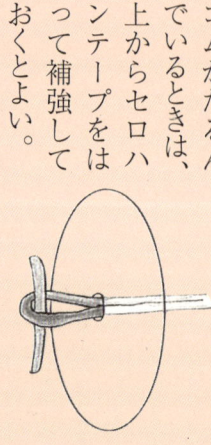

いっしょにお散歩
ガサゴソペット

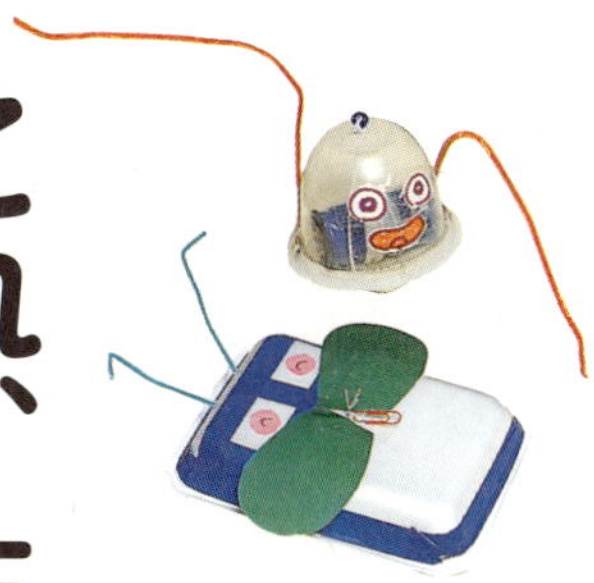

手づくりおもちゃ上級編。「自分でつくったぞ」という達成感と、それであそぶたのしさを、両方いっぺんに味わえます。ついついだれかを、おどろかせたくなっちゃうおもちゃです。

これ、生きてるの？

トレーや、透明な容器に、手や羽をつけて好きな生きものにしてみましょう。

上に出ているクリップを、スーっと上に引っぱると、長い糸が伸びてきて「ガサッ……ゴソッ……」そのまま、引いた糸をゆるめると……「ガサゴソガサゴソ」

「わっ！ 動いたよ！ 中に何かいるの？」

「ぼくのほうにきたよー」

みんな大騒ぎ。

前にいったり、後ろにいったり、横にいったり、なんだか虫みたい

ぼくのは中が見えるんだ

ガサゴソペットをつくろう

用意するもの●キリ、両面テープ、ビニールテープ、セロハンテープ　**材料**●トレー1個、フィルムケース（本体1個、ふた2個）、輪ゴム2本、油ねんど、タコ糸60センチ、クリップ1個、厚紙

つくり方

①フィルムケースのふたの中央に、キリで2カ所穴を開け、1本の輪ゴムを両方の穴に通す。もうひとつのふたも同様に。

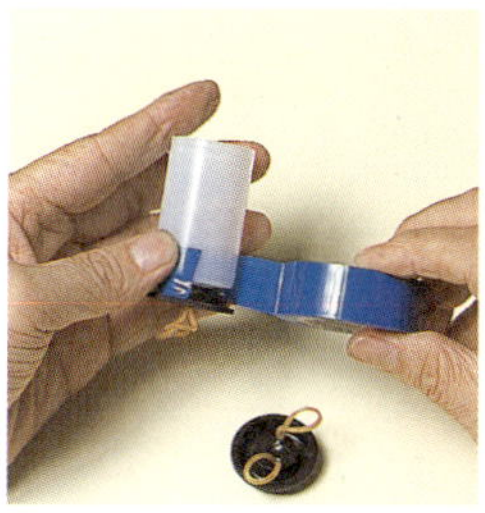

②①のふたを、フィルムケースの底に両面テープで仮どめし、ビニールテープを巻く（輪ゴムの両端を外側に）。

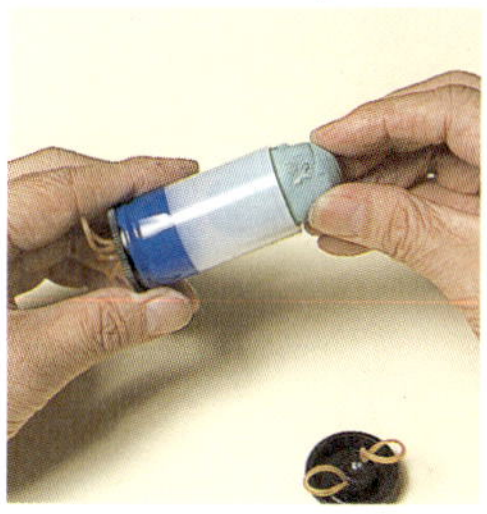

③フィルムケースの中に、油ねんど（おもりになる）を入れて、もうひとつのふたを閉じ、開かないようにビニールテープで補強する。

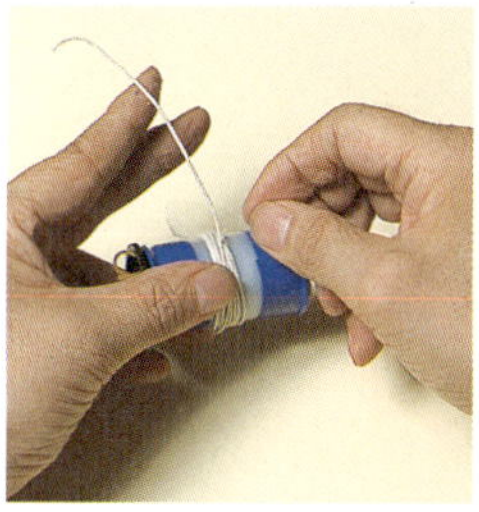

④③にタコ糸を巻きつける。巻きはじめはセロハンテープで固定する。巻き終わりは、軽く仮どめしておくと、ゆるまない。

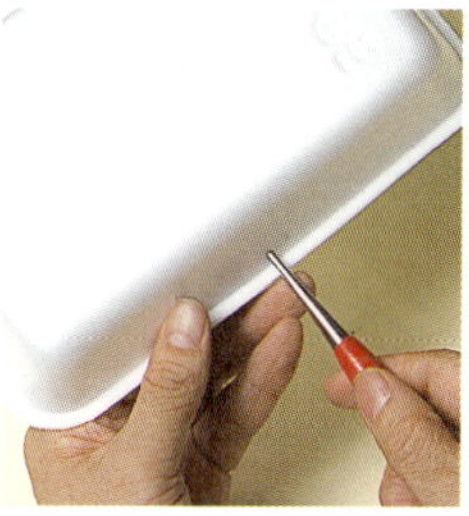

⑤トレー側面中央に、キリでひとつ穴を開ける（なるべくふちに近いところにする）。反対側も同様に穴をあける。

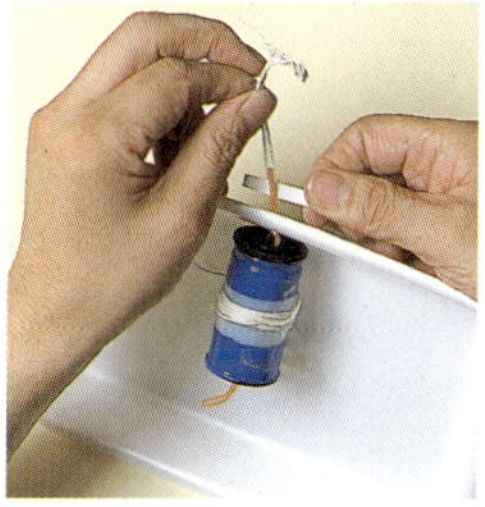

⑥④を取りつける。輪ゴムの両端を、⑤で開けた穴に通し、抜けないようにとめる（→P98）。反対側も同様に。

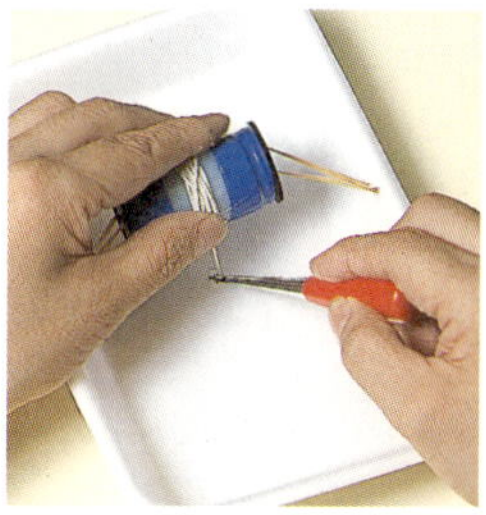

⑦トレーの底の中心に、キリで穴を開ける。仮どめしていたタコ糸をはずし、キリで穴に押し込む。

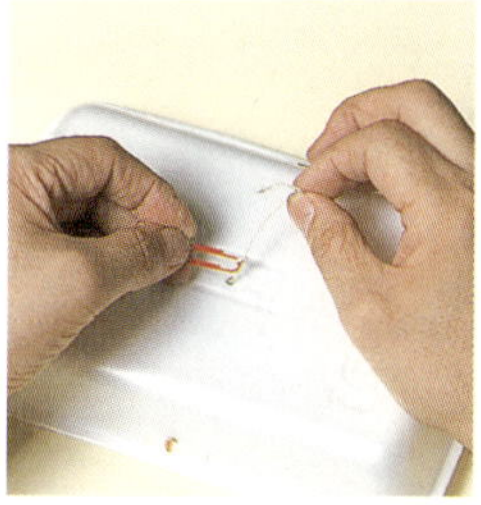

⑧糸が通ったら、トレーを裏返し、タコ糸が中に入ってしまわないように、クリップに結んで、できあがり。

たのしくあそんだそのあとは……

パクパクカッパ

なーんでも食べちゃうよ

「こんなにちらかして！」なんて、いつも怒っていませんか？ それなら、子どもたちが、おかたづけしたくなっちゃうようなおもちゃを、こっそりおしえちゃいます。

どっちが早くひろえるかな、よーいドン！

たくさんあそんだあとは、あそこにも、ここにも、ゴミがいっぱい。紙1枚でできるパクパクカッパに、おそうじしてもらいましょう。材料は、画用紙でも新聞広告でも、長方形の紙なら、なんでもOK。

ゴミを見つけたら、両手でカッパのほっぺを持って、左右に引っぱります。すると、カッパの口もパッ。口でゴミをはさんだら、元のように軽く2つ折りにもどします。ちゃんとひろえましたか？

これをつくると、いつもゴミのうばい合いに。

ゴミが出たらおしえてね

パクパクカッパをつくろう

用意するもの●長方形の紙

つくり方

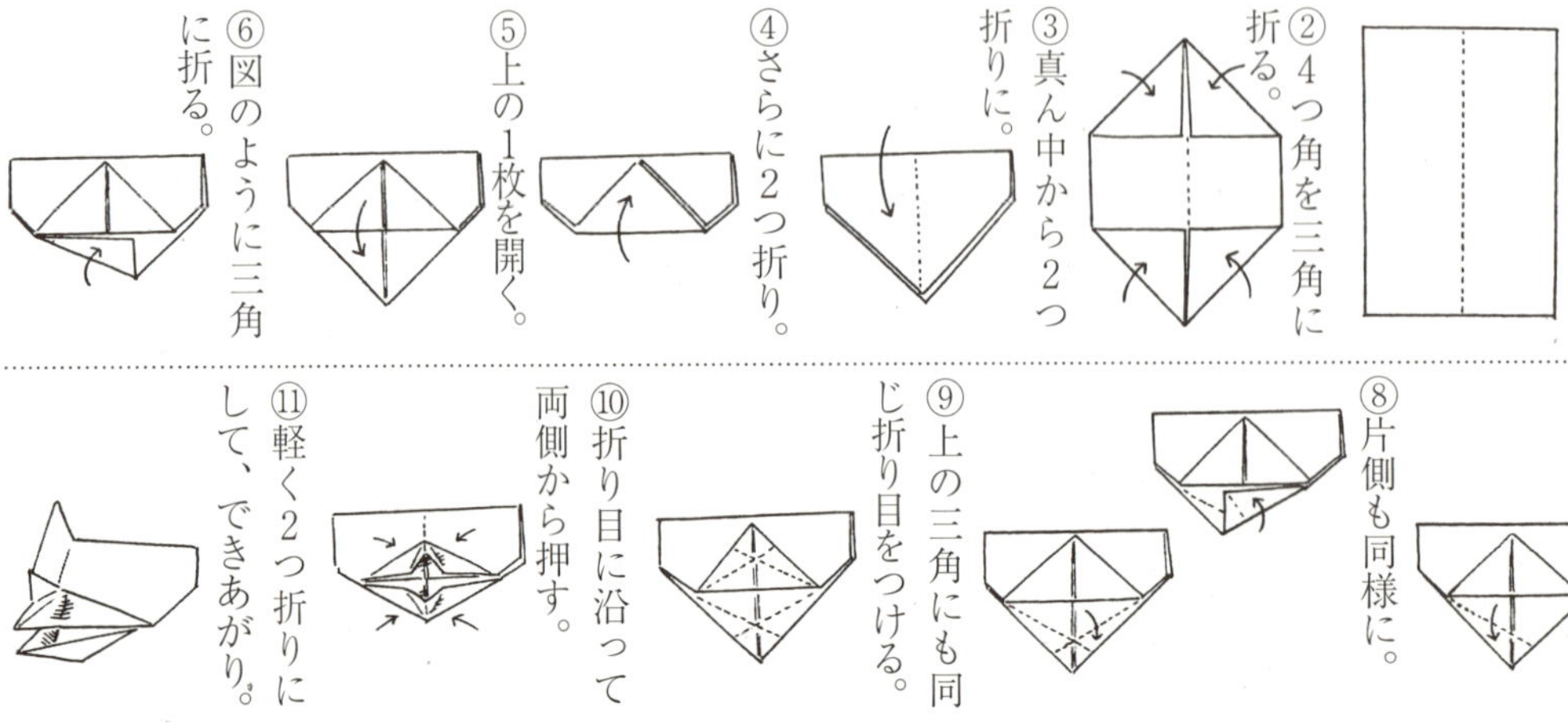

①紙の縦半分に折り目を入れる。

②4つ角を三角に折る。

③真ん中から2つ折りに。

④さらに2つ折り。

⑤上の1枚を開く。

⑥図のように三角に折る。

⑦折り目をつけたら開く。

⑧片側も同様に。

⑨上の三角にも同じ折り目をつける。

⑩折り目に沿って両側から押す。

⑪軽く2つ折りにして、できあがり。

おもちゃのゴミも、やっぱりおもちゃ
ジャンボヨーヨー
ついつい夢中になっちゃう

惜しくも、おもちゃになりそびれてしまった、画用紙の切れ端や、糸くずたち。でも、捨てるのはちょっと待って。せっかくだから、みんなまとめて大きなおもちゃにしちゃいましょう。

「みんなー、あつめたゴミをもってきてー！」
あれ、木村さん？　いったい何してるの??
みんな興味津々。

広げた新聞紙にどんどんゴミを集めます。お部屋がきれいになったところで、今度はゴミをつつむ、つつむ。広がらないようにセロハンテープでしっかりととめて、2カ所につけた輪ゴムを指に通して上下にふれば、ジャンボヨーヨーのできあがり。
「わー！　次やらせてー！」
「順番待ち」まで出ちゃいました。

ジャンボヨーヨーをつくろう

用意するもの●セロハンテープ
材料●新聞紙、輪ゴム6本
つくり方
①新聞紙を丸めて球状にする。
②広がらないようにセロハンテープでとめる。
③3本つなげた輪ゴムを2組用意する。
④丸めた新聞紙の両側にセロハンテープでしっかりととめる。

まずは基本の、ジャンボヨーヨー！

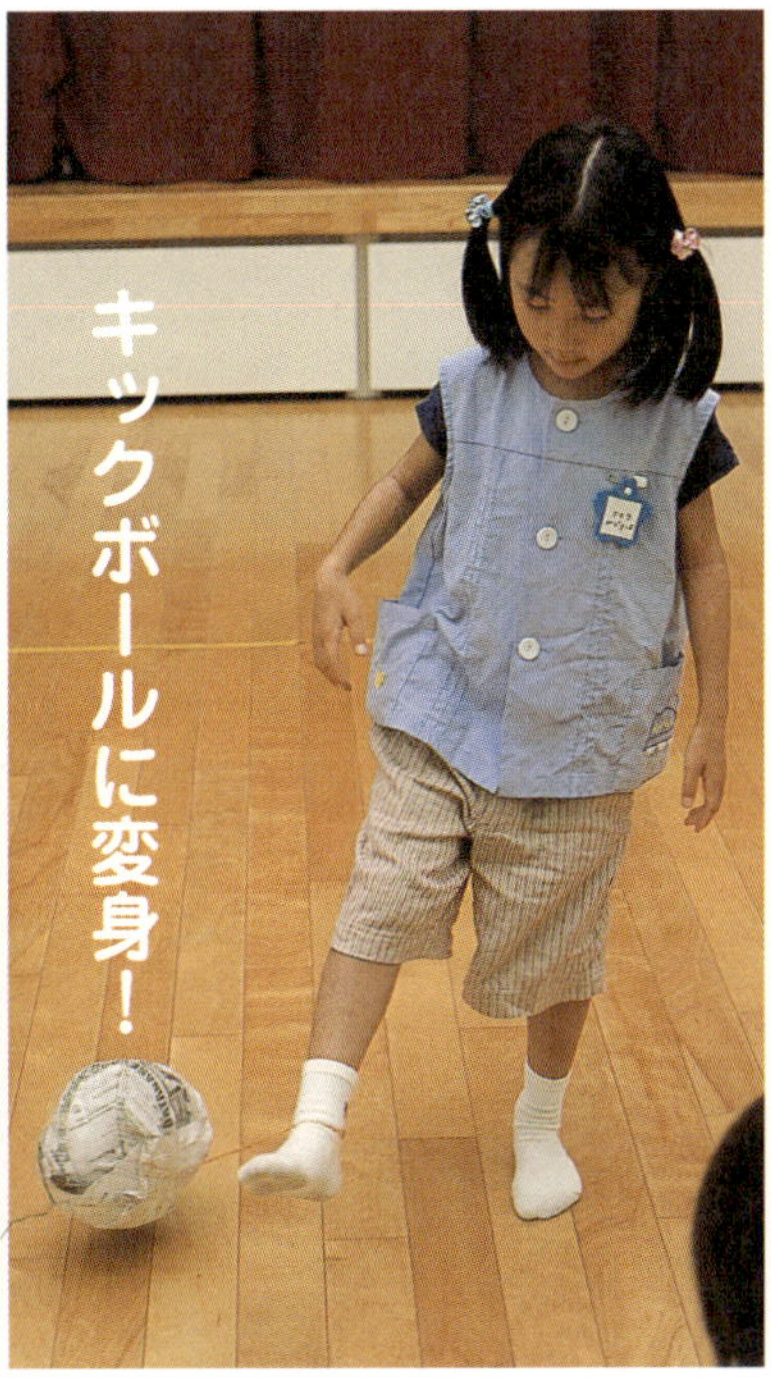

キックボールに変身！

お次はパンチボール！

ヨーヨーって、ちいさな子どもたちには意外とむずかしいもの。でも、これなら大丈夫。ゴムが2カ所についているから、どんなにちいさな子どもでも、ちゃんと手のひらに戻ってきます。

足首に輪ゴムを通せば、あっという間にキックボールに大変身。けったらすぐに戻ってくるから、いそがしい、いそがしい。
「サッカー大好き！　わたしのシュート見て見て！」

大人が片方の輪ゴムを足に引っかけ、もう片方を手にもって、パンチボールに。戻ってくるボールに当たらないように、パンチ！　パンチ！
「うーん、みんな、なかなかやるなぁ」

あそび名人の哲学 7

木村研

あそぶということは「力」をつけること

ボクのことを「手作りおもちゃ研究家」や「あそびの名人」と紹介していただくことが多くなって、多いに戸惑っています。

なぜなら、おもちゃの研究はしていないし、いろいろのあそびも知りません。どちらかというと、めんどくさがりやの怠け者です。

工作はニガテだし、あそぶことより、ゴロゴロしているほうが好きです。

こんなボクに「あそびの哲学」があるのだろうかと、困ってしまいました。

しかし、ボクは児童文学作家としても、「あそぶ」ということには、こだわりをもっています。

作品でいうなら「こころがワクワク」するようなものを書きたい。あそぶということでいうなら「こころがワクワクすること」でしょう。

それなら「あそぶことの名人」ですかね。

ゴロゴロしていてもたのしんでいるのだから。

ボクが、このようなことを書くのは、おかあさんや保育者の方がボク以上に「あそぶ」ということを、大切に思っているからです。

幼稚園や保育園、あるいは地域の子育てサークルに行ったとき、

「うちの子は、みんなとあそばないから心配だわ」とか

「うちの子は、よくあそんでいるから心配ないわ」

などの声を聞くことがあります。

このときの「あそぶ」は、同じでしょうか?

ボクには同じには思えません。

心配しているおかあさんには、

「みんなと同じようにあそばなくても、こころがたのしんでいれば、あそんでるんです」と、言います。

ひとりっ子や気の弱い子は、そんなにすぐにあそびの輪に入ることができないでしょう。見ているということは、入るチャンスを待っているかもしれないし、観戦することがたのしいのかもしれない。あるいは、あそびのルールを学習しているかも知れませんね、と。

それを一方的に「あそんでない」と決めてほしくないのです。

逆に、安心しているおかあさんには、

「自分の意思であそんでるんですか?　それとも、おかあさんの指示ですか?」

と、聞きます。どっちの場合も「あそびたくなるこころ」が大切なのです。

大人の場合の「あそびに行こう」は、「飲みに」とか「カラオケに」などのたのしいことを想像しますが、幼い子どもにとって、あそぶということは「力」をつけることなのです。

なかでも、ボクは「生きる力をつける」こと、と思っています。

ですから、逆に「生きる力をつけよう」と考えるなら、繰り返しあそぶことです。

「もう1回、もう1回」

子どもたちが夢中になるようなこころを育てること、それが、ボクのあそび、ということでしょう。

金子しゅうめいさんの和太鼓とあそぼう

ドンドコドンと、和太鼓のリズムとともに、いま、とっても元気なあそび名人・「きんちゃん」こと、金子しゅうめいさんの登場です。このあそびのメソッドはしゅうめいさんと和太鼓をあそぶお祭りです！子どもたちに太鼓、というと、ついたたき方の指導になってしまいがち。どこをどんなふうにたたいたらいい音が出るかなんて、上手にあそべば発見できるはずなんです。八王子ひまわり保育園のみなさんと、いい音、たたいてきましたよ！

取材協力／八王子市八王子ひまわり保育園

ドンと、こころにひびく、きもちよさ

和太鼓をあそぶ

大人がかっこよくたたくのを見たら、いい音を聞いたら、自分もやってみたい！　と思うのが、子どもごころというもの。まずは音を出してみましょう。音の違いをあそんでみましょう。

なんでもたたける、どこでもたたける

太鼓をまるごとあそぶなら、いろんなもので、いろんなところをたたいてみたい！　孫の手だってさいばしだって立派なバチになるんです。それぞれ個性的な音がたのしめます。

しゅうめい「バチじゃなくても音がでるかな？」

子どもたち「でるよ！」

どれどれ、と手でたたいてみました。

しゅうめい「いってえ～？」

子ども「……痛くないっ」

しゅうめい「強い！」

しゅうめい「ほかにどこでたたける？」

子ども「頭！」あ～言っちゃった！

ゴン……にぶい音。「もう1回！」

なんて、言わないでよ～。

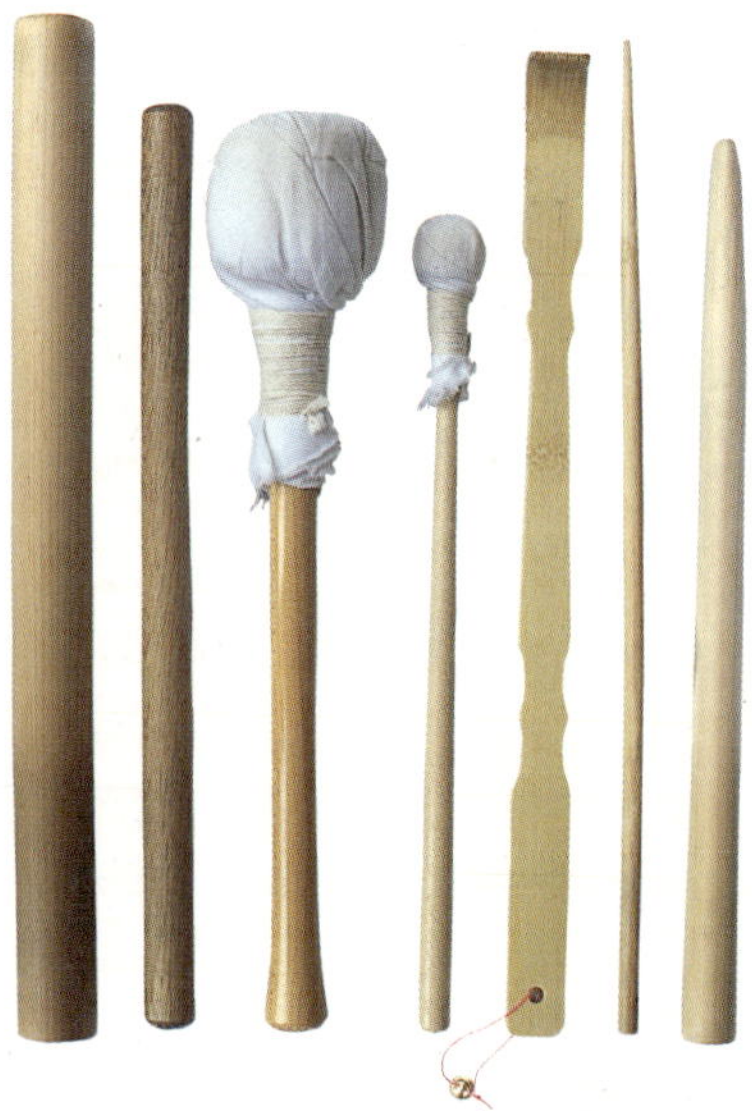

パーでたたくと……

グーで思いっきり！

頭突きしてみたら⁉

こんなところもたたけるよ。

ボールでドコドン！

「バチじゃなくても音が出たね。じゃあこれはどうかな?」

そう言ってしゅうめいさんが持ってきたのは、なんとボール。子どもたちの目がキラッ！

「でるでる！」と言った子も、「でなーい」と言った子も、みんなやってみたくてウズウズ。早くやろうよ〜！

「真ん中ねらって、せーの、でぶつけてみて。せ〜の！」

ドン、ドンドコドン！　ドン！　ドン！

これがいい音！　おかしなリズム！　近くから投げるのと、遠くから投げるのではまた音が違うんです。

ロケット発射！

①太鼓の上の真ん中あたりに、バチを1本立てて、軽く手を添えます。もう1本のバチで、太鼓を勢いよくたたくと……

②振動で、バチがロケットのように高く飛び上がります！ちょうどいいところをたたくほど、いい音とともにロケットが高く飛びます。

しゅうめいさんのロケットは、天井に届きそうなほど飛びましたよ！

この音、この振動……もうがまんできない！
からだが動きだす

太鼓の音を聞いていたら、子どもたちのからだが自然に動き出しました。からだってスゴイ。音も出せるし、リズムもきざめる。リズムをあそぶなら、からだを使わない手はないのです。

とびあがるほどいい音だね!?

ドン！　と太鼓が鳴ると、ビン！　とからだにひびきます。音って、聞くだけのものじゃなくって、からだで感じるものなんだ！

ドン！　ビン！　ドン！　ビン！　ドン！　ビン！　ドン！　ピョコン！

あれれ？　ひとりの子どもがとび跳ねました。ドン！　ピョコン、ピョコン！　あらら、もうひとり。

気づいたしゅうめいさん、「おまえら、おもしろいなあ！」で、みんなカエルになっちゃった！

ピョコン！

ひとり跳ね……

ピョコン
ピョコン

ふたり跳ね……

ピョコピョコピョン！

3人跳ねて……

みんなで…
ピョコン!!

口から、手から、リズムが生まれるよ

しゅうめい「今度は自分の名前をたたいてみよう」

名前をたたく？　どういうこと？ 子どもたちはふしぎ顔。

しゅうめい「お名前は？」

子ども「やまだりゅうのすけ」

「やーまーだ
りゅーうーのーすーけ」

そう言いながらたたくリズムは、
ドンドンドン
ドンドンドン
ドンドンドンドンドン！

まわりのみんなが一緒に名前を言うなかで、たたく子は大満足の笑顔です。

名前によって音の数が違うって気づくかな？「きんちゃん」は、ドンドン！　って2回にしてみました。

オレの
名前は？

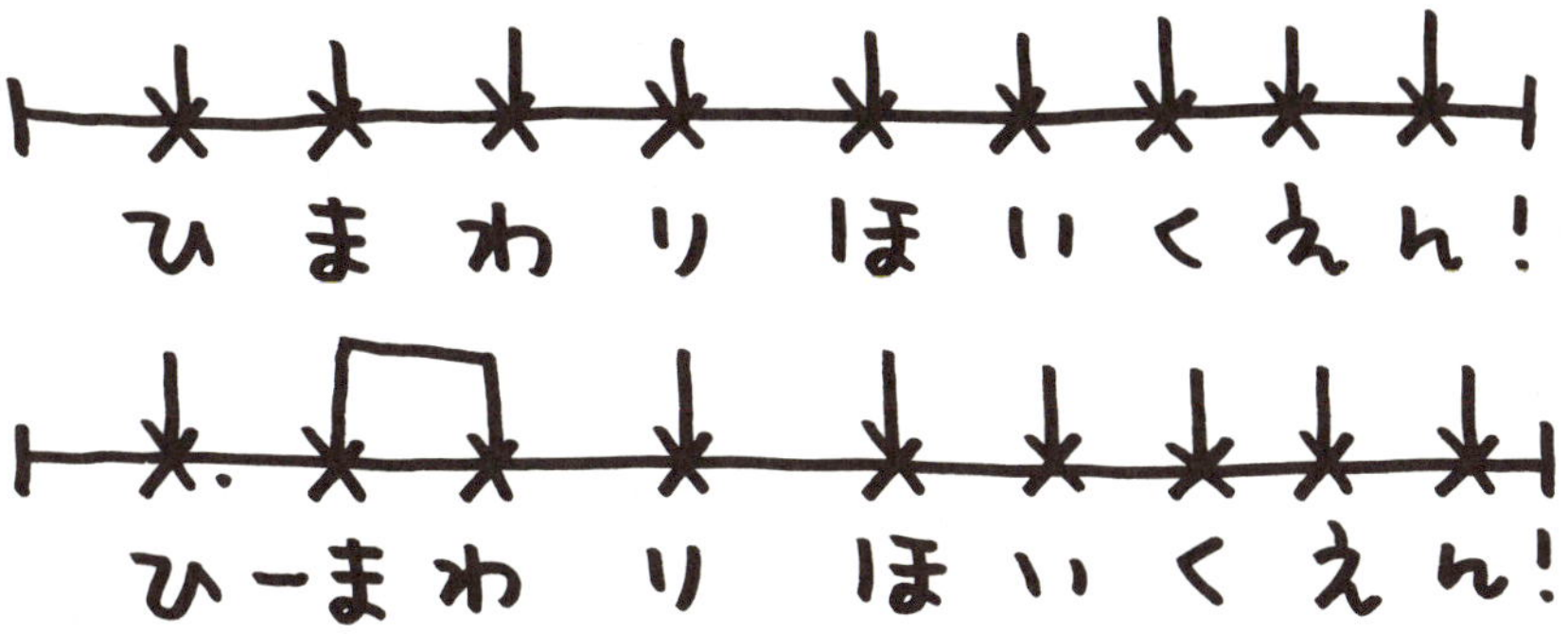
ひまわりほいくえん！
ひーまわり ほいくえん！

たたくと音が出るのは、太鼓だけではありません。手軽にパパン！の手拍子もお忘れなく。

上で紹介した、名前を使ったリズムあそびも、手拍子でやってみると、またひとあじちがったおもしろさです。さて、お次は何をたたいてみましょうか？

しゅうめい「じゃあ……みんなの保育園の名前は？」

子どもたち「ひまわり保育園！」

どうやらひまわり保育園は子どもたちにとって、ずいぶんたのしいところのようです。手拍子とあわせて、

「ひーまーわーり　ほーいーくーえーん！」

と子どもたちの大きな声！

少しリズムを変えて、「ひーまわり　ほーいーくーえーん」とやってみたり、「おはよーございます」ってあいさつをたたいてみたり……。

ことばのリズムっておもしろいなあ。

ダンスじゃないよ、おどりだよ

おどりをおどる

ドドン！　とのってきたところで、みんなでおどっちゃおう！　太鼓に合わせておどるなら、こんなおどりはいかがでしょう？　子どもも大人も、おどらにゃソンソン！

しこふんで、おどるおすもうさん

「日本のおどりには足腰のふんばりが大事！」としゅうめいさん。それを少しでも子どもたちとたのしんでみたい！　と、やってみたのが、このおすもうさんのしこふみおどり。名づけて「しこふみの舞」です。

まずはふんばって～
腰を落として、両ひざに手をおき、ぐっと足をふんばります。

①どすこい、どすこい！
左右にしこをふみます。そのまま歩いてもOK。

②トントン、トントン
腰に手をおいて、右右、左左と2回ずつ、腰がはいったスキップをします。

③両手をパンパン！
腰を落としたまま、両腕を前に伸ばして手拍子を2回打ちます。

④重いものを持って……

両手に重いものを持って、持ちあげるつもりになって。

⑥めいっぱい伸びて

もっともっと、できるだけ高く持ちあげて……

ふんばりとリラックスがかんじん。

「だけど、ふんばってばっかり、力んでばっかりじゃなくって、力を抜くのもまた大事なんだよね〜」と、しゅうめいさん。ふうん、なんだか人生にも似ているような…なんて思いながらおどってみると、なるほど、これがきもちいいんです！

たとえば、下のような太鼓のリズムに合わせておどれば、気分はすっかりおすもうさん。がんばったあとは、リラックスを忘れずに……!?

⑤持ち上げて〜

重いものを、ぐーっと上に持ちあげる気分で、両腕をあげていきます

⑦ハア〜

と、力を抜いて、腕をおろしてリラックス。

「しこふみの舞」には、こんな太鼓をつけてもたのしくおどることができます。○は右手△は左手でたたきます。たとえば、①の動きにはAのリズムを、②③の動きにはBのリズムを、④〜⑦の動きにはCのリズムを2回ずつくらいくり返しておどると、きもちいいです。リズムはあくまで子どもたちの動きに合わせて。

持つだけで、おどりが変わる、たのしくなる

小道具で大きくおどる

ちょっとした小道具をプラスするだけで、同じおどりも大きく、あでやかになります。そして、何かを持っておどるってことは、どうやら、子どもたちをかなりソノ気にするらしい!?

棒と一緒におどってみよう！

持つものはなんでもいいんです。たとえば、扇子やうちわなどでも、かっこよくおどれますよ。

今回、持っておどってみたのは、布のついた棒。しゅうめいさんが持っておどると、旗のようにひるがえって、子どもたちの目はくぎづけに。

用意するもの

・きれいな色の布（幅20センチ、長さ1メートルくらい）・木の丸棒（1メートルくらい）・大きめの安全ピン（1個）・大きめの鈴（1個）

※子どもに合わせて、棒や布の長さ・重さは調節してください。

つくり方

①棒に布の片端を結びつけます。

②結び目のあたりに、安全ピンで鈴をつければ、できあがり。

左に、右に振ったり

前に、後ろによいしょ！

力をためて……

つきあげる！

前のひとの布を持ったら、みんながつながったよ！

このおどりは、たとえばこんな拍子と一緒にやってみてもたのしいですよ。
また、みんなで前のひとの布をもって、つながっておどるときは、下で紹介している「下打ち」の④のリズムなどがおすすめです。

○右手　△左手

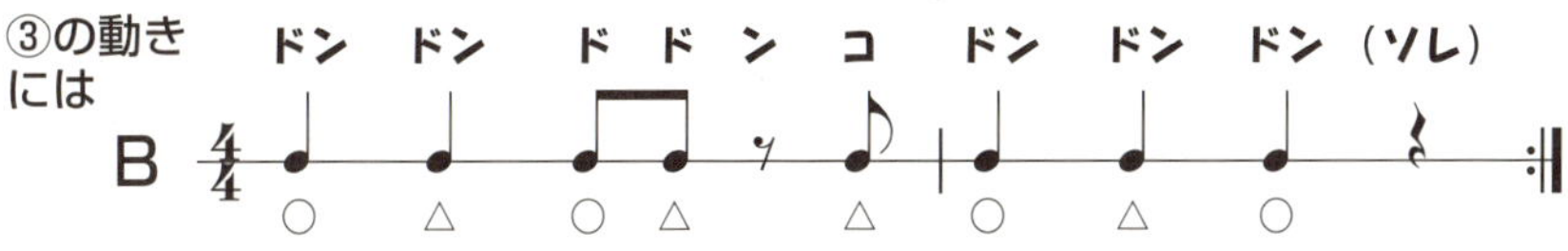

③の動きには
B
ドン　ドン　ド　ド　ン　コ　ドン　ドン　ドン（ソレ）
○　△　○　△　△　○　△　○

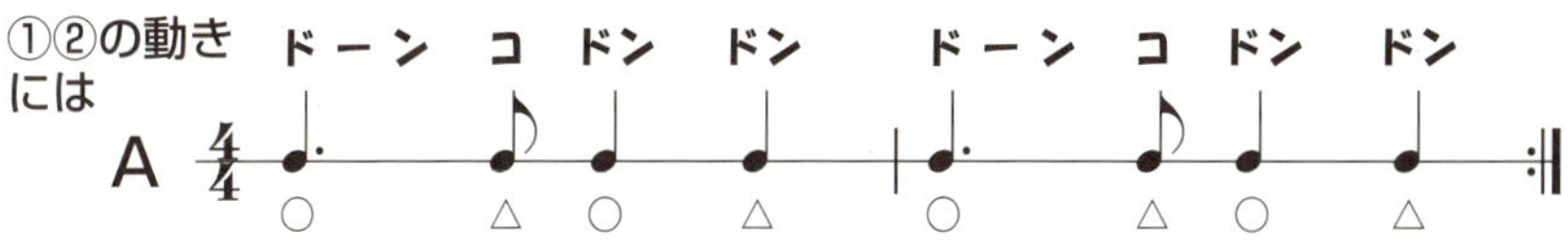

①②の動きには
A
ドーン　コ　ドン　ドン　ドーン　コ　ドン　ドン
○　△　○　△　○　△　○　△

①横（左右）に振る

右・左・右・左と、上のAのリズムを2回くらいくり返しながらおどると、きもちがいいみたい……。

②たて（前後）に振る

前・後ろ・前・後ろと、これもAのリズムを2回くらいくり返しながら。剣道の素振りみたいな感じです。

③つきあげる

少し腰をおとして力をためて、棒を右上につきあげ、また腰をおとして、左上へとつきあげます。

Bのリズムを2回くらいくり返しながらおどると、満足感があります。

子どもとあそぶ大人のための和太鼓下打ち講座

どんなリズムにも合って、どんなリズムも引き立てて、見事な曲にしてしまう、縁の下の力持ち。それが「下打ち」とよばれる太鼓のワザです。

たとえば、子どもたちがめっちゃくちゃに太鼓をたたいても、大人がこれさえきざんでいれば大丈夫という魔法のリズム、ぜひマスターしたい！

しゅうめいさんがおしえてくれたのは、左の4つの下打ちのパターン。名づけて「下打ち四人衆」！

そのときどきの気分、子どもたちのたたくリズムやおどりに合わせて、好きなリズムを選んでください。

この4つの下打ちだけをつなげても、立派な曲ができあがります。

○右手　△左手

①
ドン　ドン　ドン　ドン
○　△　○　△
ドコドコドコドコ
○△○△○△○△
②
トン　ト　コ　トン　ト　コ
○　○　△　○　○　△
③
トン　ト　コ　トン　トン
○　○　△　○　△
④
トンコ　トンコ　トンコ　トンコ
3　3　3　3
○　△　○　△　○　△　○　△

舞台では、いつもと違うわたしです
変身でドキドキ

お面をつくってみよう

紙ではなく布を使うことで作品としても残る、こんなお面はいかが？

用意するもの

さらし布（子どもの顔の大きさに合わせて適当に切る）、アクリル絵の具、筆、水を入れたバケツ、パレット、カラーひも（70センチくらい）

つくり方

①さらし布に、好きに顔を描きます。

②絵がかわいたら、目の部分に穴をあけ、カラーひもで、おでこに結べば……

…だれがだれだか、わからないよ〜！

お面や衣裳の力って偉大です。気分がぐっともりあがります。今回しゅうめいさんがおしえてくれたのは、日本の伝統芸能でおなじみの変身術。おどり、お芝居…使い方はアイデア次第です。

くまどりをしてみよう

歌舞伎の役者さんがしているあのメイクです。思いきり派手に決めて！

用意するもの

フェイスペインティング用絵の具、クレヨンなど、鏡

あそび方

鏡を見ながら、好きなように顔に落書きすれば、できあがり！

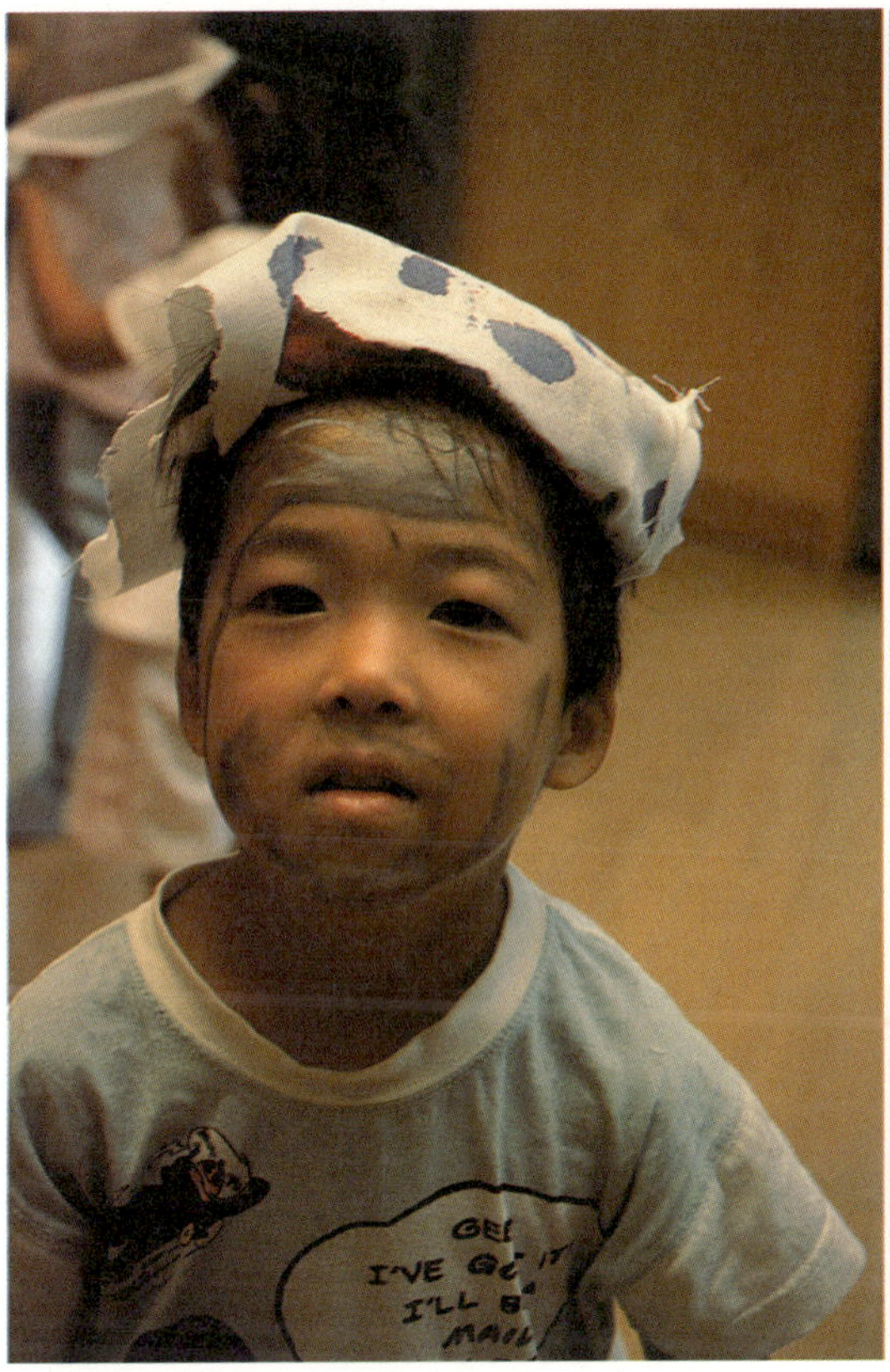

どろぼうさんみたい！？

うーん、気分が出てきたぞ

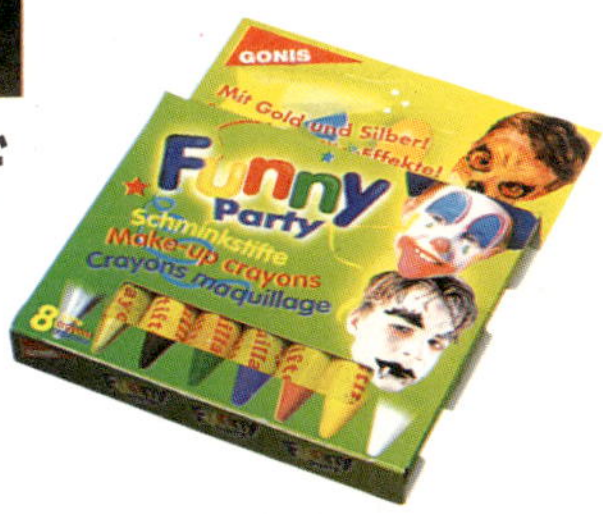

フェイスペインティング用の無害なクレヨン「ファニーパーティー」（ゴニスジャパン　980円）（問）クレヨンハウス・クーヨンマーケット TEL 03（3406）6420

衣裳をつくってみよう

ちんどんやさんのようなこの衣裳は、狂言などの舞台で使われるものをヒントにしてつくってみました。

用意するもの

木綿の布（子どものからだにあわせて適量・2枚）、棒など芯になるもの（布の幅に合わせた長さ・2本）、カラーひも（30センチくらい・2本）、糸、針、はさみ、アクリル絵の具、筆、水を入れたバケツ、パレット

つくり方

①2枚の布に好きな絵や柄を描きます。はっきりした絵や柄だと、遠くから見たときにパッと目立って、かっこいいですよ。

②2枚の布の、幅のせまいほうに、芯になる棒を布でくるりと包んで縫いつけます（写真のイの部分）。

③2枚の布に、肩ひもをつけます。ちょうどいい場所に2つ、はさみで穴をあけます（写真のロの部分）。

④穴にひもを通して、抜けないように玉結びをします。

⑤写真のしゅうめいさんのように着れば、衣裳のできあがり！　腰にひもを結んでもOK。上はしっかり、下はひらひらしているので、動作に合わせて衣裳がゆれてきれいです。

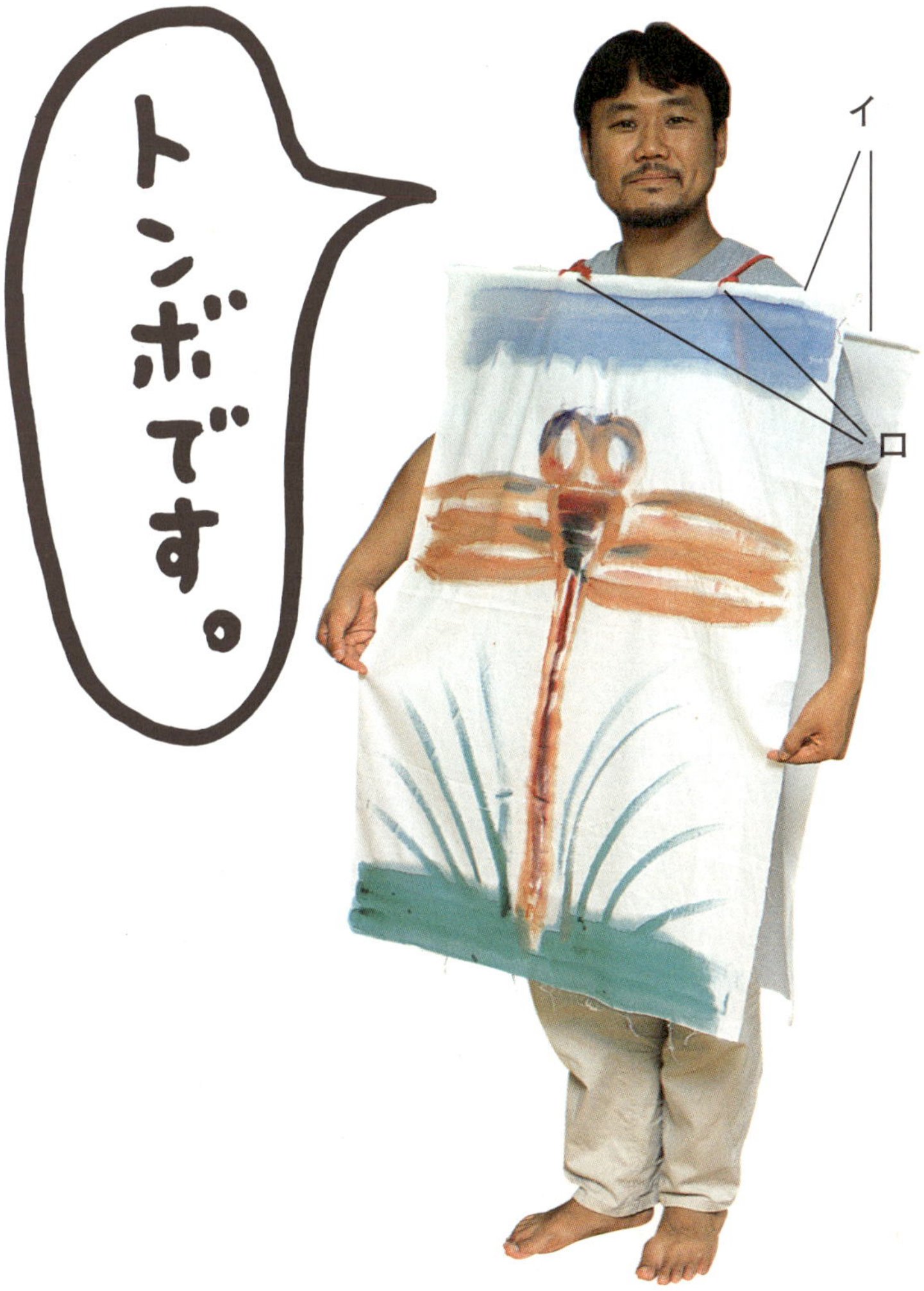

ひとつのリズムが、みんなのリズムにもりあがる! ケチャではじケチャった!

ケチャって知っていますか?インドネシア・バリ島の民族舞踏で、たくさんのひとがいくつかのパートにわかれ、「ケチャケチャ…」と唱えておどるんです。おもしろそう!

野菜ケチャ

ケチャを、おなじみの野菜の名前と、その野菜からイメージする動きでやってみようってワケ。

これは、たくさんの人数がいたほうがもりあがるあそびです。10人ずつのグループが5つくらいはほしいところ。グループにわかれたら、グループごとに、なんでも好きな野菜をひとつ選んで、ポーズを考えてみて。たとえばこんなふうに……!

しいたけ!

トマト!

ほうれんそう!

そして、グループのみんなで声をあわせて、その野菜の名前を言いながら、みんなで決めた同じポーズをする練習をしましょう。

グループでそろうようになったら、すべてのグループで合わせることにチャレンジです。

ピーマン！
もやし〜
じゃがいも
さつまいも〜

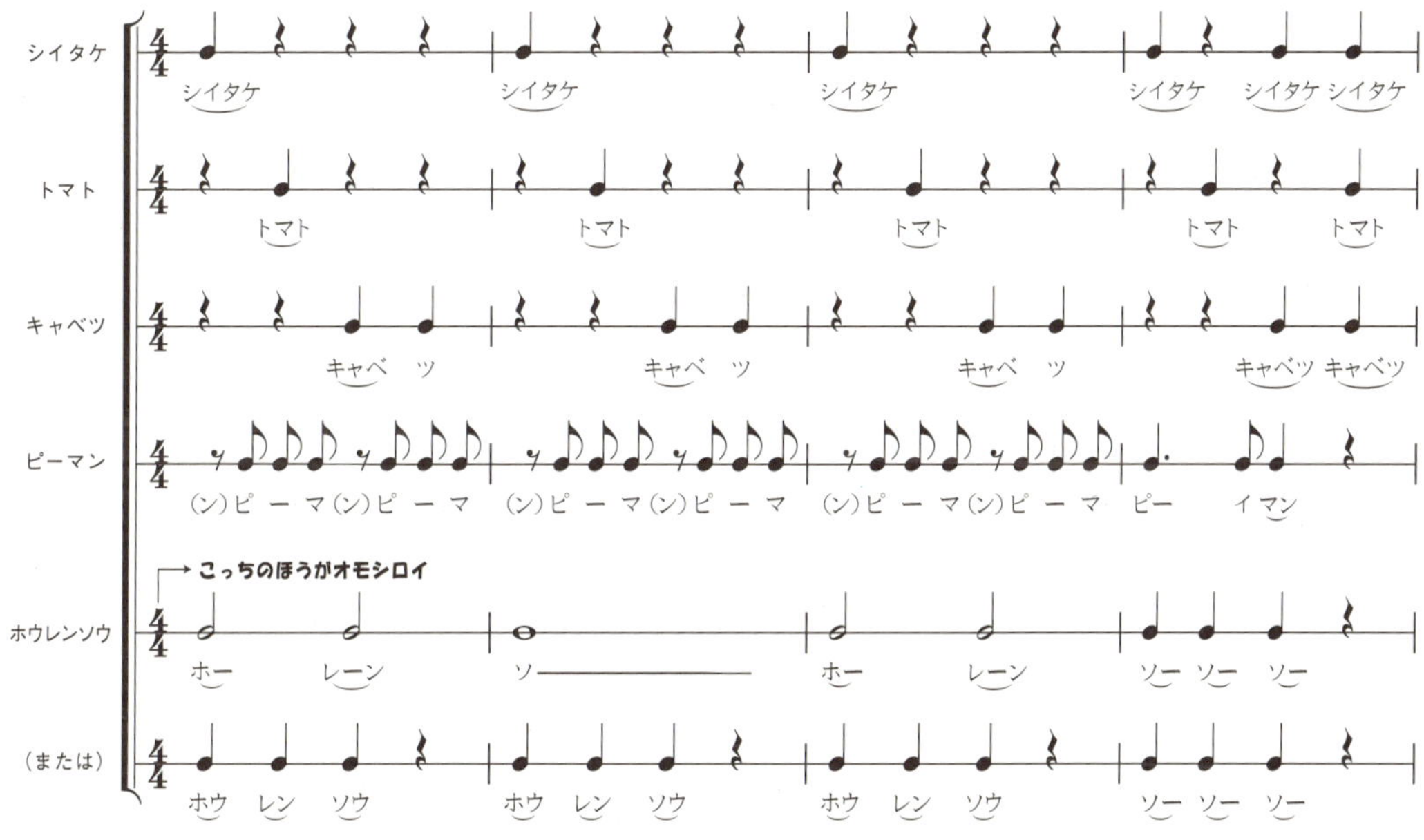
シイタケ
シイタケ　シイタケ　シイタケ　シイタケ　シイタケ　シイタケ
トマト
トマト　トマト　トマト　トマト　トマト
キャベツ
キャベ　ツ　キャベ　ツ　キャベ　ツ　キャベツ　キャベツ
ピーマン
(ン)ピ　ー　マ(ン)ピ　ー　マ　(ン)ピ　ー　マ(ン)ピ　ー　マ　(ン)ピ　ー　マ(ン)ピ　ー　マ　ピー　イマン
こっちのほうがオモシロイ
ホウレンソウ
ホー　レーン　ソ　ホー　レーン　ソー　ソー　ソー
(または)
ホウ　レン　ソウ　ホウ　レン　ソウ　ホウ　レン　ソウ　ソー　ソー　ソー

たとえば、左のようなリズムであそぶことができます。すべてのパートのズレがポイント。演じるときは輪唱のように、この場合なら、しいたけがまずはじめ、少し後にトマトが加わり、次にキャベツが加わり…で最後は大合唱に！　肉、にんじん、じゃがいも、たまねぎ、ルーで、カレー！　な〜んてアレンジはいかが？

あそび名人の哲学 8
金子しゅうめい

あそびとは…あそぶこと。たのしいこと。

まず、ぼくはあそぶのが好きです。複数であそぶのも好きですし、ひとりでこっそりあそぶことも好きです。海に潜って魚を追いかけたり、山に入ってうろうろして、焚き火なんかしてると非常にたのしい。スポーツもあそびですね。

ぼくが紹介したのは、太鼓と、踊りに近づくためのひとつの提案でした。でも、完成品を目指すための第1歩、というようなものではなくて、あくまであそびとして、未知数の枝葉の入口を、ぼくなりに紹介させてもらったに過ぎません。

全国の芸能をいろいろ見てみると、どんなに神事だ厳格だといっても、なんでこんな踊りの振りや、太鼓のリズムが生まれたんだろうか、これはやっぱりあそび心なんだろうな、と思うことがいっぱいあるんです。

そのあそびが、元気の素にもなっていたんだろうなあ、と。

はじめからできあがってた曲や踊りはないわけで、その時代の、それに関わったひとたちによって、創られて変化し続けてきたものなんですね。

たとえば、さまざまなかたちで唄われてきた作業唄というのがあります。
農作業、山仕事、漁業、いろいろあります。
「辛い労働を乗り切ろうとする、たくましい命の叫びだ」なんていうひともいますが、ぼくは違うと思うんです。たしかに苦労の多い仕事は多かったでしょう。
でも、唄が出ちゃった気持ちは、もっと気楽なもんだったんだろうと思うんです。
なんとなく口をついて出てきちゃったみたいに。

祭り事や、そのなかの太鼓や踊りもそうだったんじゃないかな。全部がそうだなんていう乱暴は言いませんけど、あそびなしには続いてこなかったんだろうと思いますね。

だって、結構たいへんなことばかりなんですよ。足腰痛くなったり、手の皮が剥けたり。
「次はこんなんしてみっか?」とか、「あいつのおどりのあそこはカッコイイな」
「まねしてみるべ」(私、群馬県人)とかね。

そうやって、だんだんに「いいかたち」にできあがってきたんだろうと思うんです。

それがいまでは、できて数ヶ月の新しい太鼓曲に「保存会」ができる不思議。

不思議でしょ?　なんなんでしょ。

太鼓がある。叩いてみる。何で叩けばどんな音がするか試してみる。他人が加わってたまたま呼吸が合ってくる。
じゃあ合わせてみようか、となって約束を創る。その約束も自分たちで創る。そうやってたのしくなるように、新しいものを自分たちの手で創っていくんです。
「作曲あそび」「振り付けあそび」「表現する・演じるあそび」ですよ。子どもも大人も関係ない。

伝統の持つ、積み重ねられてきた良さを否定しようとしているのではありませんよ。むしろ肯定しているんです。

あそびとは、思いつき歓迎で創ること。

と言いながら、既成のあそびに入り込んでいくのも、またたのしいです。

それもあそび。

ぼくたち大人が、あそびの「提案」をするときには、何らかの意図があるんだと思うんです。

だからって、哲学的・教育的なことばを並べて、具体的な方針を述べてからあそびなさい、なんて言ってるんじゃあないですよ。
このあそびが、子どもたちのなかに、あるいは大人も含めて、どんなふうに受け入れられて、どんなふうに残って発展していくのか。そこには提案者の願いがあるんじゃないかな。

それからは子どもたちの創造力にまかせて、子どもたちに創っていってもらう。

ぼくらは、いままでに得た、あそびの材料を提出するだけ。あとはあそびながら、次なる提案を目論むんです。

で、それもあそび。

米村傳治郎さんの
科学でエンターテインメント

『科学ってむずかしそう』
そう感じているひとは多いでしょう。
そんなことはありません。
あそびのなかでどうして？　とかんじることこそ、
科学の第一歩。たのしい発見に満ちたものなんです。
ふうせんであそぶ、笛をつくる、そんな日常の
あそびのひとつひとつに、科学が隠れているんです。
むずかしく考えず、いつものあそびのなかから、
『びっくり』や『どうして？』『そうなのか！』と、
出会ってみてください。

取材協力／科学技術館　イラストレーション／広瀬克也

くっついたり逃げたり
静電気は気まぐれ

どこにでもある静電気。でも静電気にはプラスとマイナスがあり、相手によってくっついたり離れたりします。そんな性質を利用して、ちょっと手品みたいに解説してもらいました。

どうしてくっついたの?

用意するもの●ストロー、ゴムふうせん、ティッシュペーパー、乾いた布

やってみよう

①ストローの上にティッシュをかぶせて、手早く何度もこする。
②こすったストローを乾いた手のひらにのせ、手を裏返す。
③ストローは手のひらにくっついたままで、落ちていかない。

つぎにふうせん。

①ふうせんをふくらまし、乾いた布で全体を包み、上からこする。
②そのふうせんに、上からそっと手を近づける。
③ふうせんがフワッともちあがった!

どうして?

プラスとマイナスの静電気は、磁石のように引き合う性質があります。

ティッシュや布で強くこすられることでストローやふうせんはマイナスの静電気をもち、手や顔にあったプラスの静電気とくっついたのです。

「タネあかしの前に『手から気が出ています』なんて言うと、子どもにウケますよ」と、米村さん。

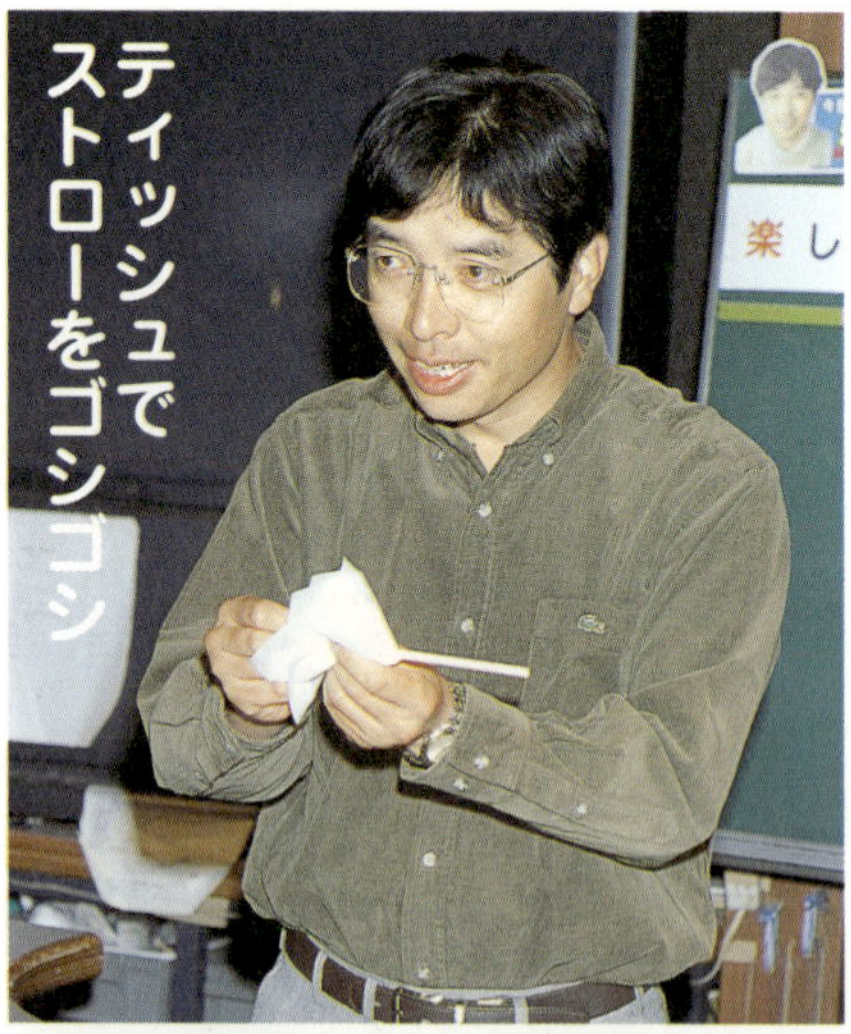
ティッシュでストローをゴシゴシ

手にくっついたよ

顔にだって

今度は逃げようとするよ

用意するもの●長いゴムふうせん、ストロー、霧吹き、乾いた布

ふたりでやってみよう

①ふうせんを、それぞれふくらます。

②乾いた布でくるむようにしながらこすり、静電気をもたせる。

③静電気をもたせたふうせん同士を近づける。

④お互いのふうせんから、生き物がうごくような感触が伝わってくる。

どうして？

静電気のプラスやマイナスは、近づく相手によって変わります。布でこすったふうせんには、マイナスの静電気がおきています。

プラスとマイナスの静電気は仲良しですが、実はプラス同士、マイナス同士の静電気は、仲が悪いのです。

2本のふうせんはこすったことで、ともにマイナスの静電気をもったから、いやがって逃げようとしているんですね。

ちなみに静電気の弱点は水。水分があるところでは、静電気はおこりません。静電気によって手にくっついたストローに、「魔法の水」（本当は普通の水）を吹きかけると？

ストローはあっという間にただのストローになってしまいました。

だから静電気であそぶときは、まず手をよーくふいて。

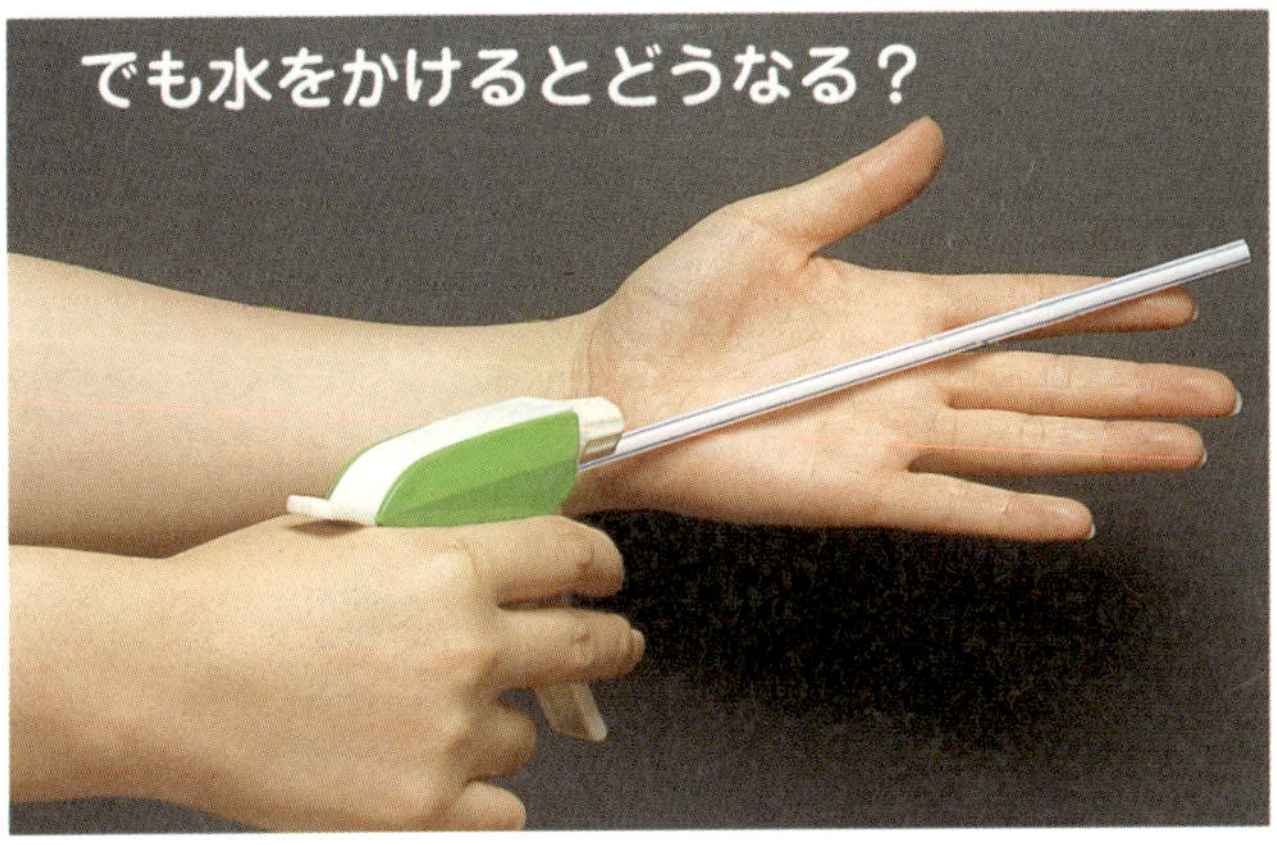
でも水をかけるとどうなる？

髪の毛もくっつくよ

ふうせんを投げたら、そのままからだにくっついた！
ふうせんもストローもティッシュも、全部くっつけちゃった

フワフワ、ペタリ くっつく静電気

相手が紙や壁なら、「くっつきたがり」な静電気。そんな性質をうまく利用して、吹き矢やあやつり人形など、たのしいあそびができました。お話に合わせてあそべそうです。

●忍者のストロー袋

用意するもの●紙袋入りのストロー、はさみ

やってみよう

①左下の写真❶のようにして、ストローの吹き矢をつくる。

②写真❷のように、ストローに袋をかぶせたままで、こすり合わせる。

③袋をかぶせた状態で、壁や天井の方に向けて、ストローから強く息を吹き込む。

④息により袋だけが飛び出し、ぶつかった壁や天井に貼りついた！

どうして？

ストローと袋をこすり合わせることで、袋にプラスの静電気がおきています。静電気は壁や天井に、もともとあったマイナスの静電気と引き寄せ合って、くっついたのです。

ただ飛ぶだけではなく、ぶつかった先にくっつくからおもしろい！的を決めたらゲームができそうです。

「冬の乾燥した日は、静電気がおきやすく、長持ちします。長時間くっつくから、忘れたころにひらひら落ちてきたりするよ」と米村さん。

ストロー袋が窓にくっついた。

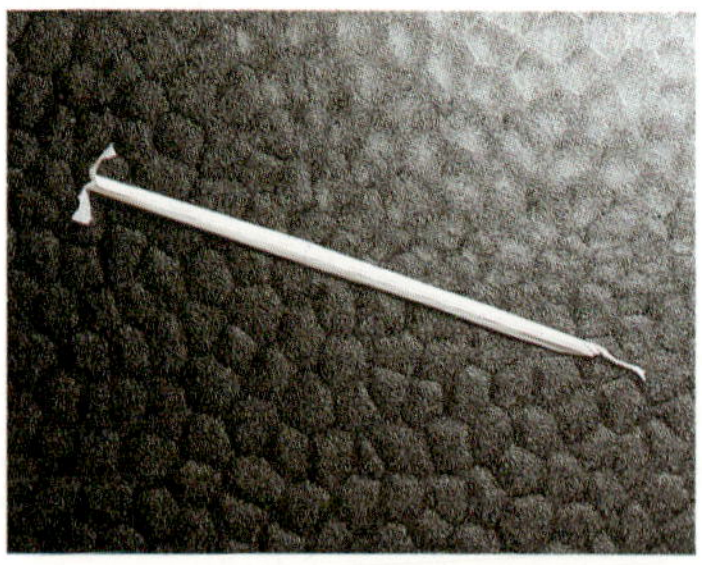

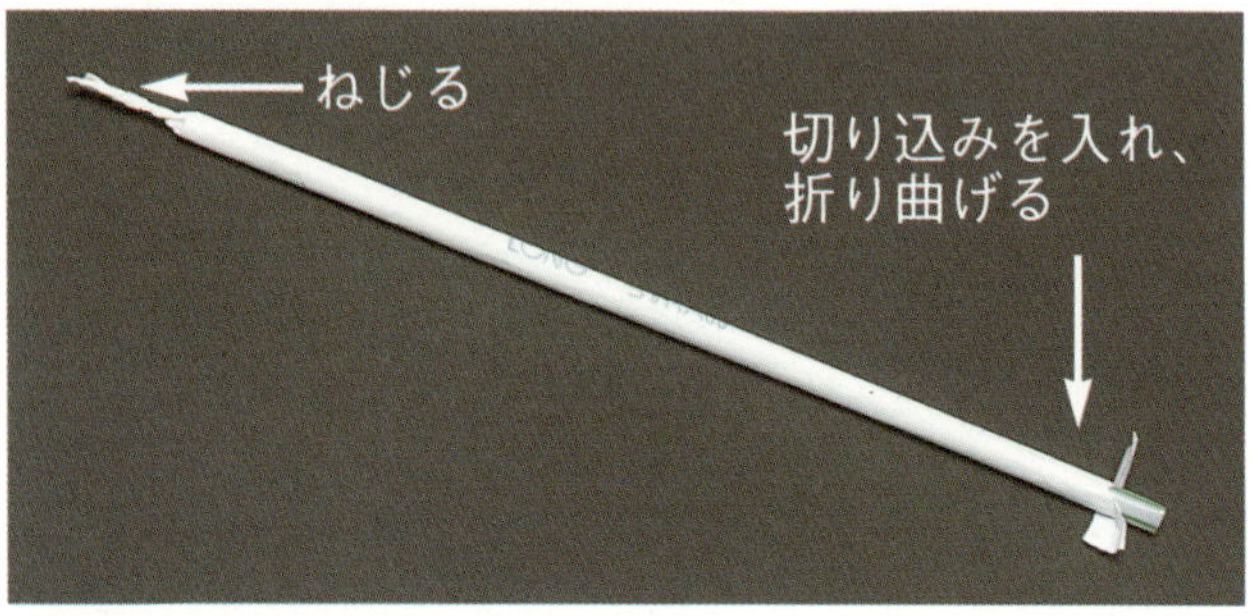

❶袋の一方の端を切り、中のストローを少し引き出す。袋の先端を2cmほどねじる。袋のもう一方の、対角の2カ所に切り込みを入れる。切り込みを入れたところを外側に折り曲げる。

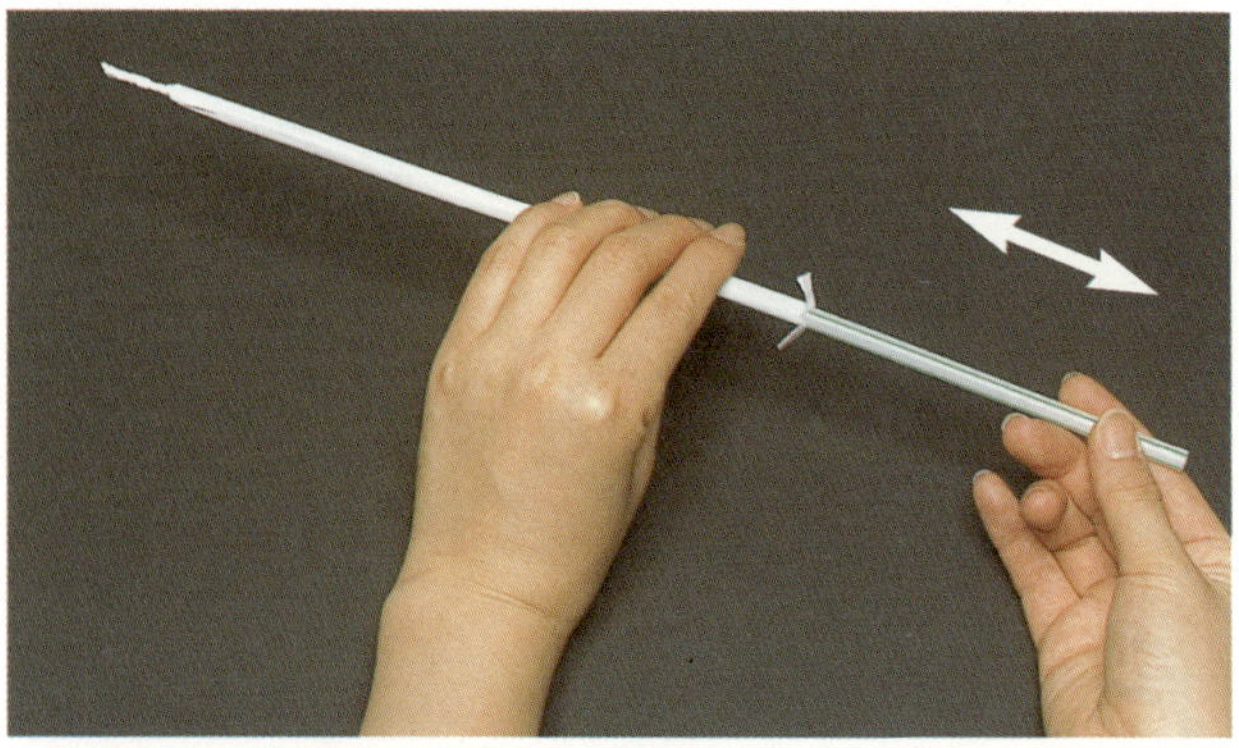

❷片手で袋の上からストローを軽く押さえる。もう一方の手でストローをもち、手早く何度も出し入れする。摩擦でプラスの静電気がおこる。

●静電気のあやつり人形

静電気は紙が大好き。くっつこうとして相手を引っぱる力を利用すると、こんなあやつり人形もできそう。準備はとても簡単です。

かわりばんこにピョコンと人形が立ち上がったら、拍手喝采間違いなし。いろんな形をつくったり、役を決めたりして、みんなでお芝居もたのしいね。コツは、手をよく拭いて、水気を近づけないこと。

用意するもの●ティッシュペーパーやお花紙など薄い紙、ストロー、セロハンテープ、はさみ、台紙

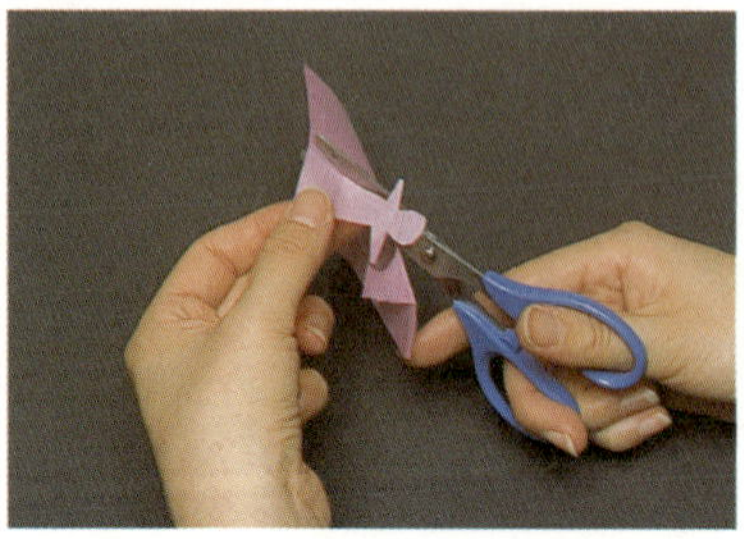

①ティッシュペーパーやお花紙などの薄い紙を、人形の形に切り取る。いろんな格好の人形をつくろう。

●空飛ぶオバケのおさんぽ

用意するもの●長いゴムふうせん、ティッシュペーパー、はさみ、乾いた布

①ティッシュを開いて1枚にはがし、好きな形に切って人形をつくる。

②ふくらませた長いふうせんを乾いた布でこすり、静電気をおこす。

③人形とふうせんを手にもち、人形の端をつまんだまま、ふうせんを近づけて、そーっと人形から手を離す。

④人形はふうせんを追いかけて宙を舞っている。

どうして？　紙の人形がもつプラスの静電気が、ふうせんのマイナスの静電気に、引き寄せられているんだ。

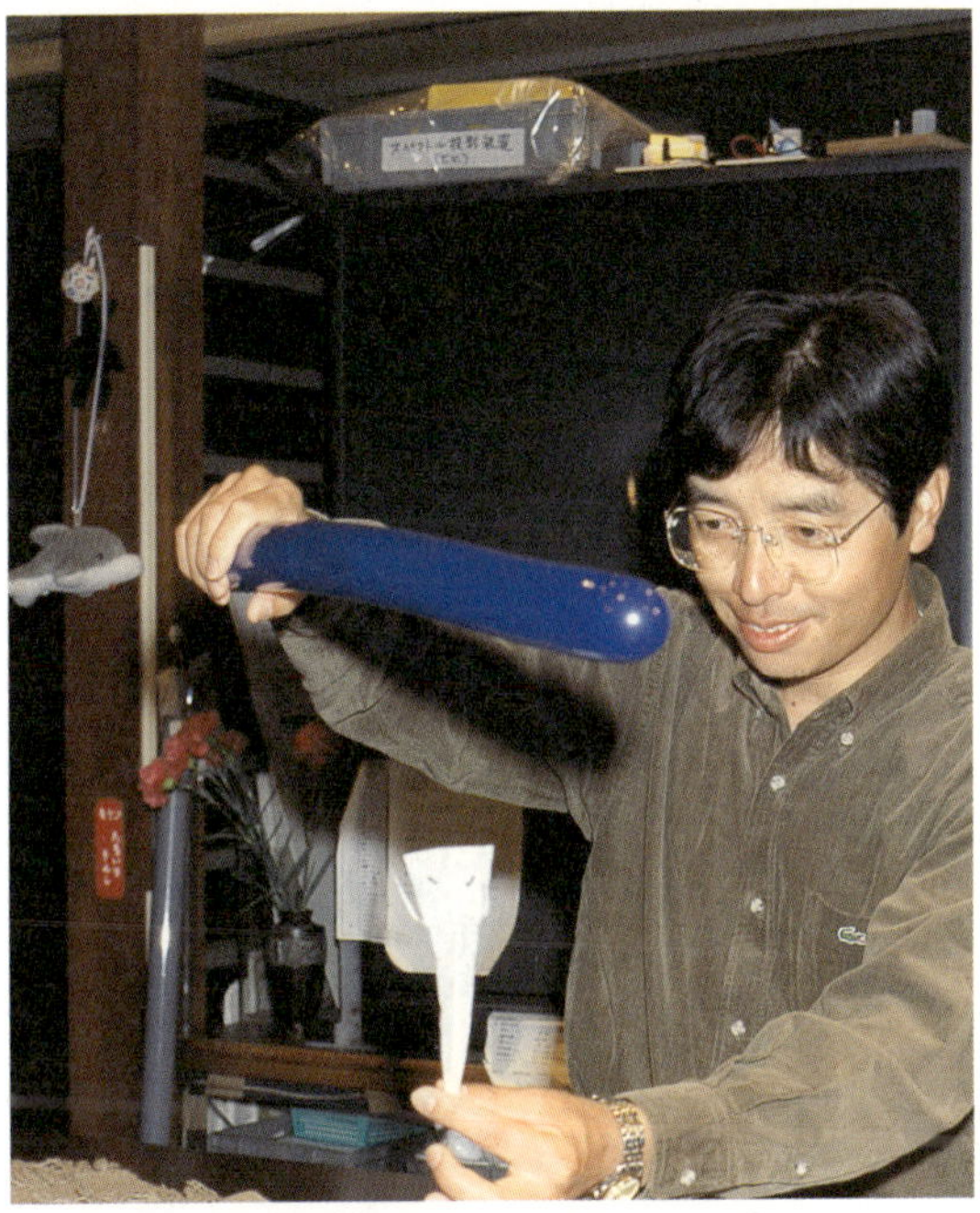

静電気が人形を引っぱっているね。そーっと手を放すと……

人形を操るのは、「糸は糸でも、目には見えない電気の糸です」と米村さん。

人形は、ふうせんが離れすぎると静電気が届かず、落ちてしまうし、近づきすぎてもくっついてしまいます。うまく操るには、少々練習の必要がありそう。そこで提案。

友だちに人形をもってもらい、ふうせんで十分引き付けてから、人形を離してもらおう。きっとうまく操れるようになれますよ。

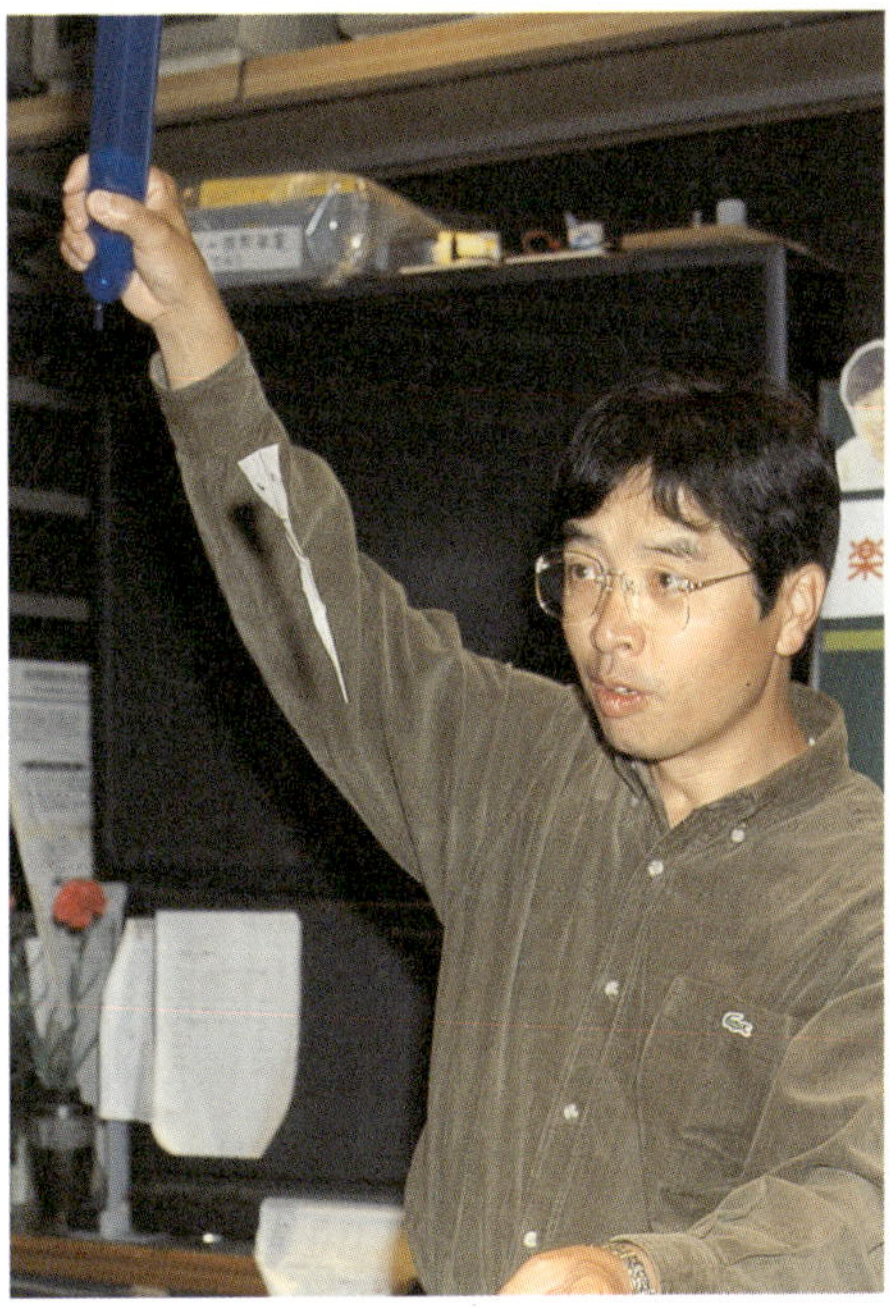

ほら、とんだ！

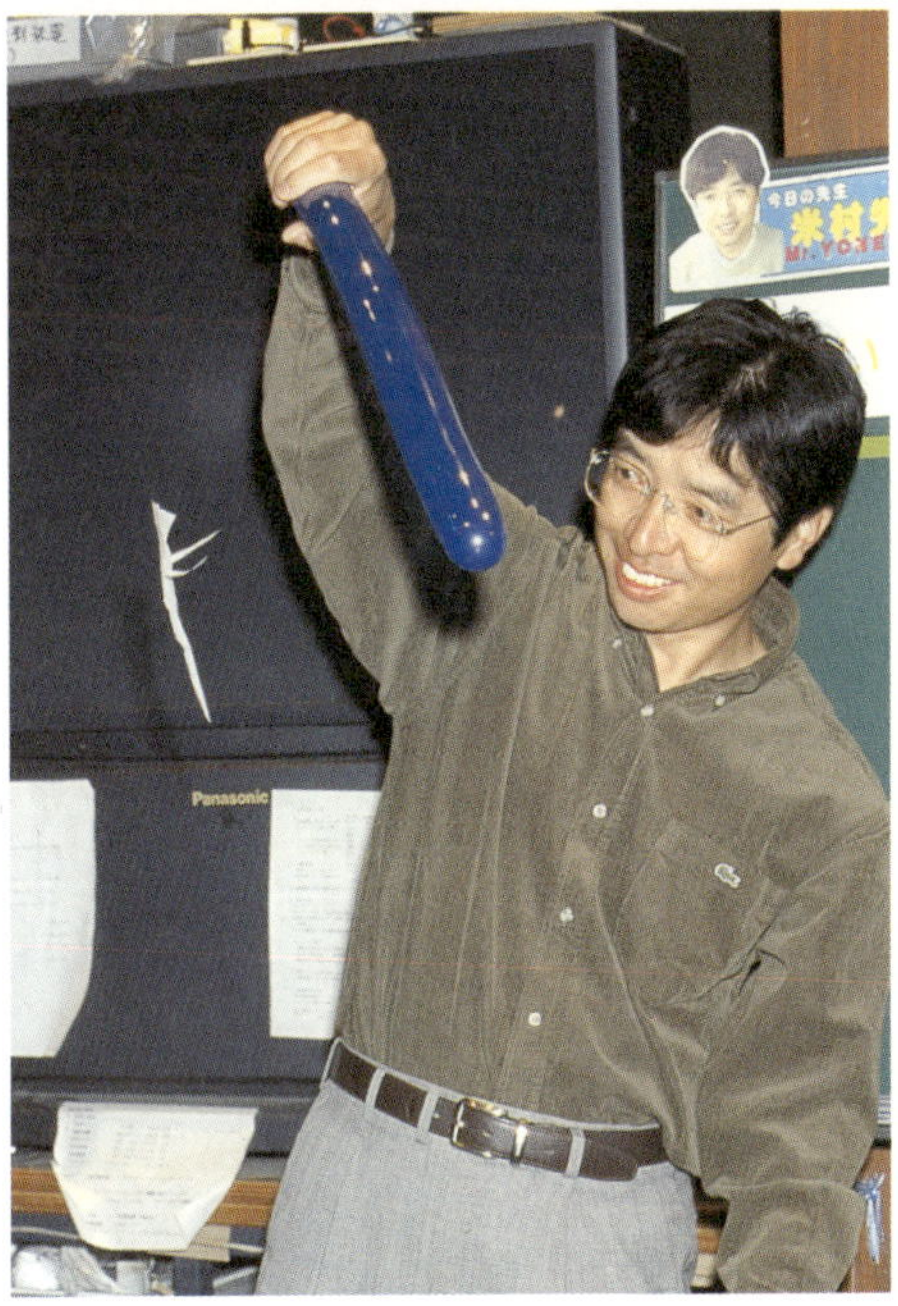

どこまでもついてくるね

役をきめてお芝居ができそうだね

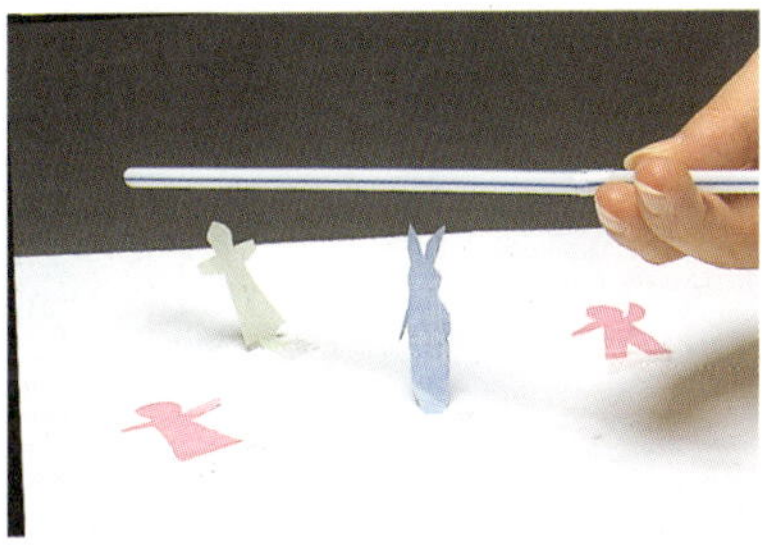

③ティッシュなどでこすって強い静電気を起こしたストローを近づけると…、人形がピョンと立ち上がった！

②台紙の上に人形の足のほうだけをとめる。のりは水分があるので、できるだけセロハンテープを使って。

ピョンピョン跳ねて逃げる静電気

●ストローの追いかけっこ

用意するもの●ストロー3本、ティッシュペーパーか乾いた布、セロハンやビニール、セロハンテープ、使い捨てのプラスチックコップ

やってみよう

①2本のストローを、ティッシュか乾いた布でよくこする。

②①のストローをコップ（静電気を溜めやすい使い捨てのプラスチックコップなど）に立てる。

③3本目のストローも静電気をおこす。

④コップに立てたストローに、3本目のストローを近づけると……。

⑤コップの2本のストローは元気よく、追いかけっこ（本当は逃げているのだけれど）をはじめた。

　ストローには、あらかじめセロハンでウサギとカメなどをつくって、貼りつけておくとたのしいね。

どうして？

　3本のストローそれぞれが、マイナスの静電気をもったから、いやがって逃げようとするんだね。

それ、逃げろ～

ふうせんひとつでも、ストロー1本からでもあそびは生まれます。でも、静電気の力を借りると、まるで生きてるような、魔法みたいな動きが加わります。これは知っておかなくちゃ！

ふうせんで
はねつき！
手を使わずにふうせんを転がそう。手にもつものは、ふうせんやストロー。転がすふうせんにも、手にもつものにも、しっかり静電気をおこそうね

●ふうせんはねつき

用意するもの●大小のふうせん、布

やってみよう

①大小ふたつのふうせんをそれぞれ布でこすり、静電気をおこす。

②ちいさいふうせんを軽く投げる。

③ふうせんが降りてきたところに大きなふうせんを近づける。

④ふうせん同士は触っていないのに、ちいさいふうせんは再び舞い上がった。

どうして？

大小のふうせん両方にマイナスの静電気がおきているため、反発して、相手をはね飛ばしたのです。

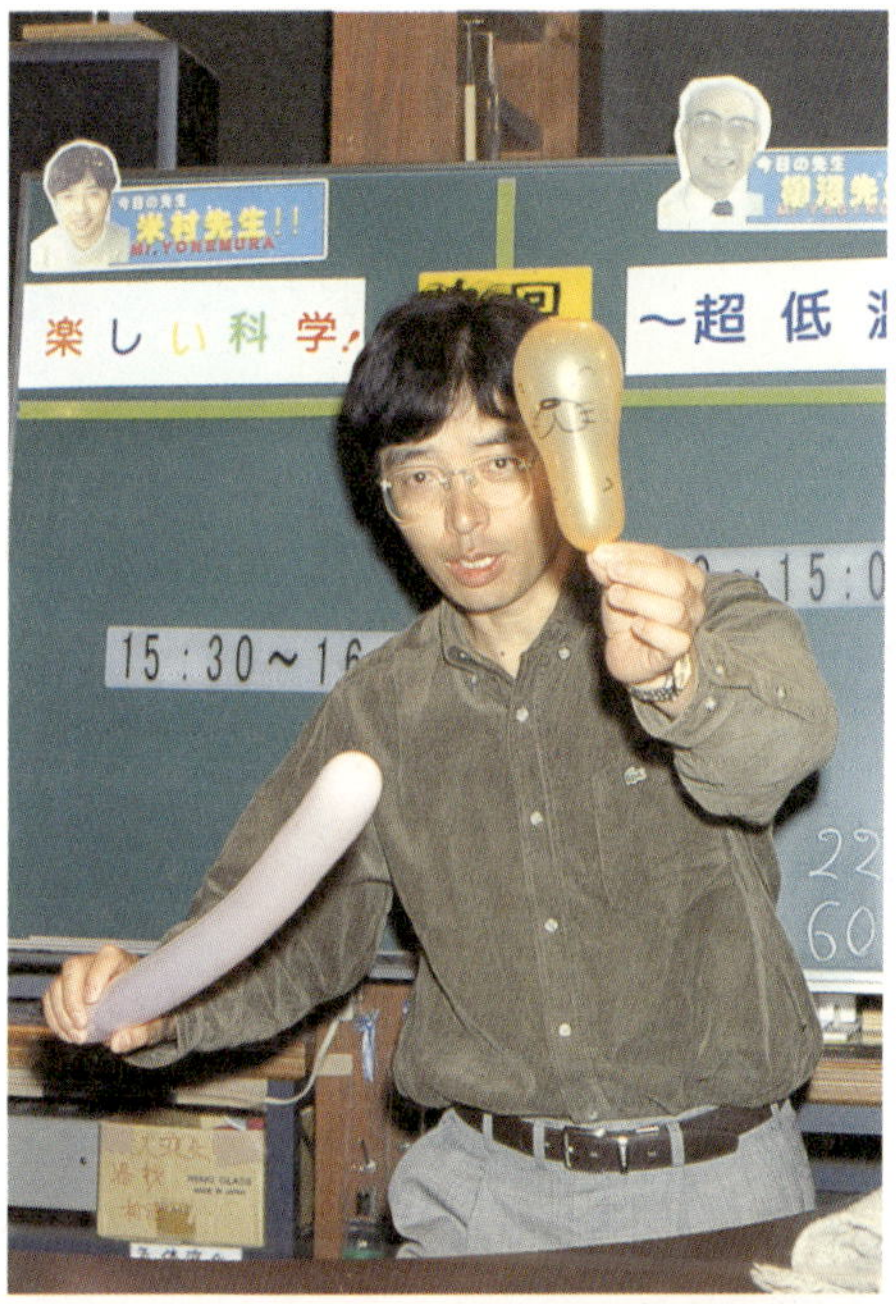

楽しい科学!
～超低温

こんなふうに風船に顔を描いて

次回
楽し
超低
14:30～15
今のおん度
今のしつ度

静電気の反発を利用して飛ばしてみよう。

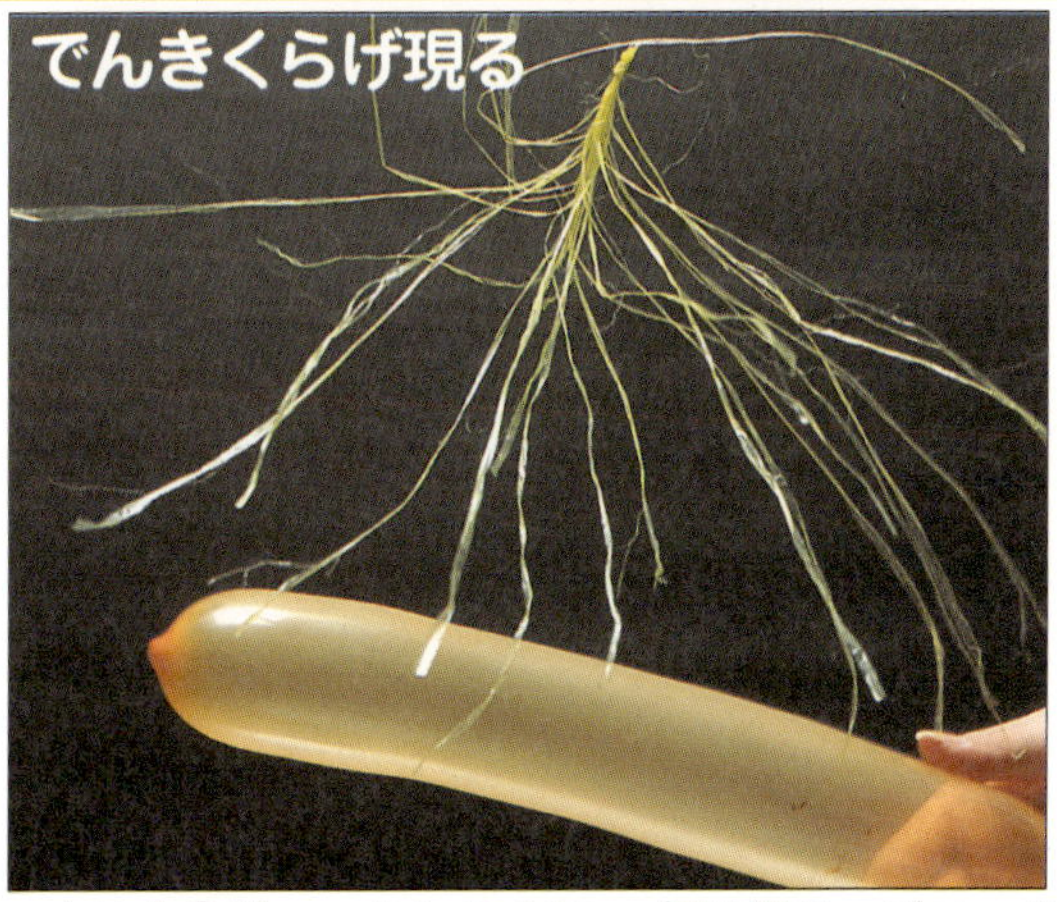

でんきくらげ現る

つくり方●ビニールヒモを20cm切り取る。ビニールヒモの片側を結び、2枚にはがす。結び目からはみ出た部分は短く切る。2枚にしたひもをさらに1mm幅に割き、房状にする。ふうせんはねつきと同様、ふうせんとでんきくらげそれぞれに布で静電気をおこす。静電気の反発を利用して、飛ばす。

楽しい科学!
～超低温～

落とさずにうまく相手に渡せるかな？

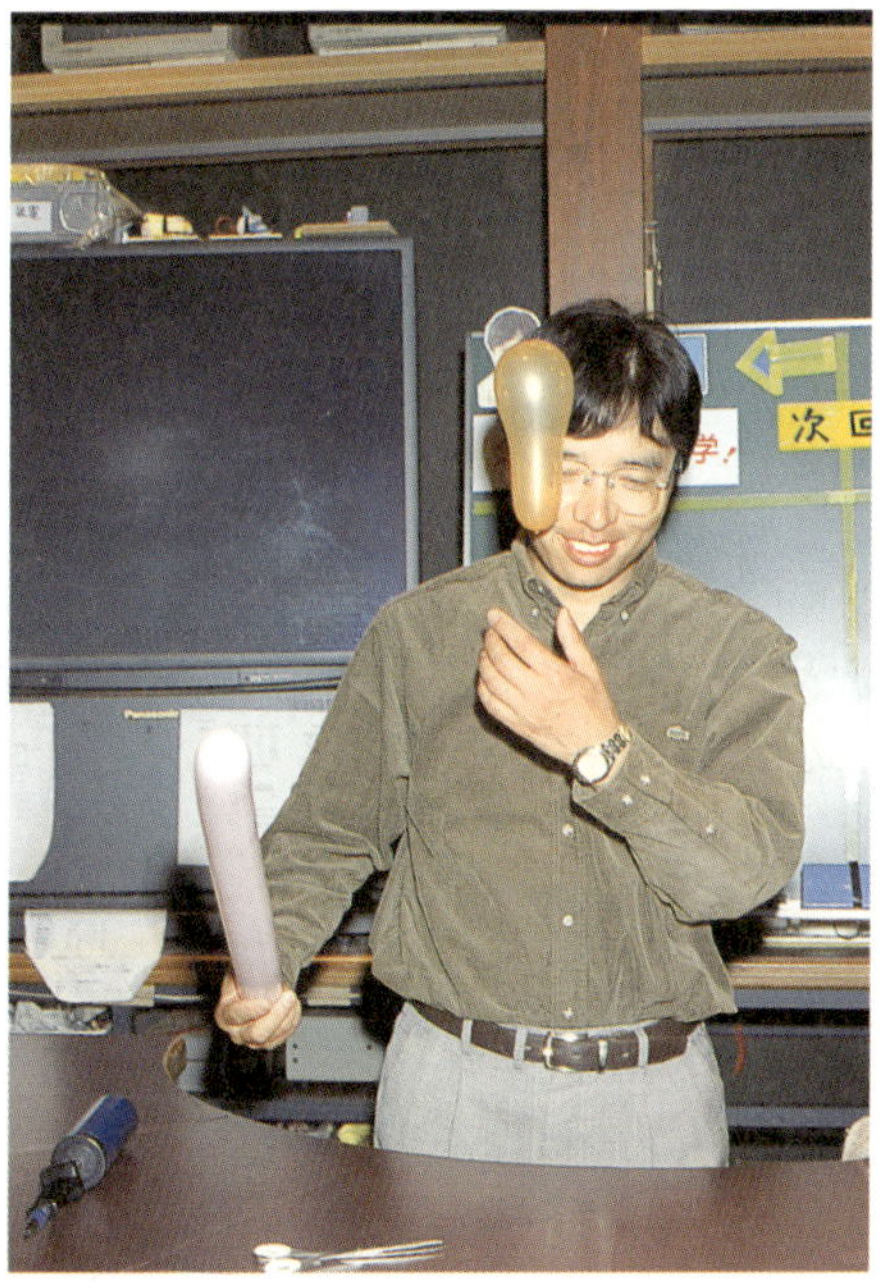

最後は頭にペタッと着地！

泳げ
でんきくらげ
ふうせんを落とさず、何回続けられるかな？

形もあるし力持ち
音の姿を見てみよう

音とか声って、毎日出すけれどしくみはよくは知らない、そんな存在です。思いっきり叫んで、からだの中まで響かせて、まず理屈以上に、おもしろさを体験しちゃいましょう。

音の力で動かそう

用意するもの●洗面器、ポリ袋、ビニールテープ、紙、大きな声

やってみよう

①写真❶の要領で、洗面器を使い、音のための「舞台」を用意。

②三角の紙をふたつに折って紙の人形をつくり、「舞台」にのせる。

③手を口に当て、前方の下のほうを向いて、大きな声で「あ〜〜」と叫ぶ。

④人形は跳びはね、寝ころんでしまった。

❶洗面器の表側にポリ袋をかぶせる。ポリ袋はたるまないように張り、裏側でテープでとめる。これで音のための「舞台」が完成。上の写真は「舞台」の裏側。

どうして?

音はふだんは姿を見せない、恥ずかしがりや。目には見えないけれどちゃんと形があります。そしてなかなかの力持ち。そんな音が、「舞台」にぶつかり、ゆらしているのです。

「声はおなかから、大きく出して。恥ずかしがらずにね」と米村さん。

音の正体は振動。音は空気を振るわせています。波の大きさは声の高さによって違うけれど、その波が「舞台」にぶつかり「舞台」に振動が伝わったから、上に載っている人形が倒れたんだね。

声には模様がある

用意するもの●「舞台」、精製塩

やってみよう

①「舞台」の上一面にさらさらした塩をふりまく。

②手を口に当て、「舞台」に向かい、できるだけ大きな声で長く叫ぶ。「あ〜〜〜〜〜！」

③「舞台」の上の塩が一斉にザワザワとおどり出した。

④声を止めると塩の動きも止まり、そこには塩の模様ができている。花のような、不思議な模様。

どうして？

空気の振動によって「舞台」が波打ったため、塩が波の形に集まったんだね。

だんだん形が現れる！

塩はいっせいにとびはねて……

声がちがうと模様もちがう！

●声相撲

土俵を指でトントンたたく紙相撲のように、声で相撲をとってみよう。お相撲さんを効果的に倒すためには、どんな声をどんなふうに出す？

しくみを知って音をつくろう!

音は音楽の専売特許と思っていませんか? 科学ってしくみを考えること。音が鳴るのはどうして? と、疑問に思ったら、ほら、音だって科学です。

笛は空気の振動で鳴っている

用意するもの●曲がるストロー、水

やってみよう

①ストローを曲げ、折り曲がった部分に水を入れる。水の量は吹き口に空気が残るくらい。
②短い方を吹き口に、吹いてみよう。
③「ピヨー」「ピロロロロ」と、鳥の声のような音がする。

どうして?

ストローの空気が振動し、響いて音になっているのです。さらにストローの中の水が動くことにより、空間の広さが変わるので、音程が変化するんですね。

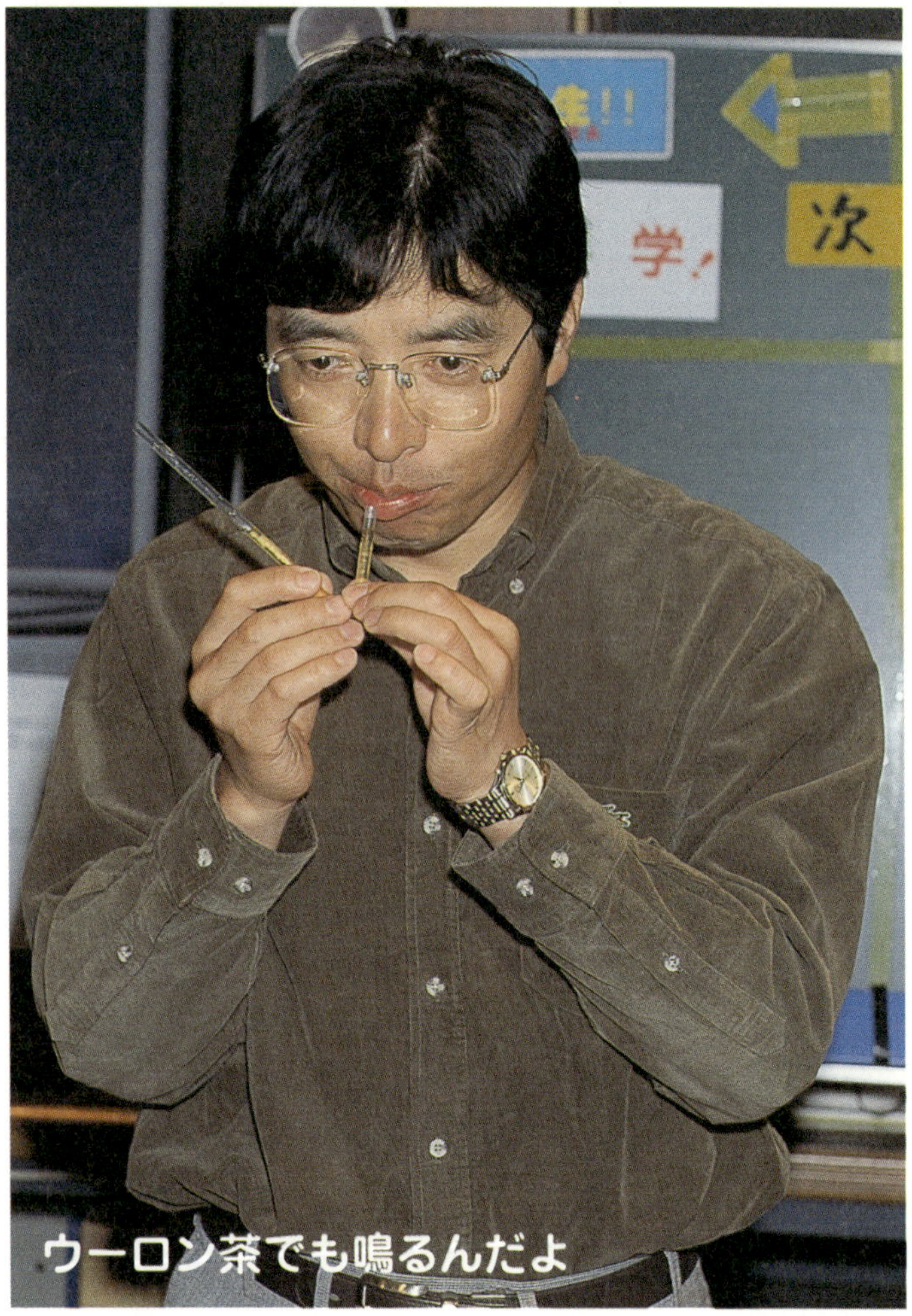
ウーロン茶でも鳴るんだよ

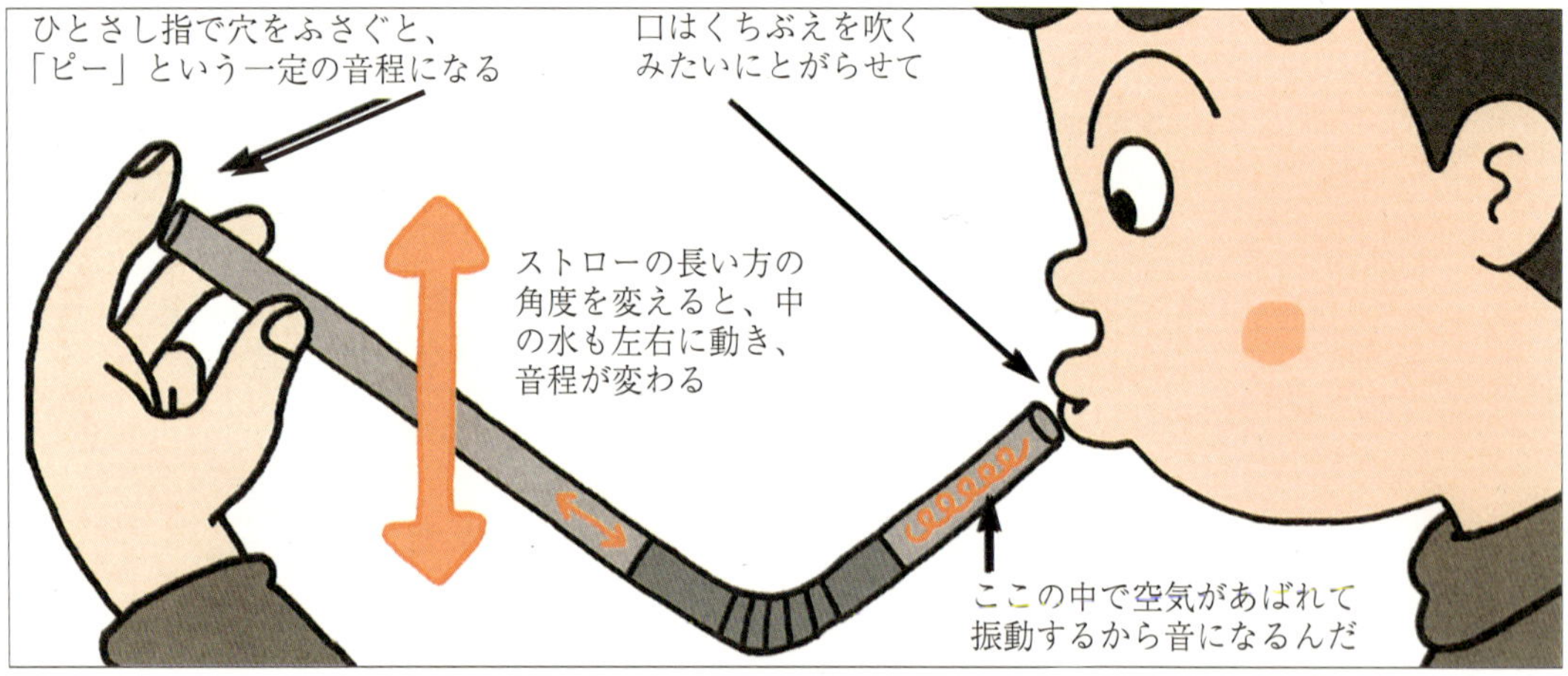
ひとさし指で穴をふさぐと、「ピー」という一定の音程になる
口はくちぶえを吹くみたいにとがらせて
ストローの長い方の角度を変えると、中の水も左右に動き、音程が変わる
ここの中で空気があばれて振動するから音になるんだ

こんなものからも音がでる！

「音のしくみを理解すると、手だって楽器になるんです」

手を壺のようにして、息を吹き込んで「ド・レ・ミ……」

米村さんは、名人芸のハンドオカリナで、いくつもの曲を奏でます。

ここまで音を操るには、かなり練習が必要ですが、音だけなら、すぐに出せるようになると言います。

「手笛はもともと、子どものあそびだったのですから」

●ハンドオカリナ

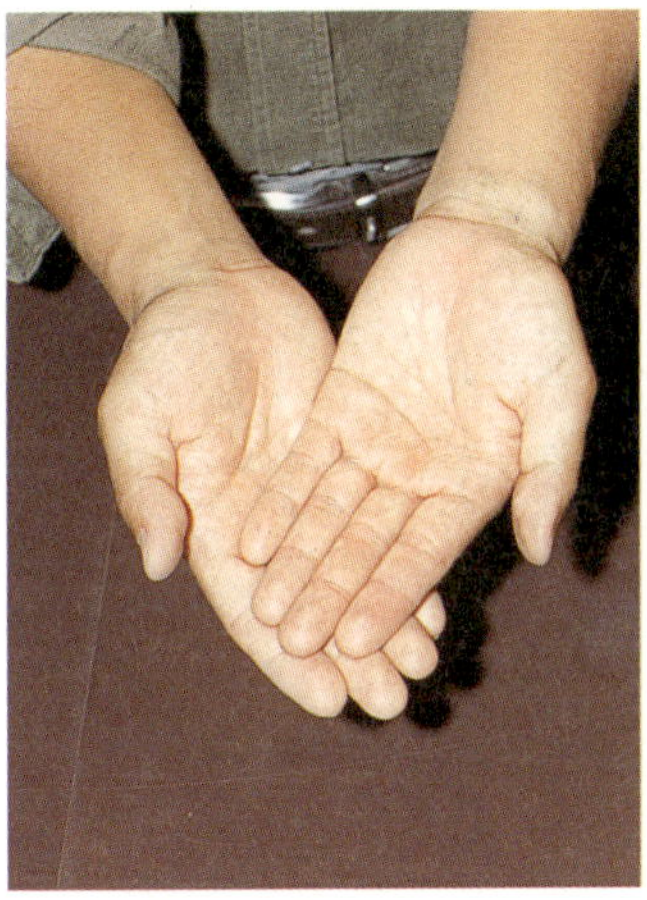

①まず左右の手を重ねて

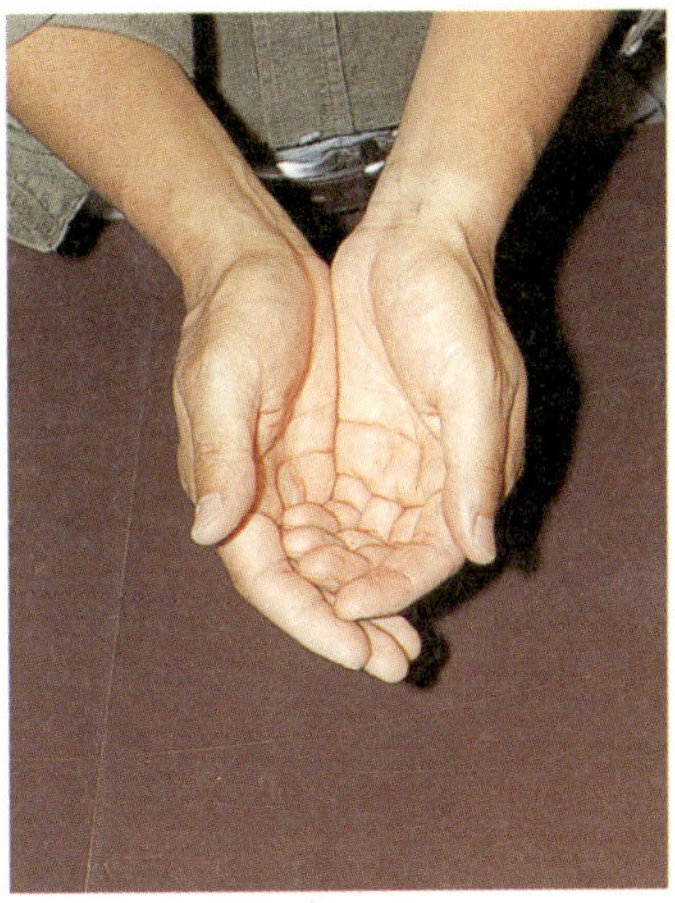

②すき間のないようぴったり合わせ、空気を包むように手を丸める。

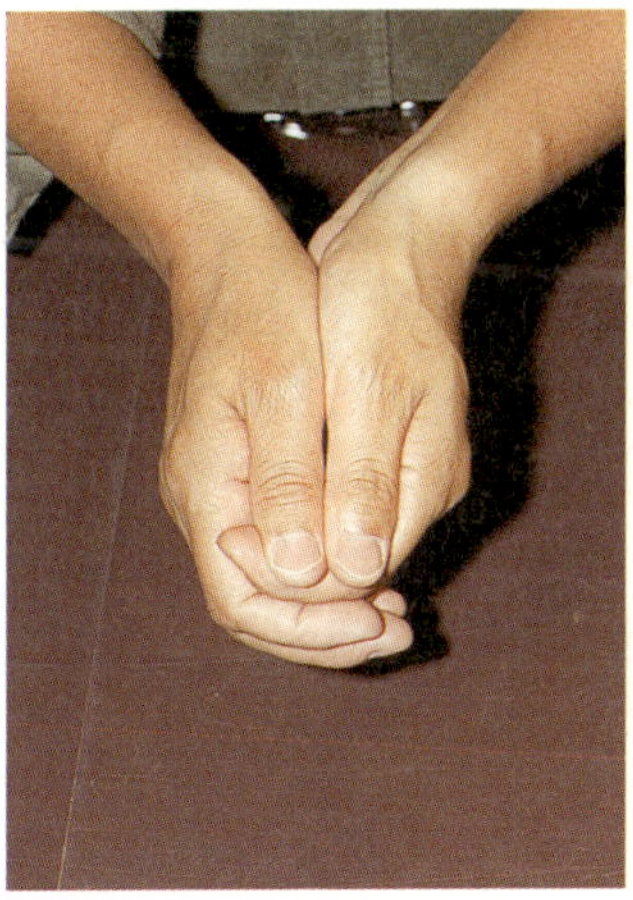

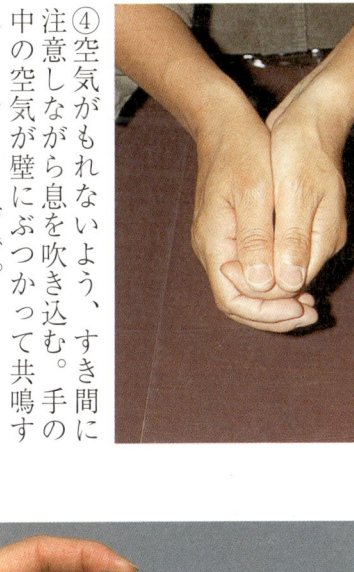

③親指の間のわずかなすき間が吹き口。口でふさいでしまわず、親指のつけ根に下唇をのせるように。

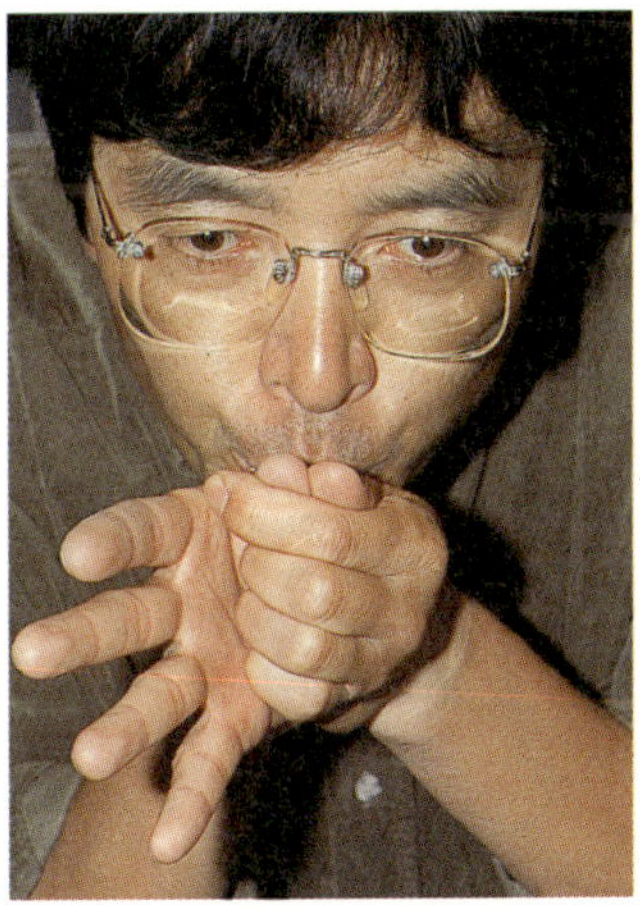

④空気がもれないよう、すき間に注意しながら息を吹き込む。手の中の空気が壁にぶつかって共鳴するようなイメージで。

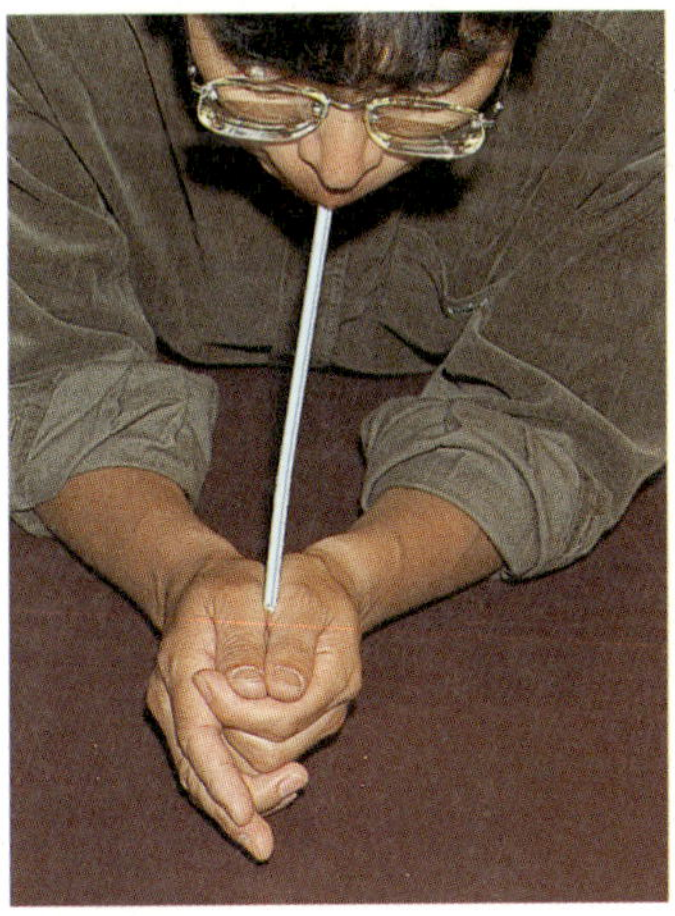

⑤ストローを使うと吹き口が見え、角度の調節がしやすい。ストローは差し込むのではなく、吹き口にのせる感じ。

●ストロー笛

用意するもの●ストロー1本、ハサミ、ホッチキス、竹串

やってみよう

切って、止めて、(竹串を) 通す、の「3ステップででき、吹き方にコツもいらず、簡単です」と、ご推奨の初心者向け笛を、おそわりました。

水を入れたコップを用意し、笛を吹いたままで笛の先を水の中に入れると、音が変化します。

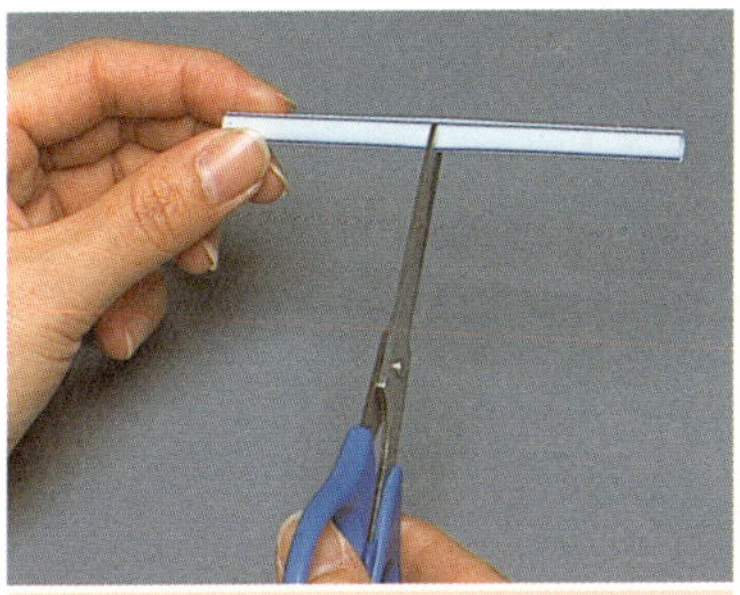

①12～13センチに切ったストローを用意する。切りはなさないように、中央の部分に、3分の2くらいまで切り込みを入れる。

②①のストローを、切り込みのところでくの字型に折ってくせをつける。その後再び伸ばす。

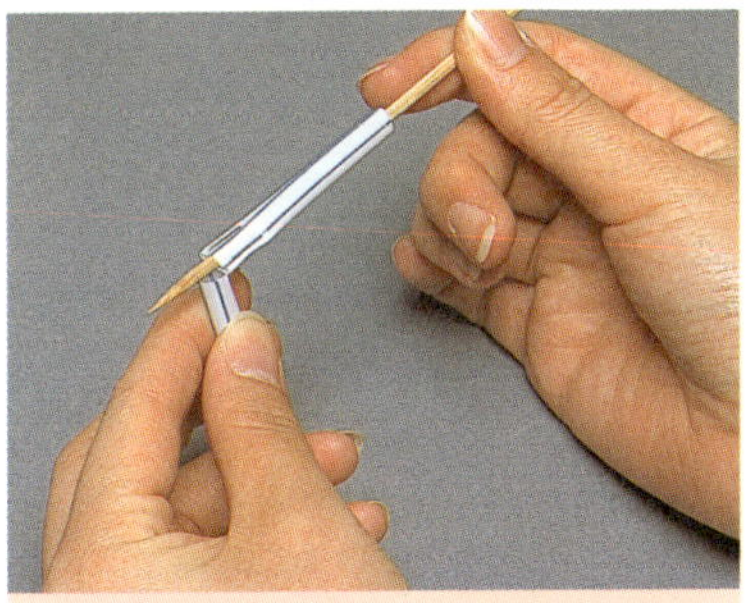

③つながっている部分を下にして、②で折り曲げたところのすぐ横を（ストローと並行に）2カ所ホッチキスでとめる。

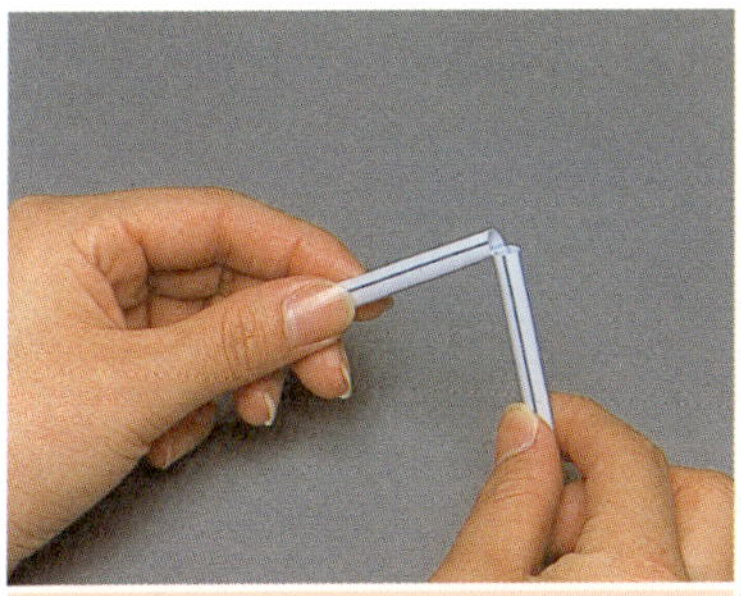

④ホッチキスの針が、外側から2mmくらいのところに2本並ぶように。とめたほうは平たくつぶれた状態になる。

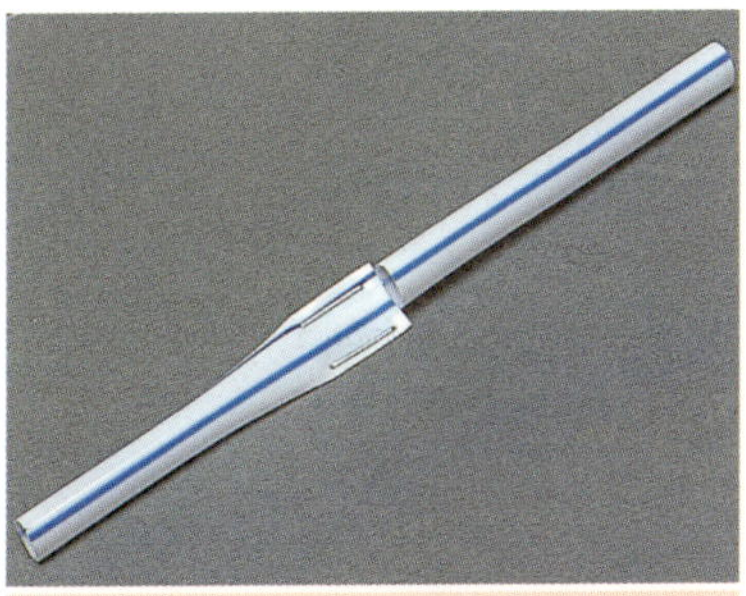

⑤②のように再度折り曲げる。ストローの平たくなった部分に竹串を通し、空気が通るように広げる。

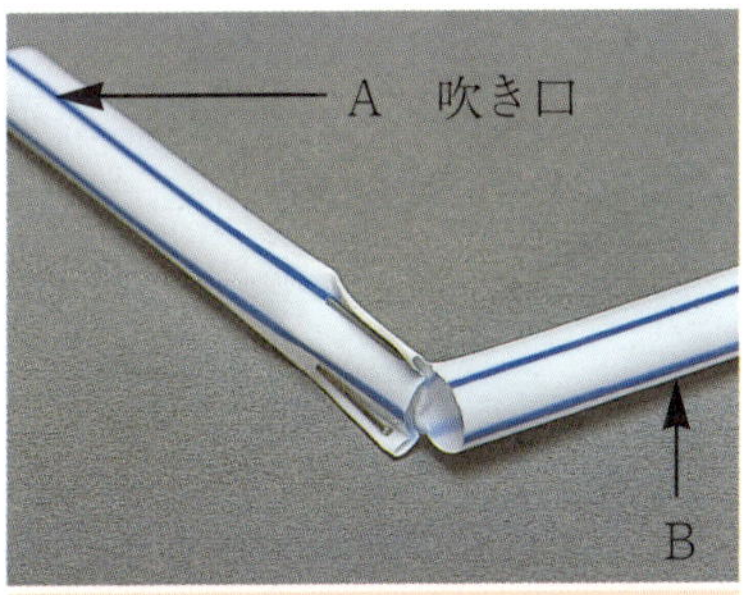

⑥切り口（A）が吹き口。（B）を手にもち、（B）の下の切り口を指でふさぐ。（A）から息を吹き込むと、音が出る。

丸めて飛ばそう 空気のボール

「ひとにむけてはダメ」「部屋の中ではダメ」。「てっぽう」は、もちろん、おもちゃでも危険です。ところが、空気を弾にしてみると⁉

●空気てっぽう

用意するもの●ペットボトル、ゴムふうせん、ビニールテープ、ロウソク、火をつけるマッチ、カッター

やってみよう

①写真の「空気てっぽう」をつくる。
②底のゴムを引っぱって、手を離し、空気を飛ばす。並べたロウソクの炎をひとつずつ消すことができた。

どうして?

口のせまい容器に入った空気は、強く押しだされるとき、まわりの空気を巻き込みながら、うずを巻いて、輪になります。弾になるから、まっすぐ遠くまで届くんだ。

白いロウソクの炎を狙って…

「空気てっぽう」のつくり方●①ペットボトルの底から7~8mmのところを切り取る②切り口にゴムふうせんを半分に切ったものをかぶせる③かぶせたゴムふうせんをビニールテープで巻いてとめれば、でき上がり④底のゴムふうせんをひっぱってはじくと空気が飛び出す。

空気を見てみよう

煙で空気に色をつける

軽く飛ばすと、空気は輪になった。

空気てっぽうに火のついた線香を入れ、中に煙を満たす。「煙」という色をつけることで、空気も目に見えるようになります。てっぽうの底に張ったふうせんの膜を、軽くたたくくらいにすると、空気は輪になって飛び出しました。

ふだん意識しない空気を、直接肌で感じてみよう。

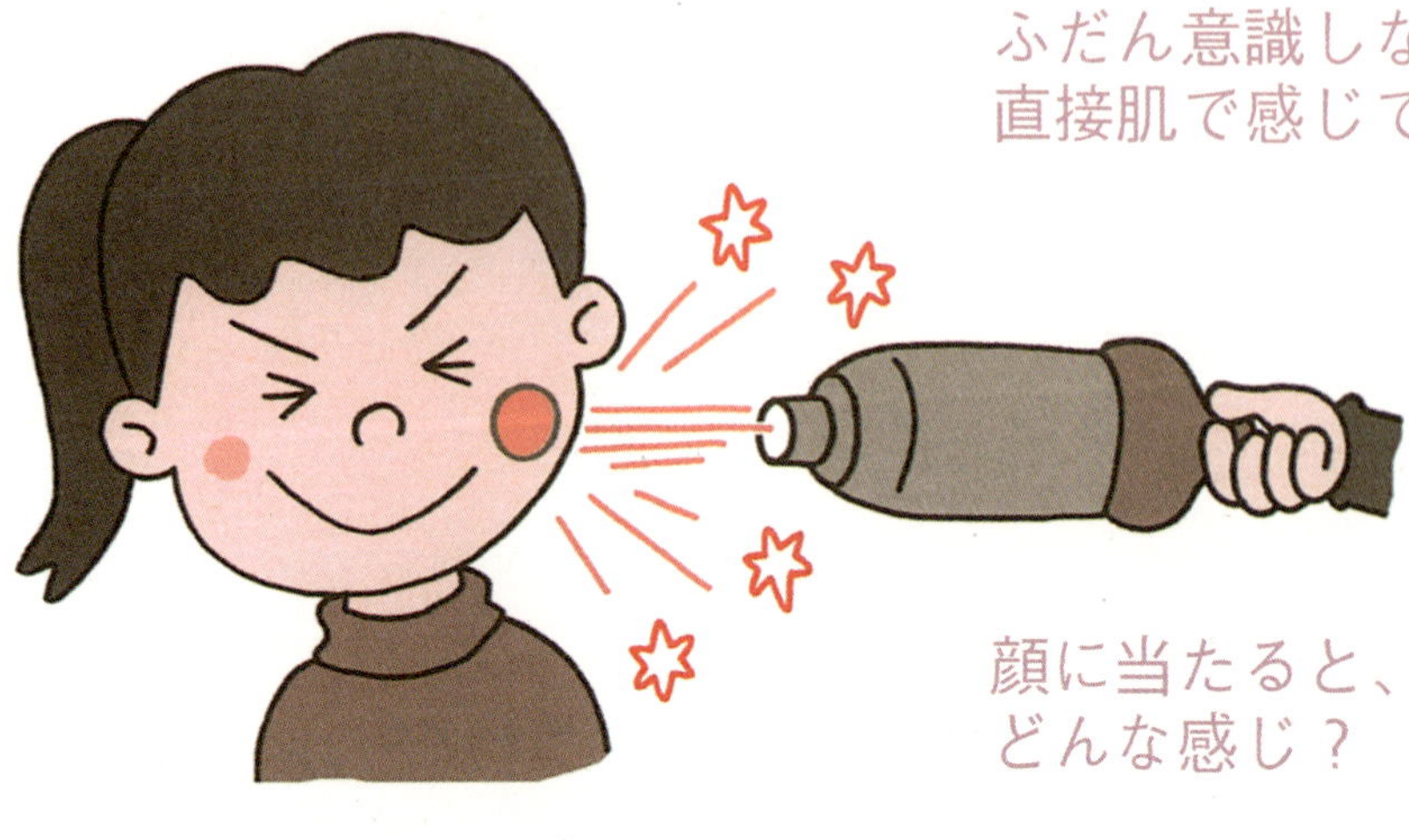

顔に当たると、どんな感じ？

きらきらひかる炎であそぼう

ロウソクの炎って、見てるだけでもワクワク。その炎が、身近な材料で、キラキラ、パチパチする花火になったら……。部屋の中でたのしめる、魔法の花火です。

意外なものが燃える

くぎやレモンの皮などそのままでは燃えないのに、形が変わるときれいな火花をつくるものがあります。

用意するもの　ロウソク、マッチ、スチールタワシ、レモンの皮、クギ、クギを削るヤスリ、わりばし

やってみよう1

まず、クギとスチールタワシを燃やしてみよう。

①クギはヤスリで削り、粉にする。
②スチールタワシはほぐして繊維状にする。
③①をロウソクの炎に振りかける
④②をわりばしでつまみ、ロウソクの炎にかざす。
⑤クギの粉ではパチパチと花火が飛び、スチールタワシは花火の「ナイヤガラの滝」のように燃えています。

家の中でためしてみるときは、ロウソクを広口のビンなどに入れると、安心。火を使うときは、大人といっしょにね。

どうして?

クギもスチールタワシも鉄の仲間。実は鉄はとても燃えやすい物質なのです。でも、「鉄」として固まっている状態では、あいだに酸素が入り込めないため、燃えないのですね。

やってみよう2

レモンはどうでしょう?

①レモンの皮を厚めにむく。
②指でレモンの皮をつまみ、汁を炎に向けて飛び散らせる。
③勢いよく火花が上がった!

どうして?

レモンも、そのままでは燃えません。火花が飛び散ったのは、レモンの皮に秘密がありました。

レモンの皮には小さな油の袋がたくさんついています。汁を飛ばそうとして皮を絞ると、この袋が破れ、中の油が飛び散ります。その油に引火し、火花となっているんですね。

くぎの粉の炎

スチールタワシの炎

レモンの皮の炎

ではここで、米村さんから出題。「キャンプなのに、マッチを忘れてしまいました。あるのは、料理道具と懐中電灯。料理道具の中には、スチールタワシもあります。どうやって火をつける?」

こたえは……?

なんと懐中電灯のなかの電池2本と、スチールタワシで、火がつきます。米村さん流「生活の知恵」ですね。

用意するもの

単1電池を2本、スチールタワシ

やってみよう

①電池を2本、＋《プラス》極と－《マイナス》極が接触するようにつなぐ。
②スチールタワシを細く裂き、ひも状にする。
③つないだ電池の、もう一方の＋極と－極を、ひも状にしたスチールタワシでつなぐ。
④スチールタワシがだんだんあたたかくなり、小さな火がついた!

あそび名人の哲学 9
米村傳治郎

ふしぎだな？ なんでだろ？
科学あそびって、おもしろい

科学的な問いかけや伝え方をすると、いつものあそびも、深まりや広がりが出て、おもしろさがふくらみます。

シャボン玉あそびも、「何で色がつくんだろ？」という問いかけがあると、何気なくあそんでいるときには気づかなかったことが見えてきます。よく観察してみると、膜の厚さや光の性質で、色がついて見えることに気づく。

さらに、1ミリの千分の1、というくらいうすい膜がどうして破れないんだろう？　どうしたら大きくじょうぶなシャボン玉ができるんだろうか？　と考えてみる。実は、原理があるわけです。でも、手品とはちがって、科学あそびには、タネ（原理）がわかったとしても、知れば知るほど、おもしろさがふくらんで、ひろがっていく奥深さがあります。

科学あそびのおもしろさは、ひとから説明をきいたり、やるのを見るだけじゃなく、まずは自分でやってみておもしろさがわかる……。

たとえばブーメランを飛ばすのは、見ていると簡単そうでも、やってみるとなかなかうまくはいかない。でも、考えながら工夫していくと、できるようになってきます。

からだで理解してこそ、うまくいく。少しくらいハードルがあるほうが、あそびとしてはおもしろいですよね（簡単だと、すぐあきちゃうし）。そのときにできなくても、次にやったときには、うまくなってくる。だから、くり返しやっても、あきることがない。

「ふしぎ」だなと思うことが、科学あそびのはじまり。まず、なんでだろ？　と考えるきっかけをつくることです。

大人になると、好奇心がうすくなって、すべてが当たり前に見えてきます。それに対して、子どもはよく「どうして？」と聞いてきますが、子どもにはこの世の中のすべてが新鮮で、興味の対象です。

ちいさい子でも、いろいろな科学あそびが体験できます。原理を理解していなくても、たのしむことはできます。やがて学校で学んだときに、からだで感じた経験が蘇ってきて、そうだったんだなと実感がわきます。教科書に書いてあることや先生の説明は、情報であって、バーチャルな体験でしかない。子どもたちには、もっとリアリティのある体験やあそびをたくさんしてほしいですね。

ただし、大人があそびの指導をしすぎると、あそびも“させられているだけ”になって、つまらなくなってしまいます。ちょっとした工夫やアイデアも、子どもたちが自分で考えたことなら、ものすごく集中して夢中になります。おもしろいからもっと工夫して、新しいあそびをつくり出していく。そうして　あそぶなかで創造性が育っていくんでしょうね。

親子でいっしょに、公園や家で、おふろや台所でいろんな実験ができます。視点がちょっと変わると、大人にとっても新鮮で、忘れていたふしぎさや好奇心が蘇ってきます。

ただ、勉強になればとか、教えよう・理解させようとすると、あそびがおもしろくなくなってしまいます。純粋に、あそぶことをたのしんでほしいですね。

いっぱいさわって とってもうれしい 田村忠夫さんの ふれあいあそび

こころもからだもぽかぽかしてくる、そんなあそびの数々をご紹介します。

0歳のあかちゃんは、おかあさんやおとうさんのひざにのってゆらゆら。子どもがたくさん集まるときには、ゲーム性があって、勝っても負けてもたのしいあそび。

どれも、からだのふれあいやコミュニケーションを大切にしたものばかり。

あかちゃんから大人まで、みーんな夢中になって、熱気ムンムン。もっとやりたい！　やりたい！　コールが聞こえてきそうです。

撮影協力／杉並区立西荻北幼稚園、田園調布ルーテル幼稚園

紙じゃらしコロコロ

2人

紙ふうせんにリボンをつけて頭の上をふわふわしたり、床においた紙ふうせんが逃げたり……。紙ふうせんならではの、やわらかい動きと、ゴムふうせんとちがって破裂しない特性も、よく考えられたシンプルなあそび。あかちゃんの、キャッキャッがきこえてくるでしょう!?

用意するもの●紙ふうせん、りぼん（1メートルくらい）、セロテープ

①ふくらませた紙ふうせんとりぼんの端をテープでとめます。

②紙ふうせんをたらして、あかちゃんの頭の上や顔の前をゆっくりゆらゆらさせます。

③あかちゃんの手が届くか届かないかくらいのところに紙ふうせんをおいて、りぼんをチョンチョンひっぱります。あかちゃんが手をのばしたら、紙ふうせんがつかまらないように、少し手前にひきます。これを何度もくり返してあそびます。

あれあれ！
たべないでェ！

きみとこころがつながった

2人

ゆるやかなメロディーに合わせてゆらゆらここちよいふれあいあそび。子どものやわらかなからだが、大人のこころも、ゆったりとさせてくれるあそびです。

きみとこころがつながった

新沢としひこ／作詞・作曲

きみの　ほっぺにさわったら　ペタ　ペタペタいいきも　ち　はなの　あたまにー　さわ
きみの　おでこにさわったら　ピト　ピトピトいいきも　ち　きみの　おへそにー　さわ
ったらー　クス　クスクスいいきも　ち
ったらー　ペコ　ペコペコいいきも　ち
あくしゅして　うでくんで　かたくんで　そし
てゆびきり　ちょっと　さわっただ　けでー　こころ　が　つながっ　た

①足をのばしてすわり、子どもを抱っこします。

②**（♪きみのほっぺに　さわったら　ペタペタペタ　いいきもち）**

メロディーにあわせて、両手で子どものほっぺを何度かペタペタさわったあと、おなかをポンポンとそっとたたきます。

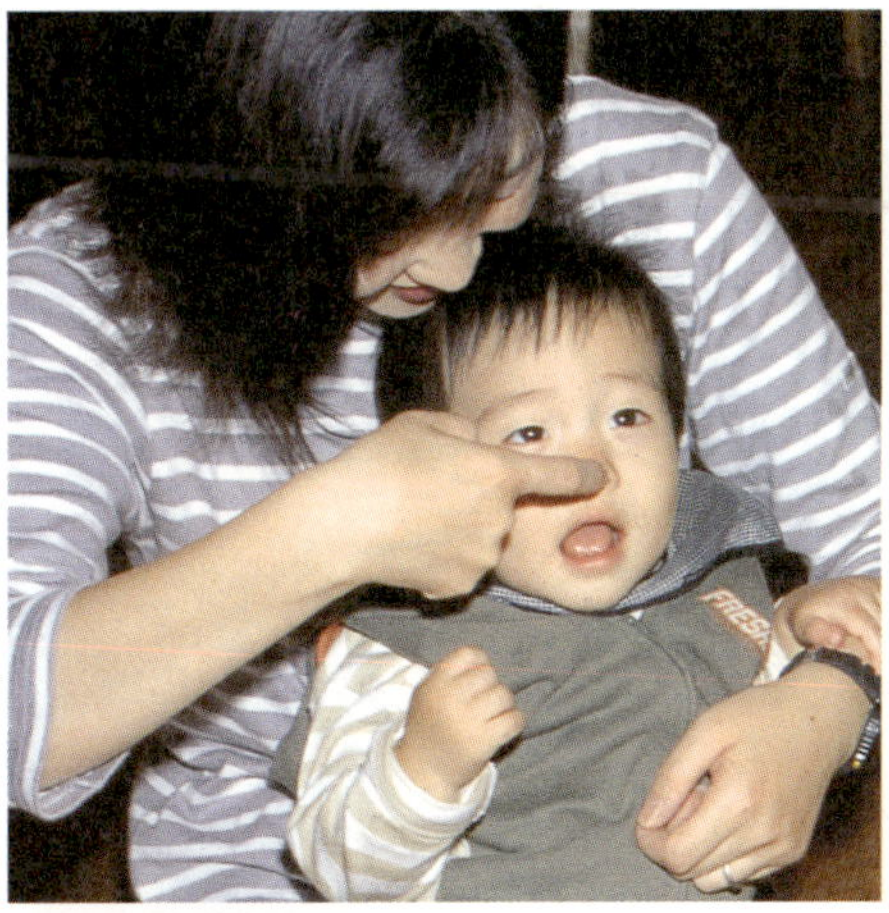

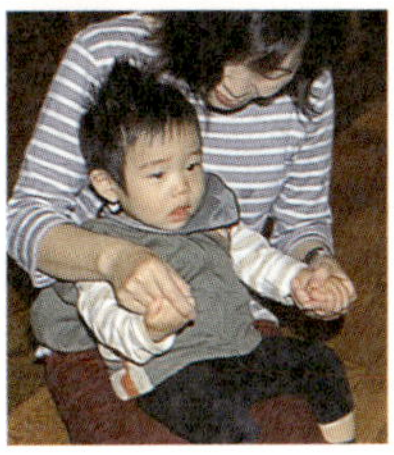

③**（♪はなのあたまに　さわったら　クスクスクス　いいきもち）**鼻のあたまをさわって、おなかをさすります。

④**（♪あくしゅして　うでくんで　かたくんで　そしてゆびきり）**

子どもの両手をもって、からだごと左右にゆらゆらゆれます。

⑤**（♪ちょっと　さわっただけで）**

そのまま、両足を交互に上下にぱたぱたさせます。

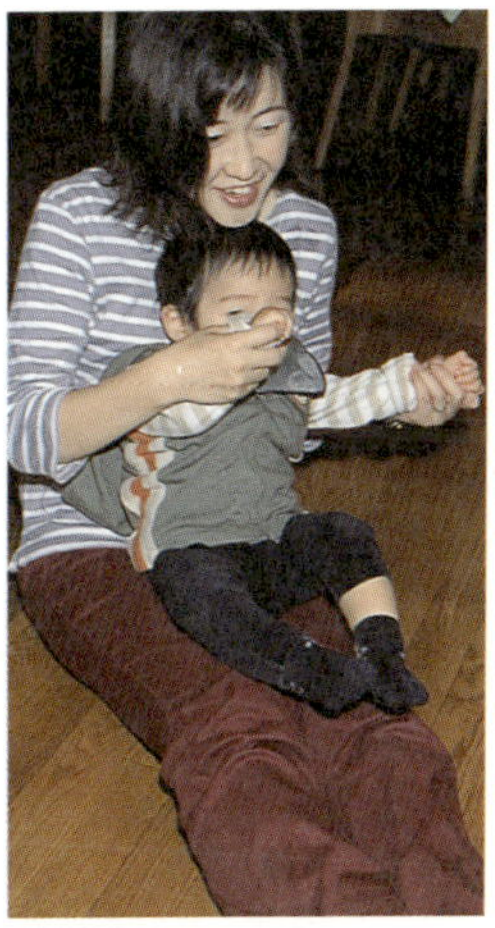

⑥**（♪こころが　つながった）**

ぎゅっと子どもを抱きしめます。

⑦2番も、②～③と同じように歌詞にあわせて、おでこ、そしておへそをさわり、最後にもういちど、④～⑥をくりかえします。

＊少し大きな子どもだったら、向かい合って、歌詞の通りに、あくしゅしたり、肩を組んだり、ゆびきりしてうたってください。

親子でわらって顔あそび

2人〜

目、耳、鼻、口……顔のパーツを指でひっぱったり押さえたりすると、いろんなものに変身できるよ。みんな顔を見合わせてプ・プ・ププッー!

まほうのゆび

田村忠夫／作詞・作曲

まほうのゆびで　まほうのゆびで　まほうのゆ　び　で
へんしん　へんしん　だーい　へんしん　な　になろうかな

①「これはまほうの指です」と言って、両手のひとさし指を立てて顔の前に出してください。

②**(♪まほうのゆびで　まほうのゆびで　まほうのゆ・び・で)**
うたいながら指を左右にふります。

③**(♪へんしん　へんしん　だーい　へんしん)**
こんどは指を上下させます。

④**(♪なーにに　なろうかな)**で、腕をくんで、何になるか考えてください。

⑤片方のひとさし指を鼻の頭におきます。
「あがりはな　さがりはな　くるりとまわして……」と言いながら……
鼻頭を上に押し上げて、下げて、そしてまわして……

⑥鼻頭をぎゅっと押し上げます。
「ぶたのはな!」

ぶたの

⑦**(♪まほうのゆびで……なーにになろうかな)**
両方の指を目尻にあてて、
「あがりめ　さがりめ　くるりとまわして……」目尻をひっぱって、

ねこの

⑧（♪まほうのゆびで……なーにになろうかな）

耳を指でつまんで、

「あがりみみ　さがりみみ　くるりとまわして…」耳を上にひっぱって

うさぎの耳

⑨（♪まほうのゆびで……なーにになろうかな）

口です。「あがりくち　さがりくち　くるりとまわして……」

くいしんぼうの口

田村「指を口に入れて左右にひっぱって、そのまま、『学級文庫』って言ってみるよ。せーの！　『がっきゅう？？？』。『がっきゅううんこ』じゃないぞ」子どもたち、大爆笑。

⑩（♪まほうのゆびで……なーにになろうかな）

ほっぺに手をあてて、

「あがりほっぺ　さがりほっぺ　くるりとまわして……オバケだよ！」

＊鼻頭でイノシシになったり、目尻でヒョウ、耳で「サルの耳」とか、子どもたちのアイデアで、いろいろあそんでください。

●バリエーション／お化粧あそび

①ほっぺに手を当てて、顔をよーくマッサージします。

②「片手を出して、かがみです」片手のひらを自分に向けます。

田村「さあ、ひとこと」

うつくしいわ〜

③「口紅出して。かがみを見てぬって」ひとさし指で口紅をぬるまねをします。

田村「さあ、ひとこと」

④同じように「えんぴつ出して、まゆ毛を描いて」

田村「さあ、ひとこと！」

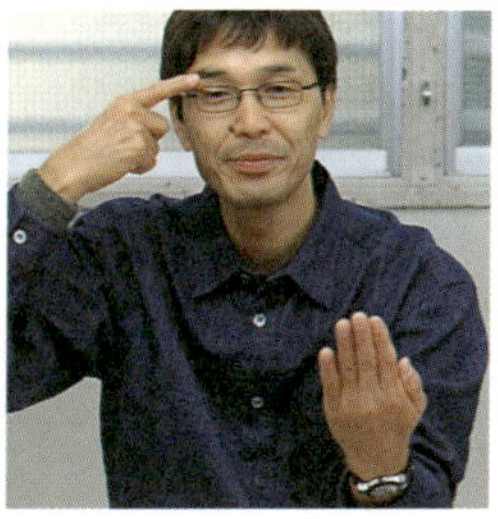

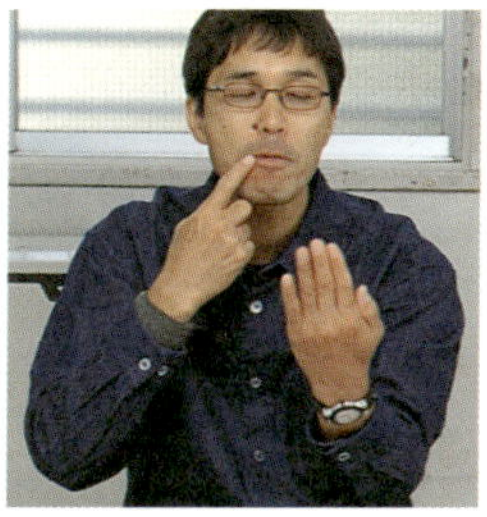

⑤同じように「コンパクトを出して、お化粧ぱたぱた」

⑥田村「もういちど、かがみを出して、ひとこと!!」

うつくしくなったわ〜
あっ、かがみがわれちゃった！

今日はバナナの日

2人～

CDやレコードをかけてテンポよくあそんでみようか！　たのしい歌をさがしてくるのがミソ。くすぐりなど、ふれあいあそびを入れて、どんなに大勢でもあそべる。ふりつけあそびに「今日はバナナの日」はぴったり！

「今日はバナナの日」は、ＣＤ『チャンス』（本体2,857円）に収録されています。伴奏譜は、『NEW絵本　ソングブック②　チャンス』（クレヨンハウス／刊　本体2,200円）にのっています。

次の４拍はゴリラになったつもりで、「ウッホ　ウッホ」と言いながら、手をグーにして、左右交互に胸をたたきます。
ｘ２回

1 ①(♪バナナを　いっぽん　たべたら) ひとさし指でほっぺたを４回さわってから、指はそのままにして腕を前にのばし、半円を描くようにしてほっぺたに戻します。

②(♪なにか　おどりたいきもち) 両腕を上げておどってください。

⑤(♪きみも　バナナ　ぼくも　バナナ) 両腕をのばして、頭の上で手をあわせて、<バナナのポーズ！>すぐに、くねくねしながら中腰になって、手はあわせたまま胸の前におろします。

Ｘ２回

⑥(♪きょうは　バナナのひ) <バナナのポーズ>で、足をひらいて、右へからだを曲げます。

(♪パパも　バナナ　ママも　バナナ) ⑤と同じ。
(♪だって　バナナのひ) ⑥と同じ要領で、今度は左に曲げます。

⑪(♪あさも　バナナ　ひるも　バナナ) すばやく<バナナのポーズ>をして、右腕を上から下、また上へ、ぐるっとまわす。今度は、左腕で。

⑫(♪きょうは　バナナのひ) 腕を胸から、前にのばし、横へ半円を描くようにしてひろげ、写真のように、ひじをまげて、両手のひらを下に向けて……近くにいる友だちをツンツンつっつきます。

⑬(♪おやつも　バナナ　よるも　バナナ　だって　バナナのひ) は、⑪～⑫のくりかえし。

100 ⑲(♪バナナを　ひゃっぽん　たべたら) 手のひら全体で①と同じようにします。

⑳(♪そらを　とべそうなきもち) 手を横にひろげて、ひざをまげたりのばしたりして、空をとんでいるように。

1000 ㉑(♪バナナを　せんぼん　たべたら) は⑲と同じ。
㉒(♪どんな　きもち　になるかな) かけっこのスタートのように。

(♪きみもバナナ　ぼくもバナナ　きょうはバナナのひ　パパもバナナ　ママもバナナ　だってバナナのひ) は<バナナのポーズ>⑤～⑥のくりかえし。

(♪サルもバナナ　ワニもバナナ　ゾウもバナナ　カバもバナナ　だってバナナのひ) は<ツンツン>のくりかえし。

(♪ネコもバナナ　タコもバナナ　そんなバナナ　なんてバナナ　だってバナナのひ) は<ツンツン>のくりかえし。

(♪だってバナナのひ　きょうはバナナのひ) は<バナナのポーズ>⑥くりかえし。

今日はバナナの日

新沢としひこ／作詞・中川ひろたか／作曲

ウキウキ ♩=144
Intro.
バナナをいっぽん たべたら なにか おどりたいきもち ー バナナをにほんも
バナナをさんぼん たべたら ちょっと むねがくるしくて ー バナナをよんほん
バナナをひゃっぽん たべたら そらを とべそうなきもち ー バナナをせんぼん
たべたら とても しあわせな きもち きみも バナナー ぼくも
たべたら きのした でひるね しよう あさも バナナー ひるも
たべたら どんな きもちになる かな きみも バナナー ぼくも
バナナー きょう は バナナのひ パパも バナナー
バナナー きょう は バナナのひ おやつも バナナー
バナナー きょう は バナナのひ パパも バナナー
ママも バナナー
よるも バナナー
ママも バナナー
だって バナナのひ
バナナでおなかは いっぱいー バナナであたまは いっぱいー バナナでこころは いっぱいー
バナナでせかいは いっぱい ウフフー ウフフー
D.S.
Coda
ひ サルも バナナ ワニも バナナ ゾウも バナナ カバも
バナナ タコも バナナ そんな バナナ なんて
バナナ だって バナナのひ ネコも
バナナ だって バナナの ひ
だって バナナのひ ひ
きょうは バナナの

①曲に合わせて踊ります。

前奏&間奏

前奏と間奏は同じ振りです。はじめの4拍はひざをたたいて、

2 **③(♪バナナをにほんもたべたら)** 指を2本たてて、①と同じようにします。

④(♪とても しあわせなきもち) 両手をあごの下につけて、左右にゆれます。

3 **⑦(♪バナナを さんぼん たべたら)** 指を3本たてて①と同じようにします。

⑧(♪ちょっとむねがくるしくて) 両腕を胸の前でクロスさせ、左右にゆれます。

4 **⑨(♪バナナを よんほん たべたら)** 指を4本たてて、①と同じようにします。

⑩(♪きのしたでひるねしよう) 両手を合わせて、右ほっぺ、左ほっぺと順にあてて、おひるねのつもり。

⑭(♪バナナで おなかはいっぱい) 両手をお腹の前で組みます。

⑮(♪バナナで あたまはいっぱい) 頭をつんつんします。

⑯(♪バナナで こころはいっぱい) 胸の前で両腕をクロスさせます。

⑰(♪バナナで せかいはいっぱい) 両腕をひろげます。

⑱(♪ウフフ ウフフ) バナナのポーズで背伸びをしてそのまま、最初のウフフで右にまわり、次のウフフで左にまわります。

おしくらまんじゅう あんこがでたよ

10人くらい

腕をくみ、うんとこ、うんとこ押し合います。おまんじゅうの皮役と、あんこ役に分かれて いっ・せーの！

おしくらまんじゅう
おされてなくな

①おまんじゅうの皮役とあんこ役にわかれます。
＊10人のグループなら、あんこ役は3～4人がいいでしょう。
②皮役は、腕を組んで背中あわせに輪になります。あんこ役はその輪の中に入ります。
③「いっ・せーの！」合図とともに、「おしくらまんじゅう　おされてなくな」とみんなで声をかけながら、あんこを押します。
④大人は適当なころあいを見計らって「あんこ、出てきて」と言います。そしたら、あんこ役は輪の外に逃げ出します。皮役はあんこを逃がさないように、がんばりましょう。

おしくらまんじゅう

あんこがでたよ！

●バリエーション
おなかであんこを押してもたのしいよ。そのときは、腕を組むのではなくて、手をつなぎます。

おしくらまんじゅう
おされてなくな

かえるのジャンプ

2人〜

シンプルだけど、子どもたちに大人気のあそび。かえるの気持ちになって、「ぞうが来た！」ってきこえたら、「ケロケロッ」ピョーン！

①しゃがんで両手を床につけます。かえるになったつもりだよ。

②まずは、かえるのジャンプの練習をします。

「1・2のかえる」

「1・2の」でリズムをとって「かえる」でその場でジャンプ。

これを何度かくりかえしましょう。

③みんなができるようになったら、ルールの説明をします。

ルール・大人が「ぞうが来た」と言ったらその場でジャンプします。

④いよいよスタート

田村「いくよ。ぞうが来た！」

ピョーン。子どもたちがジャンプ。

田村「う〜ん、いいねえ。いくよ、ぞうが来た〜」

ピョーン。子どもたちが調子にのってきたところで、

田村「いくよ。ぞうが来ない！」

ピョーン。あ〜、ひっかかちゃった。

田村「だめだめ。ぞうは来てないの！　はい、いくよー……」

田村さんが、ちょっと間をとると子どもたちは、集中！　子どもたちと田村さんの真剣勝負が続きます。

●バリエーション／クモのジャンプ

①両手を後ろについて、お尻をあげます。クモみたい!?

②「ぞうが来た」と言われたら、手をついたまま、足を交互に上げます。これはけっこう腹筋の力がいるよ。

ここほれワンワン!? 根っこほり

2人〜

幼児から年長の子どもまで、みんな夢中になっちゃう。友だちと協力したり、予想外の知恵もとび出して、あそびがどんどんひろがりました。

用意するもの　おはじきたくさん（大小とり混ぜて）

①「根っこチーム」と「ほるチーム」の2組にわかれます。

②「根っこ」になったひとは、おはじきをひとつ、どちらか一方の足の下におきます。立っていても座っていてもいいよ。

③「ほる」ひとは、「根っこ」の足を持ち上げて、おはじきをとります。時間を決めて「ヨーイドン！」で、はじめてください。

何人でもいっしょに
かかってこい！

④時間がきたら、いくつとれたか数えます。

⑤役を交代してもういちどやってみよう。どっちのチームがたくさんとれたかな？

1・2・3・4・5・6……

ダメ！
ちょっと見せて！

もう、とられたヨ！

●子どもたちがおしえてくれたおはじきをとられない方法

その1　「もう、とられたよ」「ないよ」と言って、相手がほかのひとのところへ行くようにしむける。

その2　もうとられたのに、まだおはじきがあるふりをして、時間稼ぎをする。

その3　仲間とかたまってしゃがみこむ。そうすると、相手はわりこめないので、とりにくい。

その4　見つからないようにかくれる。

●バリエーション／磁石をはがせ

手を磁石に見立てたあそびです。根っこほりと同じ要領で、2組にわかれて、おはじきをとりあいます。

①手の間におはじきを入れて、写真のようにしっかりと手を組みます。

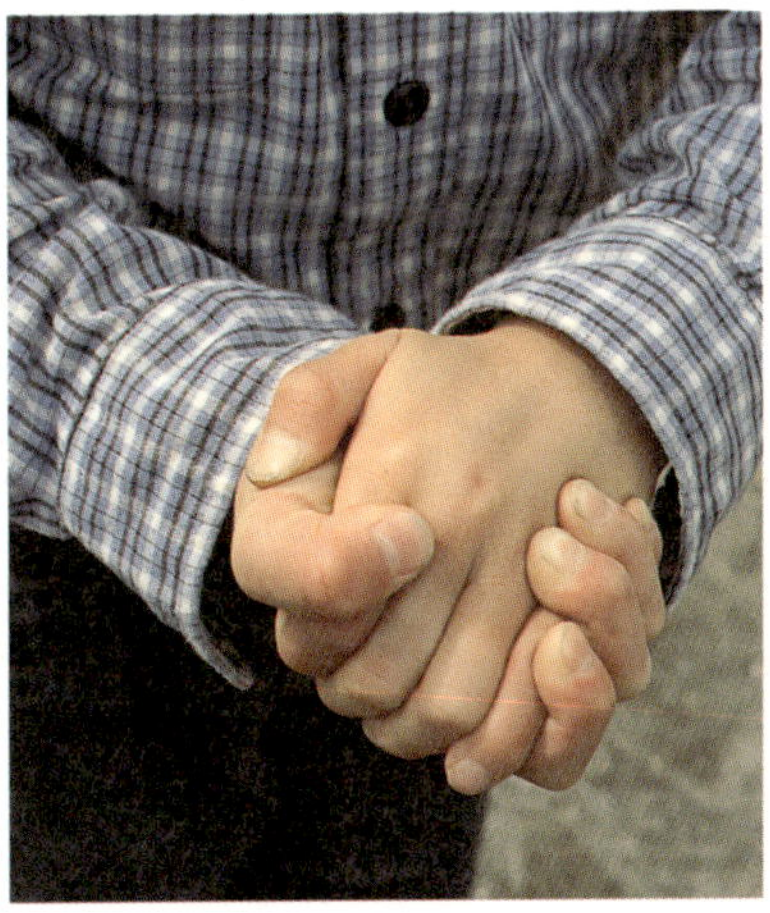

②おはじきをとるひとは、相手の手首か腕をひっぱって、手のなかからおはじきをとります。

＊大人のかたへ・指を1本1本はがすようにすると、とても痛いので、ひっぱるときには手首か腕をにぎるようにしてください。また、手を組むときは、指を交互にして組まず、写真のようにしてください。

電気くらげ いたずらワカメ

2人〜

勝敗のあるゲームの後にやるとたのしいよ。ゲームで勝ったのに、くすぐられちゃったりして……みーんなが満足できるあそびのしめくくりに。

電気くらげ

田村忠夫／作詞・作曲

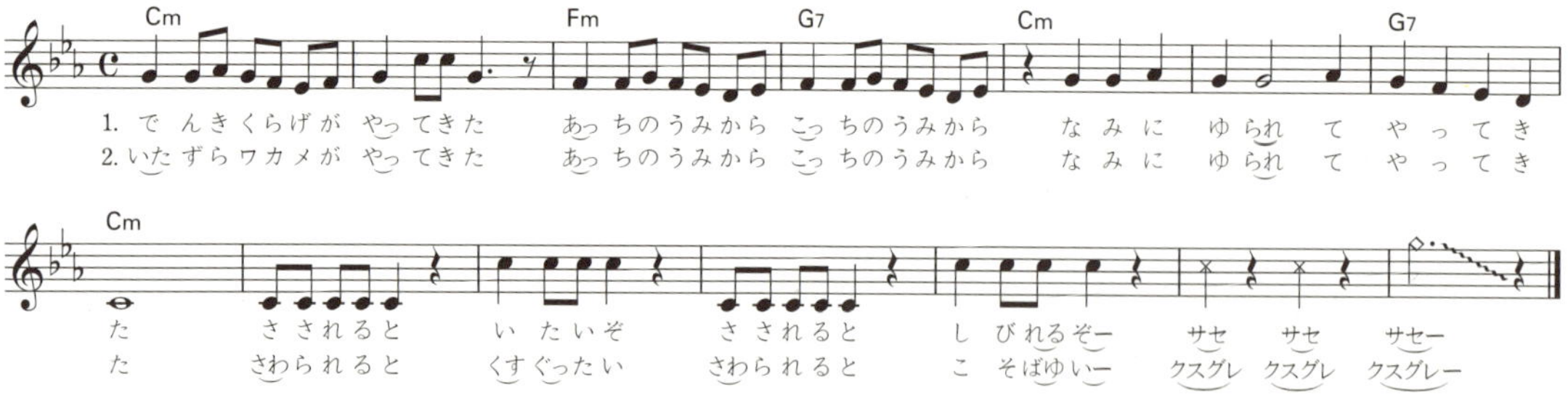

Cm
Fm
G7
Cm
G7
1. でんきくらげが やってきた あっちのうみから こっちのうみから なみに ゆられて やってき
2. いたずらワカメが やってきた あっちのうみから こっちのうみから なみに ゆられて やってき
Cm
た さされると いたいぞ さされると しびれるぞー サセ サセ サセー
た さわられると くすぐったい さわられると こそばゆいー クスグレ クスグレ クスグレー

①2組にわかれます。「くらげチーム」と「ワカメチーム」です。

②「ワカメチーム」は両手を頭の上に。ゲームが終わるまで、そのままにしています。「くらげチーム」は、曲に合わせておどりましょう。

③♪でんきくらげが　やってきた

両手のひらを上に向けて、くらげが浮かんでくるように、下から上へあげます。

④♪あっちのうみから　こっちのうみから

両手を右上から下へ、左上から下へ。

⑤♪なみにゆられて　やってきた

手のひらを下に向けて、右から左、左から右と、波のように動かします。

⑥♪さされると　いたいぞ　さされると　しびれるぞ

ひとさし指を立てて前後に動かします。そのままじゃがみながらもう一度。これを2回くりかえし。

⑦「サセ　サセ　サセ〜」

「くらげチーム」は手をあげている「ワカメチーム」をつつきます。ワカメたちは、刺されないように、逃げろ〜〜！

⑧交代します。「くらげチーム」が手を頭の上に。「ワカメチーム」がおどります。

⑨♪いたずらワカメが　やってきた
手の甲を顔に向けて、上から下へ波線をかくように。

⑩♪あっちのうみから
こっちのうみから
両手を右側で⑨と同じようにします。次に左側でも。

⑪♪なみにゆられて　やってきた
は、⑤と同じ。

⑫♪さわられると　くすぐったい
さわられると　こそばゆい
指先をコチョコチョ動かす。そのまましゃがみながら、手はグーにしてイヤイヤをするように左右にふります。これを2回くりかえし。

⑬「クスグレ　クスグレ　クスグレ～」
今度は、「ワカメ」が「クラゲ」をつかまえてくすぐります。

こころとこころがふれあうと、だれでも気持ちがあたたかくなりますよね。それは、大人も子どももおなじではないかな。みんな、それを求め、あたたかい関係をつくろうとしてがんばっているのではないでしょうか。

子どもは、友だちとあそびを通じてあたたかい感じを味わっている。いろんなあそびがあるので、味わい方もさまざまだと思うけれど、わたしは、子どもたちにからだをつかってあそぶあそびを通して、それを味わってほしいと思っています。そして、ひとりあそびでは味わえない、みんなであそぶたのしさのなかから、こころのなかにあたたかいものを感じてほしいと願っています。

わたしが、新しいあそびをつくるときは、こんなあそびはよくない、こんな体験はいけない、とはじめから自分のなかに規制をかけることはしないで、子どもたちはどんなことにたのしさを味わうのかを最初に考えます。

なぜなら、あそびはたのしいことだからこそ、そのなかにあるイヤな体験やつらい経験も、子どもは、素直に受け入れていけるのではないかと想像しています。そのときすぐに素直になれなくても、かならずこころのなかに残っている。そして、いつか同じような経験をしたときに、そのときの思いが生かされていくに違いないと信じているからにほかなりません。

田村忠夫

あそび名人の哲学 10

田村忠夫

ふれあって、ぬくもりを感じる むじゃきにあそぶ

30年近く幼稚園で仕事をさせていただいています。そのなかで感じることは、年々子どもの送迎に親子で歩いてくる姿が少なくなってきていることです。これは、20世紀にもっとも飛躍的に発達してきた交通網と車の普及、そして地域社会の変化が、親子から歩くことを奪ってきたのかも知れません。

その少なくなってきた親子の送迎風景や保育参観等で拝見する親子の姿から、屈託無く親子で笑っている様子をあまり見かけなくなりました。まして、親子で手をつないでスキップするような光景は、ほとんどないように思います。その姿が少なくなってゆくにつれ、多くなってきたのは、無表情で子どもに指示する親の子どもへの接し方です。仮に、笑っていても何かぎこちなく、また、四季折々の変化を見て親子で感動したり感心したりするような風景は、見なくなりました。

家庭訪問で子どものあそび道具をそれとなく観察してきてください、と先生方にお願いすると、ほとんどの家庭にテレビゲームやそれに類似するゲーム機があったといいます。からだを使ってあそぶというより、ひとりで座って空想世界のなかであそんでいる姿が浮かび上がります。

わたしは昭和20年代生まれです。昭和30年代に、幼児期と児童期を過ごしてきました。いまみたいなゲームの機械があるわけではありませんでしたから、唯一あるあそび道具で(ゴムボールやドッジボールで使うボールなど)友だちと集まり、からだを動かしてあそんでいたように記憶しています。友だちとからだとからだで、ときにはぶつかり合うあそびを多くしていましたから、当然そこでは、けんかが起きたり、みんなで腹を抱えて笑ったり、ときには悔しくて泣いたり、と感情を表す場面が多くあったように思います。友だちとのあそびを通じて、必然的に喜怒哀楽の感情表現の仕方を養っていたような気がしています。また、友だちの無言の薄笑いや苦虫をかみつぶしたような表情から相手の気持ちを推し量ったりする経験を通して、仲間とのつきあい方も学んだように思います。親からは、特別にサービスをされた思い出はありませんが、肩車をしてもらったり、おふろから出るとくすぐられたり、顔や耳に息をフーとかけられてくすぐったかったり、こたつのなかで足と足でつまんだり押したりしてあそんだり、と親の肌のぬくもりを感じることを何気なくしてもらっていました。そんな肌のあたたかさが、「いま、あなたがいてもいいよ」と安心感を持たせてくれていたように覚えています。

時代が変わっても、そんな肌で感じるぬくもりは、子どもたちにあたたかいメッセージを伝えてくれるのではないかと、わたしは信じています。もし、そうであるなら、これからもっともっと友だちとからだをぶつけ合ってあそんだり、親とむじゃきにふれあったりする機会が増えていくことを願っています。想像するにこれからの時代の流れとしては、友だちと無意味に思えるぐらいなあそびを暗くなるまであそんだり、親とたわむれてふれあうことは少なくなってゆくような気がしています。

ただ、親子でふれあってくださいとか、友だちと自由にあそぶ環境づくりをしましょう、とお題目を唱えていても何も変わらないでしょう。そこで、現代行われているロボット大会やロボット展示会などと同じように、地域でふれあいあそび・じゃれあいゲーム大会なるものを展示したり大会を開いていき、みんなで創作したあそびを発表したり体験したりする場をつくってゆく必要があるのではないでしょうか。そして、ふれあい・じゃれあい大会の日は、休日(祭日)にし、みんなで参加できるようにするのです。さらに、大会に参加したひとには、参加証明書を発行します。その証明書を持っていると、これからの子育てや社会生活に特典がもらえる、というのはどうでしょうか。おもしろいかもしれませんね。

ぜひ、これからも皮膚感覚によるぬくもりの気持ちよさ、むじゃきにあそぶあそびを通しての癒しの効果を見直し、今後の子どもたちやおかあさんおとうさんに伝えてゆきたいと考えています。

藤本ともひこさんのあそびマーケット

「いまの子どもたちがあそばなくなったなんてウソウソ。それは、あそんでいる子どもを見る力が、大人になくなっているだけ。いまの子どもたちに何か足りないとすれば〈きっかけ〉かな？　ここでのあそびは、ひとつの〈きっかけ〉。どんどん工夫して、自分のあそびにしていってほしいな」歌に、ゲームに、紙芝居。たのしいあそびならなんでもおまかせの藤本ともひこさんの、どんどん広がるあそびマーケット開店です。

撮影協力／下馬鳩ぽっぽ保育園

みんなで挑戦！紙あそび芝居

紙芝居であそぶんじゃなくて、紙芝居をあそぶ。そう考えるだけで、ただ読むだけ、ただ見るだけだった、いままでの紙芝居が、ひと味もふた味も違ってきます。
子どもたちの自由な発想をもとに、新しいお話をどんどんつくってみてください。

紙芝居をあそぶ

「紙芝居だって、紙あそびのひとつ」と言う藤本さんの紙芝居は、お話に合わせて、登場人物とジャンケンをしたり、立ち上がって登場人物の顔マネをしてみたりと、とにかくいそがしい。まさに「紙あそび」芝居。

子どもたちが、出てきた場面を演じれば、読むほうもそれに合わせて、お話をアレンジ……。みんなでいっしょにすすめていく紙芝居だから、同じお話で、何度も何度もたのしめるのです。

読み手のポイントは、文章をきちんと読むよりも、子どもたちの顔を見て、なるべく自分のことばで語ること。

そうするとほら、とたんに子どもたちの表情が変わってきます。

ジャンケンポンッ！！

みんなでせーの！

このときあそんだ紙芝居
『どかどかじゃんけん大会』（藤本ともひこ／脚本・画　童心社／刊　本体1、600円）

オリジナル紙芝居をつくる

用意するもの
画用紙、クレヨンなど

たのしい紙芝居に夢中になった子どもたち。今度は何と、自分たちのオリジナル紙芝居づくりに挑戦です。今回は、みんなで絵を持ちよって、ひとつのお話をつくることにしました。

藤本「じゃあみんな、主人公は誰にする？」
子ども「かいじゅう！」「うさぎ！」「ねこ！」
藤「じゃあ今日はうさぎでいきましょう」

主人公が決まったら、絵を描きます。

絵には主人公（うさぎ）が出てこなくたって大丈夫。描き上がったら、何を描いたのか、どんな場面なのかを、発表します。

なにかいたの？

みんなの紙芝居のはじまりはじまり～

パチパチ
パチパチ……

子どもたちがそれぞれ、絵の場面を語るのを聞き、大まかなあらすじは組み立てておきます。どんなお話が展開するかは子どもたち次第。細かいところはみんなで相談しながら進めていきます。

藤「さて、主人公のうさぎさんの名前はどうする?」

子ども「うさぴょん!」「うさっち!」

藤「じゃあ、うさっちに決定。今日はうさっちが、お友だちのお誕生日会に行くお話です。では、『うさっちお誕生会にいく』のはじまりはじまり～」

お話：うさぎのうさっち、今日はお友だちのお誕生日会におよばれです。お花畑を通ってお友だちの家に向かってどんどん歩いていくと、目の前に大きなたまごが！　殻の中から出てきたのはなんとかいじゅう。

主役候補のかいじゅうが、しっかり登場。女の子が描いた「かいじゅう」と、男の子が描いた「かいじゅうのあし」をうまく組み合わせて……。

おれかいじゅう
おれもいっしょに行きたいな
つれてってくれなきゃ
ふんづけちゃうぞ～！

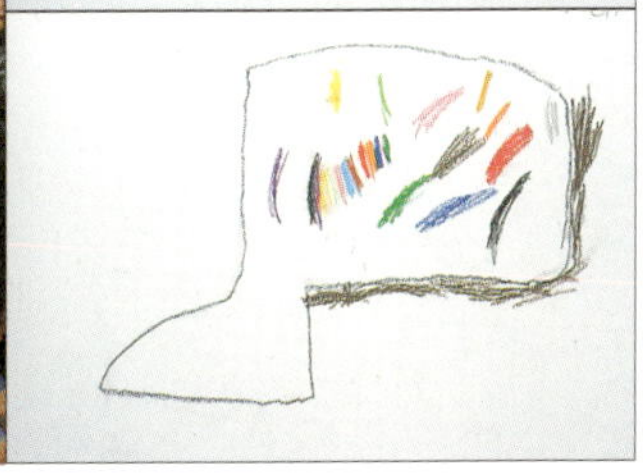

お話：かいじゅうと別れ、どんどん歩いていくと、目の前に海が。お友だちの家に行くには、海も渡るんです。

藤「海についたぞ。この絵の魚は?」

子ども「エイ!」

藤「そうか。じゃあエイは、どうやって泳ぐんだろう?」

子ども「知らないの?　こうだよ!」

藤「じゃあうさっちも、海を渡ろう!　せーの!」

突然みんなで水泳大会。クロール、背泳ぎ、平泳ぎ……大あばれです。

「海についたうさっち、
どうやっておよぐ?」

お話：海をぬけたらそこは地下道！　今度はかなり暗いよ。暗いところを通るとき必要なのは?

「そう、懐中電灯！
じゃあみんなで照らすよ」

お話：やっとお誕生日会についたうさっち。もってきたプレゼントは2色のコマでした。じゃあ最後にみんなでお誕生日の歌をうたおう。

♪ハッピーバースディ　トゥユー～

最後まで、大盛り上がりの紙あそび芝居になりました。

何が見える？何に見える？

ふだん見慣れているものを、もう一度よく見てみると、なんだか自分だけの特別なものに見えてくるからふしぎ。いろいろなものに枠を当てながら、「これなーんだ？」とあてっこしたり、次々に枠を当てながらお話をつくっていってもたのしいですよ。

用意するもの
厚紙（ダンボールでも）、カッター、定規

つくり方
厚紙などを四角く切り取り、カッターで内側を切り抜いてマドをつくります。マドは好きな形でOK。

これはやらずにいられない「テレビ」

大人にとっては、紙でできた、ただの四角い枠。でもこれを子どもたちに渡したら、いったいどうなるか？
目の前のものが、いつもと違って見える、魔法の枠になってしまいました。子どもたちは枠を片手に、走る走る。片っ端から当ててみます。誰もが手はじめは、基本中の基本。やりたい「テレビ」あそびから。

「カシャッ！」

魔法の枠のマドからのぞいていると、あんなところにかわいい子どもが。
「笑って笑って……カシャッ！」
今度はカメラマンに。
続いて野菜畑にかざしてみたら、立派な風景画みたいになりました。

大きな枠にすっぽり入ってポーズをとれば、銅像に見える……かな？

突然アーティストに変身

ぼくの植えたキャベツにだけ
枠をかぶせたら……
なんだかいちばん
かっこよく見えちゃった

ガイコツのホネ発見！

なんだか山の空みたい

顔、顔、何の顔？

枠を持って「何に当てようかな？」と考えながら歩いていると、いつものお散歩も断然たのしくなります。見つけたものにタイトルをつけたり、動いているものを枠の中で追いかけたり。どんどんあそびを広げちゃいましょう。

『悪魔』！

『ブタ』

藤本さん作『ぞうのはな』。子どもたちには「目がないじゃーん」と、ちょっぴり不評でした。そんなわけで**『目をつぶったゾウ』**に決定。

『四角い顔のひと』
偶然落ちていた葉っぱにかぶせたら、顔になりました。

どうぶつ探検隊 カードをさがせ！

このあそびは、チーム対抗のカード集めゲーム。しかも、話しちゃダメ、どうぶつの声で鳴くだけ、という決められたルールのなかで、どれだけ工夫できるかが、勝敗のわかれ目です。思いっきり走りまわって、カードをゲット。

用意するもの

画用紙、クレヨンやマジック

準備すること

①画用紙を5～7センチほどの四角に切り、好きな動物の絵を描きます。これはみんなで描いてもいいし、広告や図鑑などから絵を切り取って貼ってもいいです。カードの枚数は自由ですが、たくさんあった方が、たのしいです。

②ガイド役（今回は藤本さん）が、ゲームをはじめる前に、できあがったカードを木の幹や根本などに隠します。ポイントは、足元ばかりでなく、少し高いところにも隠しておくこと。これが見つけにくくするポイントです。

あそび方

①3～5人くらいのチーム（2チーム以上）にわかれます。

②それぞれのチームごとに、ひとりずつハンター役を決めます。

③ハンター以外のひとは、全員どうぶつ。チームごとに何のどうぶつになるか、話し合って決めます。また、どうぶつたちはことばを話すことができないので、どんな鳴き声にするかも決めておきます。

④実際にカードにさわることができるのは、各チームにひとりのハンターだけ。どうぶつたちはカードを見つけたら、鳴き声で自分のチームのハンターにおしえてあげます。

④「ヨーイ、スタート」で、カードをさがしに行きます。早くたくさんのカードを取れたチームの勝利です。

話し合いの末、今回は「キツネチーム」対「ネコチーム」の対決になりました。

スタート前から、公園は子どもたちの「コンコン！」「ニャーニャー！」の鳴き声でいっぱい。それでは……

コーン！　コーン！
（ここにあるよ！）
コーン！　コーン！
（ホントだ、早く取りに来て〜）
ニャーニャー
（こっちにもあったよー）
どこかで鳴いてるぞ！

ぼくはハンターだから取っちゃうよ

子どもたちが見つけた、こんなウラワザ

●その1

「コンコン！　コンコン！（ここにカードがあるよ）」と鳴いていると、取りに来たのは、何とほかのチームのハンター。

ずるい？　いいえ、こんな横取りもアリなんです。カードを見つけたとき、どうしたら、うまく自分のチームのハンターだけにおしえることができるのかな？

●その2

「コーン！　コーン！」とずっと鳴き続けていた女の子につられて、ほかのチームの男の子たちが大集合。でも、肝心のカードは？　どうやらだまされたようです。

チームで相談して、相手をだますための鳴き方、本当に見つけたときの鳴き方などを決めておくと、もっともっとたのしくなります。

ひと通りカードを見つけたら、全員集合。枚数を数えます。単純にカードの枚数で競ってもいいですが、カードの絵ごとに点数を決めても。例えば「森にいないどうぶつのカードは、10ポイントマイナス！」など。

ルールはどんどん工夫して、おもしろく変えてあそんでみてください。

コンコン！
コンコン！

コーン
コーン
コーン
コーン

ハラハラびっくりフクワライ

夏のたのしみ「スイカ割り」と、お正月の定番「福笑い」のあわせ技。いつもより大きなパーツをかかえて、右に行ったり左に行ったり。目、鼻、口、まゆ毛、それぞれのパーツの担当を決めて、みんなでひとつずつ置いていけば、すてきな顔のできあがり？

大きな顔ならたのしさ10倍！

右右右！ ちが〜う！
あと3歩前！

用意するもの

模造紙、厚紙、ハサミ、太いペンや筆、模造紙を固定するためのテープ

準備すること

〈ベースの顔をつくる〉

①大きな模造紙に顔の輪郭を描きます。

②足に引っかからないように、模造紙をテープで床に貼りつけます。

〈顔のパーツをつくる〉

①厚紙に、目、鼻、口などの顔のパーツを描きます。

②かたちにそって切り抜きます。

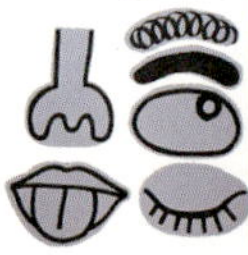

※切り取ったパーツの裏にもちがう表情の絵を描いておくと、いろいろな顔ができてたのしいです。

あそび方

ベースの顔から5mくらい離れたところに立ちます。目かくしをして、パーツをもったらスタート。見ているひとはどちらに進んだらいいか、声でおしえてあげます。

慣れてきたら、目かくしをした後、その場で3回転してからスタート。まっすぐ歩けるかな？

こんな顔になりました

ぜったいここ！

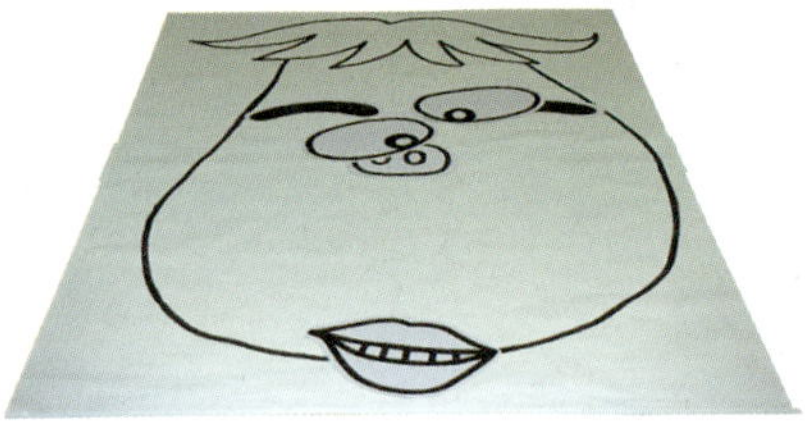

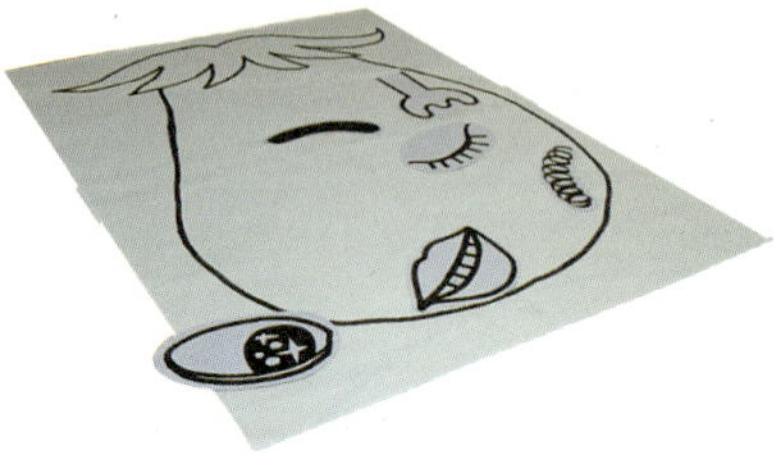

●上：目かくしをしてから、すぐに歩いたときの作品。
なんとか顔に見えるかな？
●下：目かくしをして、3回転してから歩いたときの作品。
かなり乱れているようですね。フクワライの道は、まだまだ険しいようです。

おなかもいっぱい「たこやきちょうだい」

子どもたちといっしょにつくった歌は、簡単だけどたっぷりあそべます。みんなで好きなたべものを出し合いながら、うたってみてください。ちいさな子どもたちは顔まねあそびとして、すこし大きな子どもたちは、自分で新しいかおを考えてみて。

あそび方

歌詞の下線部分をいろいろなたべものに変えて、顔をつくりながらうたいます。好きなたべものが出てきたら「パクッ」と食べてしまいましょう。

たこやきちょうだい　　藤本ともひこ／作詞・作曲

パクッ！

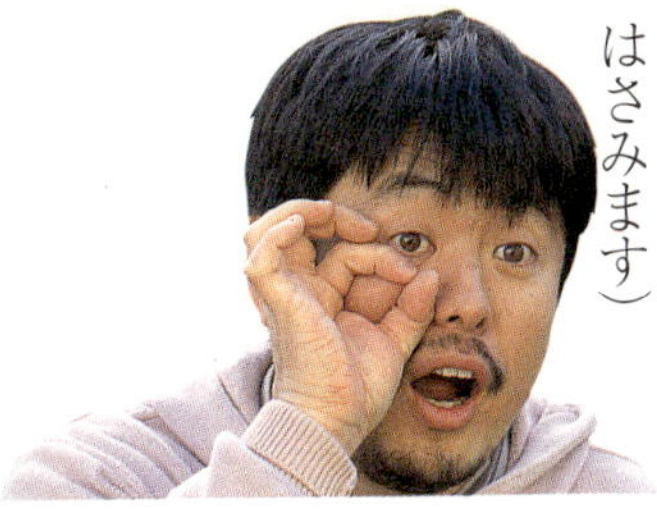

たこやき（親指とひとさし指で輪をつくるように、ほっぺをはさみます）

とうもろこし（口を「イー」っとひらいて、ならんだ歯を見せます）

たらこ（下くちびるを前に突き出します）

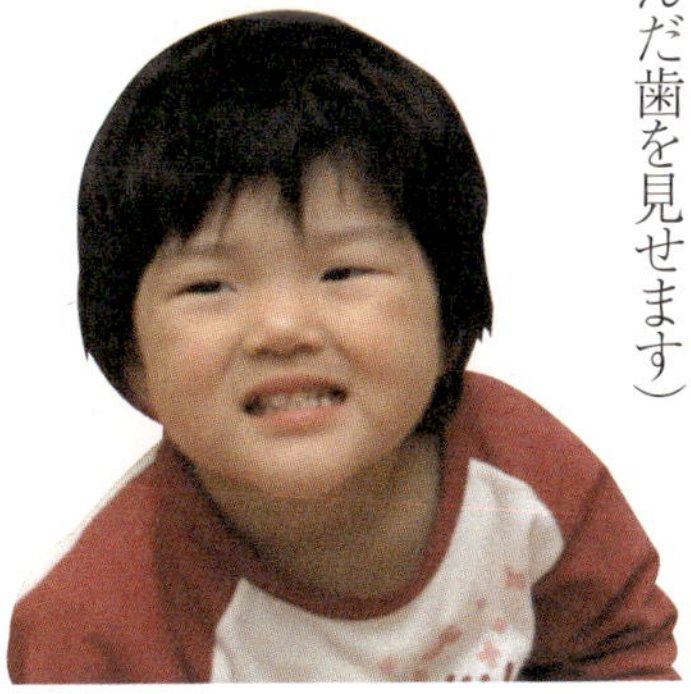

ギョウザ（手で耳を前にたたみます）

しゅうまい（口を「ウー」と、丸くとがらせます）

サンドイッチ（両手でほっぺをはさみこみます）

パクッ！

パイナップル（両手で髪の毛をつかんで立ち上がらせ、パイナップルの葉！）

目玉焼き（両手の親指とひとさし指で目を上下に大きく開きます）

まだまだあるよ

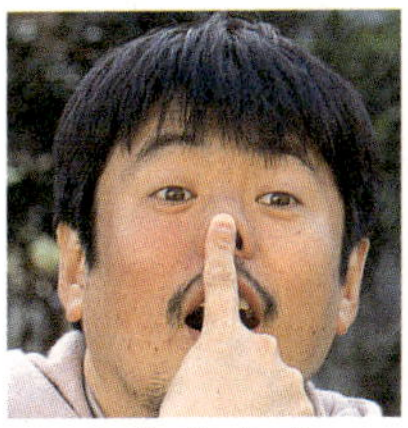

ぶたまん↑
あぶらあげ↓

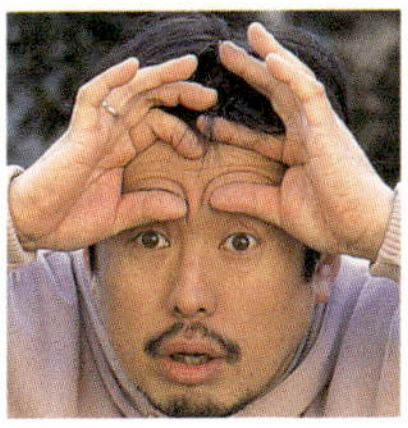

やさしくさわりっこ「クラゲがふってきた」

この歌も藤本さんが子どもたちとあそんでいるうちにできた歌。歌詞をどんどん替えて、あそんでみてください。基本編も応用編も、うたいかたは同じです。
親子で、さらにみんなであそぶと盛り上がります。

クラゲがふってきた

藤本ともひこ／作詞・作曲

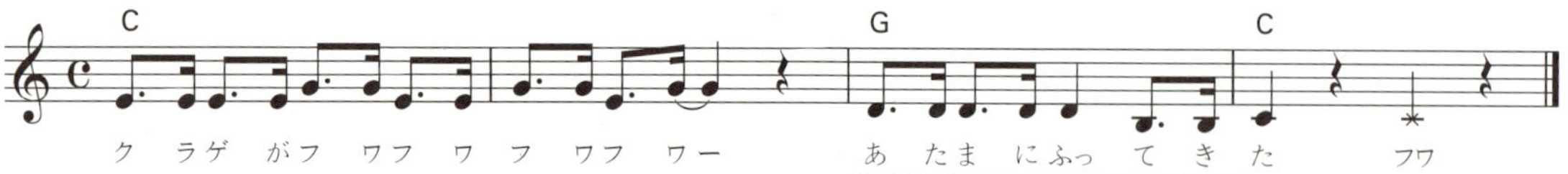
C
G
C
ク ラゲ がフ ワフ ワ フ ワフ ワー
あ たま にふっ て き た
フワ

基本編　クラゲがふってきた

フワフワと泳ぐクラゲが、からだのいろいろなところに「フワ〜ッ」とふってきます。
ポイントは、海に漂っているような気分でうたうこと。歌詞の下線部分を、からだのいろいろなところに替えていき、最後の「フワ」で、歌詞に出てきた場所を、手を開きながらやさしくさわります。

（両手を前に出して、指を下に垂らし、リズムに合わせて閉じたり開いたりしながら）

♪クラゲがフワフワ　フワフワ〜　○○にふってきた

♪（あたまにふってきた）フワ
（「フワ」で、手を開きながら、頭をさわります）

♪（おへそにふってきた）フワ
（「フワ」で、手を開きながら、おへそをさわります）

♪（ほっぺにふってきた）フワ
（「フワ」で、手を開きながらほっぺをさわります）

くすぐったいよ〜

♪（おひざにふってきた）フワ
（「フワ」で、手を開きながら、ひざをさわります）

応用編1　くらげがくっついた!

今度のクラゲは、からだにはりついてしまうから、さあ大変。

歌詞の下線の部分を「○○にくっついた」に替えて、からだの好きなところを押さえます。最後は、「フワ」のかわりに、くっついて何になったのかをみんなで叫んでみましょう。

♪おくちにくっついた

♪おしりにくっついた

♪あしにくっついた

応用編2　○○になっちゃった?

お次はクラゲが、いろいろなものに変身します。

〈応用編1〉と同様、歌詞の下線部分を「○○になっちゃった」に替えて、好きなものになります。歌詞の「フワ」のところには、鳴き声などを入れてみてください。

♪ゾウさんになっちゃった

♪子猫になっちゃった

♪カエルになっちゃた

親子であそびうた1「ゆらゆら」

ひざの上に子どもを乗せて、ゆらゆらゆら……。大人は船になったような気持ちで、ここちよくゆらしてあげます。足の上に子どもを何人ものせたり、親子で向き合ってやってみても。

ゆらゆら

藤本ともひこ／作詞・作曲

Cmaj7　Fmaj7　Cmaj7　Fm7　G　A7
ゆら　ゆら　ゆら・ゆら　ゆら　ゆら　ゆら　ゆら　すと～～～～ん　コチョコチョコチョ～～

（子どもをひざの上にのせて、左右にゆらゆらゆれながら）

♪ゆらゆら　ゆらゆら

すと～ん

（足を広げて子どもを床に落としたり、足を閉じたまま左右に落としながら）

♪すと～ん

こちょ
こちょ
こちょ
こちょ
こちょ
こちょ
こちょ

（子どもをくすぐりながら）

♪こちょこちょ……

※「♪こちょこちょ……」のバリエーション

（足を閉じたまま、子どもを高く持ちあげながら）

♪たかい　たかい……

もし子どもがたくさんいたら、思いきって、のせられるだけのせてしまいましょう。みんなでくっつきあってゆらゆれれば、スリルも満点。子どもたちも大よろこびです。「すと～ん」というより「どす～ん」かな？

親子であそびうた「よくにているね」2

親子でたくさんふれ合うためのあそびうたです。歌詞に合わせて、子どもをどんどんさわります。「おでこ」や「ほっぺ」をからだのいろいろな部分に替えてくり返し、からだのすみずみまでさわってあげてください。

よくにているね

藤本ともひこ／作詞・作曲

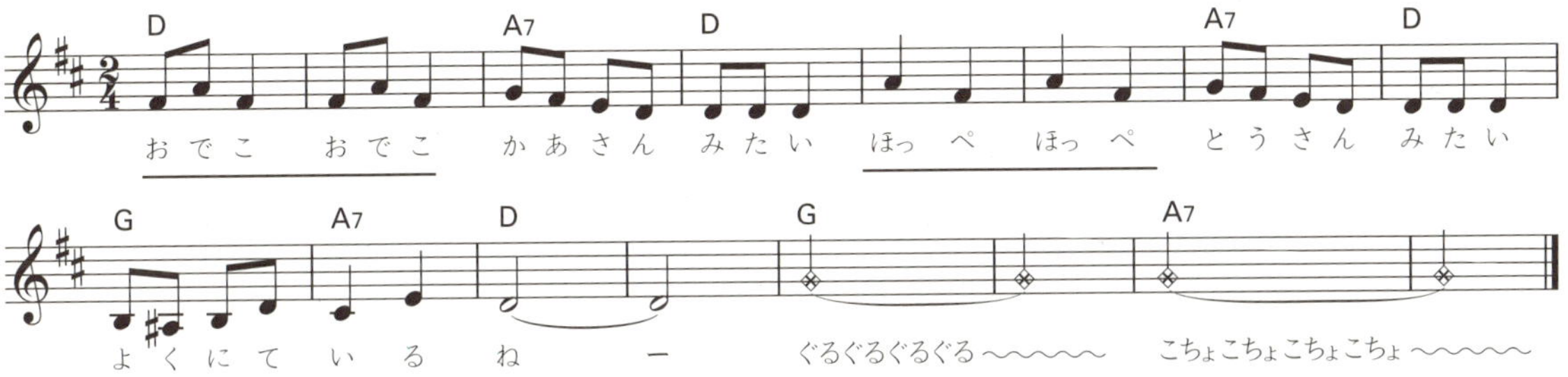

D A7 D A7 D
おでこ　おでこ　かあさん　みたい　ほっぺ　ほっぺ　とうさん　みたい
G A7 D G A7
よくにている　ね　ー　ぐるぐるぐるぐる〜〜〜　こちょこちょこちょこちょ〜〜〜

ポンッ
ポンッ

（子どものおでこをさわりながら）
♪おでこ　おでこ
かあさんみたい

（子どものほっぺをさわりながら）
♪ほっぺ　ほっぺ
とうさんみたい

※歌詞の下線部分は、からだの別のところに替えてうたっても。

（子どもの口をさわりながら）
♪おくち　おくち
かあさんみたい

（子どもの鼻をさわりながら）
♪おはな　おはな
とうさんみたい

（子どもを見てうたいながら）
♪よくにているね

（子どもの顔をなでまわしながら）
♪ぐるぐる……

ぐるぐる
ぐるぐる
ぐるぐる
ぐるぐる

（思いっきりくすぐりながら）
♪こちょこちょ……

こちょ
こちょ！

あそび名人の哲学 11
藤本ともひこ

たのしくあそぶためには、解決しなくちゃいけないことが出てくる まるで人生のために必要なことを体験できてしまうわけです

　ぼくの通っている保育園の子どもたちは近所の公園で木のぼりをする。安全確保のために、ぼくが木の下で見ているときがあるのだが、慣れたもので、ひょいひょいと登っていく子が何人かいる。なかなかやるなあ、平成の子どもたちもすてたものじゃないなあ、などと感心していると、足下に、「だっこしてのぼらせて」なんていう子も現れたりする。ぼくはしかし、「自分で登れないひとは危ないのよ。手伝えないよ。自分で考えて登っていくんだよ」と、促している。だって、ほんとの木のぼりの喜びと危険性は、自分で登ってみないとわからないでしょ。自分の生身のからだを使って、あそんでいくなかでしか、人生の喜びは心底得られないんじゃないの。ここでいうと、木の上からの絶景とか、そこに吹く風とか、登れたという自信とかね、達成感とかね。だから自力でのぼって降りてきた子は、男の子も女の子もほんといい顔しているものね。あそびの神髄はこの「自分の力」でというのが肝心なところだと思う。

　それからカンケリなんかを子どもたちとしていると、よくもめる。オニは名前を呼んでないのに捕まえたとか、年少の子どもたちが邪魔だとか、すぐ捕まりたがる子がいてカンケリにならないとか、ただただ隠れてるだけで出てこなかったり、いろいろな問題点が噴出する。

　でも、このもめごとのひとつひとつが、じつはとても貴重。だって、もめごとが噴出したときこそ、どう解決できるかを話し合ういいチャンスになるものね。たのしくあそぶためには、解決しなくちゃいけないことが出てくるものなんだ。問題点を話し合うことで、自分の価値観とか言い分だけじゃなくて、他人の意見というのも、どうやらこの世には存在するんだなということを知る。それはもうまるで人生のために必要なことを体験できてしまうわけです。ルールアレンジの話し合いは、だからもう駆け引きの連続でおもしろい。いつもはおとなしい子が、的確な解決策を見つけて、みんなが「ほほう」なんてことになったり。自分のことしか言わないやつは、どれだけしゃべっても採用されなかったり。そういう場面のほうが、あそびそのものより、おもしろいときがあるくらい。そういうことまでひっくるめて、あそぶというのが、これまたあそびの神髄なのですね。

　自分の生身のからだを使って、とことんあそび込むこと。そういうことが、きっとどんなあそびにも通ずるたのしさだと思います。そのためにいつも「あそびのアンテナ」を張り巡らして、何でもあそんでしまうという貪欲さもいいでしょう。「あそびごころ」を苗床にして、あそびはじめたら、あそび込むのです。そこから「あそび」の広い地平がひらけるにちがいありません。

　ぼく自身はというと、これからも自分と子どもたちのあそびごころを信じて、寄り添いつつ、同じレベルであそびつつ、なおかつもっともっと、と挑発していきたいなあと思っています。さあ、いくぞ!!

花輪充さんの元気あそび劇あそび

子どもたちは、「ごっこあそび」が大好き。えんぴつや消しゴム、ハエやクモ……自由自在に変身してあそんでしまいます。何かになるってすごくふしぎで、すてきなこと。ひとつの「おはなし」で、いつでも、どこにいても、たのしい冒険へ。「劇あそび」は、子どもたちをたちまちとりこにしてしまう「元気あそび」です。「おはなし」の世界のなかで、子どもたちのやわらかなこころがポンポンはずみ、ころころ転がっていきます。

花輪充さんといっしょに、おはなしをたっぷりあそぼう!

撮影協力／もみの木保育園（東京都稲城市）のみなさん、田中芙美子さん、桝本郁子さん

だれかと「ぎゅっ！」絵本であそぼう

絵本を読んでもらっているとき、子どもたちのこころはすっかり絵本の世界に入り込んで、いっしょに冒険しています。絵本のおはなしを、まるごとあそんでみます。絵本は、子どもを夢中にさせる冒険の宝庫、たのしい冒険が待っています。

「おさるのジョジョのおはなし……」

花輪「絵本を読みます。だれのおはなしかな？」

子どもたち――（表紙の絵を見ながら）おさるさん！

「おさるのジョジョは、ジャングルに入って行きます。どんな気持ちだと思う？」

――うれしい！

――たのしい！

――ドキドキ！

「そう、ドキドキする気持ちで森に入っていきました」

――（ページに描かれた文字を見ながら）ぎゅう！

「ぎゅって、なにしてるの？」

――大好き！　おかあさん、ぎゅうってやるよ。

「カメレオンが……」

――ぎゅっ！

「へびさんが……」

――ぎゅっ！

「ジョジョ、どうなっちゃった？」

――自分も、「ぎゅっ」したくなったの。

――ぎゅっ！　ぎゅっ！　ぎゅっ……

絵本に合わせて「ぎゅっ」の大合唱。みんなも思わず「ぎゅっ」としたくなって……

『ぎゅっ』（ジェズ・オールバラ／作・絵　徳間書店／刊　本体1,400円）

みんなで「ぎゅーっ!」してみよう!

「『ぎゅっ』しか出てこないから、はじめはヘンなお話だなって思ったの。でもこの絵本、大好きになっちゃった。みんなは?」

――好き!

――ぎゅっ、したい!

「じゃあ、みんなで『ぎゅっ!』であそんでみようかな。トントントン?」

――なんの音?

「近くの友だちと、ぎゅっする音!」

たちまち、あっちでもこっちでも、ぎゅっと抱き合う姿が……。

「トントントン?」

――なんの音?

「かべとぎゅっとする音!」

走って行って、かべにぺったり!

「トントントン?」

――なんの音?

「好きなだれかと、ぎゅっする音!」

だれかさんとしっかりぎゅ~っ!


まだまだ、「ぎゅっ」は続きます。

「トントントン?」

――なんの音?

「園長先生とぎゅっする音!」

みんなに囲まれて、ぎゅうぎゅうの園長先生!!

ぎゅっ

「おうちに帰ったら、おうちにいるだれかさんと、ぎゅっ! ってしてごらん。だれにぎゅっ! する?」

――おかあさんとおとうさん!

――おとうと!

――イヌ!

――ネコ!

――パパ!


子どもたちの様子を確かめながら、文字に書かれていないことも問いかけて子どもたちと会話しながら絵本を読んでいく花輪さん。

そうして絵本の世界をしっかり体験しておくと、絵本のおはなしをなぞってあそぶときに、子どもたちのイメージが豊かにふくらんでいます。

『ぎゅっ』(ジェズ・オールバラ/作・絵　徳間書店/刊　本体1,400円)

うたって、ごっこ「タッチでGO!」

「うたあそび」のはじまりに、たのしいお話をしてみましょう。子どもたちは、なんにでも「タッチ!」することが大好き。何度でもくり返してうたってあそびたくなります。親子でも、おおぜいでも、ちいさい子からみんなでたのしめます。

「たっちゃんという男の子がいました……」

「たっちゃんは保育園に行っています。でも、もう保育園行くのいやだなと思っています。どうしてかって?『だって、保育園のみんなにタッチすると、「やめてよ」って言われるんだもん。地面を歩いているアリにタッチ、先生のほっぺにタッチ、おでこにタッチ。ぼくは、タッチするのが大好き! どこにでも、なんにでもタッチするのが好きなんだ』

そう言って、うたいはじめました。

♪タッチタッチタッチでGO!
なんでもかんでもタッチしよう!

『たっちゃん、その歌、みんなに教えてちょうだいよ』
と聞いていた先生が言いました。

つぎの日、たっちゃんは保育園のみんなといっしょに歌をうたってたのしくあそんだんだって。

たっちゃんも、もう保育園に行くのヤダ! と言わなくなりました。めでたし! めでたし!」

「みんなも、この歌をうたってあそんでみようか」
(手拍子しながらみんなもいっしょにうたって)

タッチタッチ
タッチでGO!
(「GO!」のときは、にぎりこぶしを上に突き出す)

♪なんでもかんでも
タッチしよう
みんなのほっぺに
タッチ!
(ほっぺに両手をあてる)
みんなのおでこに
タッチ!
(おでこに両手をあてる)
♪タッチタッチ
タッチでGO!
なんでもかんでも
タッチしよう

2段目の歌詞を、好きなことばに変えてうたってあそびます。リーダーを決めたり、順番に言ってみたり。自分のからだ、ともだちのからだ、身近にあるものにタッチ。外にも出かけて、いろんなものにタッチしてあそんでみましょう。

タッチでGO！

花輪充／作詞　熊坂望／作曲

♩=116
F C7 F C7 F C7 F
タッチ タッチ タッチでGO! なんでもかんでも タッチしよう
C F
おともだちの おかおにも おにわにさいてるおはなにも
F C7 F C7 F C7 F
タッチ タッチ タッチでGO! なんでもかんでも タッチしよう

先生にタッチ！

手のひらにタッチ！

あたまにタッチ！

ゆかにタッチ！

いろいろスイッチの「ふしぎなイス」

1日のうちにたとえわずかでも、子どもとふれ合っているときは、思いっきりべたべたしたい。あそびのなかでなら、照れずにぎゅっ！ と抱きしめてあげられる？ 親子でたのしむ3分間のおはなしあそび、ファミリーシアターの開幕です。

イスにすわって、ベルトをしめて……

「大人は座って足をひろげます。さあ、子どもたちは好きなイスにすわってください」

（子どもが足の間に座ったら、足をせばめる）

「このイスはふわふわして、とっても気持ちいいイスなんだ。でも、ずっとお城の中にしまわれていて、しばらくだあれも座っていなかったんだ。さて、安全ベルトをしっかりしめないと、どんなことがおこるかわからないからね。じゃあ、ガチャリ……」

（大人は、両腕で子どもを抱え込む）

「このイスには、ふしぎなスイッチがあるんだよ。最初のスイッチは、この指！ 押すと何か、ドキドキすることがはじまるんだって。ドキドキしても逃げないで、しっかりこらえてね」

――ハーイ！

「準備はいいかな？ ドキドキ・スイッチ……オン！」

ドキドキ……?! ハラハラ……?!

「さあ、ドキドキはじまったよ。ドキドキ、ドキドキ……」

（大人はからだをゆらしたり、子どもにさわったり）

「ドキドキ……ドキドキ……」

（声が大きくなるにつれて、動きを大きくしてもりあげて）

「スイッチ、オフ！ どうだった？」

――おもしろかった！

「次はハラハラ・スイッチ……オン！」

イスに願いを。お好みスイッチ・オン！

「さあ今度は、
どんなスイッチ？」
――コソコソ！
――こちょこちょ！
――ムズムズ！
――わくわく！
「イスにお願いすると、
好きなスイッチになるんだって。
さあ、自分のイスに
たのんでみよう。
イスに願いを！
みんなの好きな
スイッチ……オン！」

こちょこちょ
ムズムズ
ワクワク
ウキウキ
ハラハラ

イスがこわれちゃったよ！

「あんまりいろいろあそんだので、なんとふしぎなイスがこわれちゃったよ」

（イスの大人が、後ろに倒れる）

「みんなの力で、イスをなおしてあげようね。ようい……修理、はじめ！」

（子どもたち、大人のからだのあちこちにいろいろさわって）

「イスがとっても元気になったみたい。さあ、今度は起こしてあげて」

（子どもが、大人をひっぱり起こす）

「みんなのおかげで、ふしぎなイスが人間に戻ったよ。よかった、よかった！　ふしぎなイスのお話でした！」

●☆
×※▼

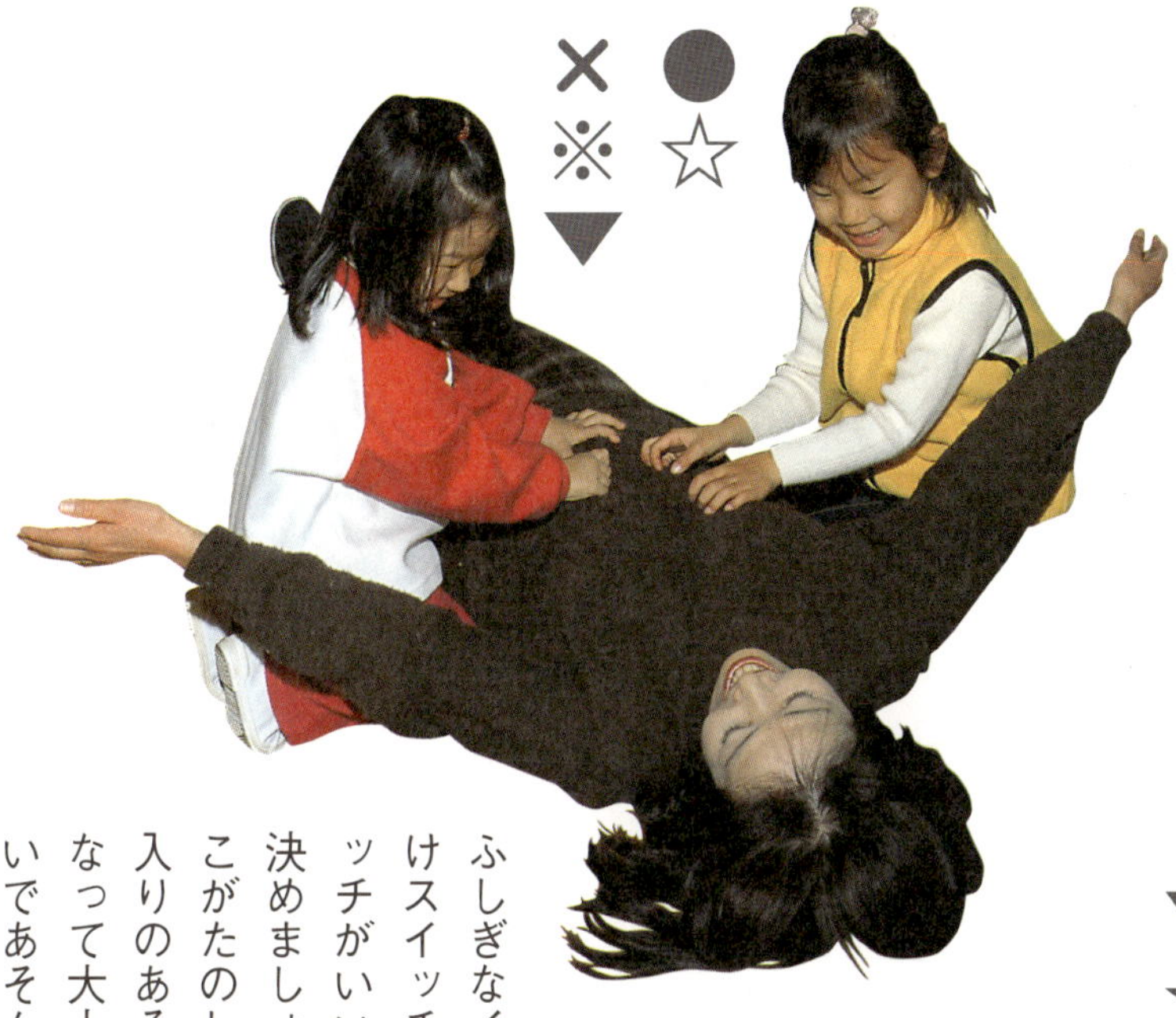

※●
▼☆

ふしぎなイスには、両手の指の数だけスイッチがあります。どんなスイッチがいいか、子どもと話し合って決めましょう。いろいろなさわりっこがたのしい、子どもたちのお気に入りのあそびです。子どもがイスになって大人を座らせたり、きょうだいであそんでみたり……ふたりからおおぜいまで、いろいろあそべます。

「いたずらえんぴつと消しゴムくん」

ファミリー・シアター第2弾は、子どもたちの大好きな「追いかけっこ」に、ゆかいな「おはなし」をつけ加わえてドラマチックに。親子で、子どもたちどうしで、ふたりからおおぜいでも、家のなかでも、外へ出かけても、たのしみ方はいろいろ。

「いたずら好きのえんぴつくんと……気まじめな消しゴムくんがいました……」

「あるところに、いたずら好きのえんぴつくんがすんでいました。いたずらえんぴつくんはいつも、いたずら描きをしていました。いくら注意されても、どんどこどんどこ動きまわって、いろんなところにいたずら描きをしていました。

　ともだちの消しゴムくんは、とっても気まじめ。えんぴつくんの後にくっついて、いたずら描きを消していたんだってさ。

　みんなはどっち？　いたずらえんぴつくん？　それともきまじめな消しゴムくん？

　さあみんな、立てやホイ！」

（いっせいに立ち上がる）

「えんぴつになれやホイ！」

（直立したり、とんがりえんぴつになったり）

「いたずらえんぴつが、いたずら描きをはじめるよ！」

（あっちこっちに走り出して）

「えんぴつく～ん、止まれやホイ！　そのまま、消しゴムになれやホイ！」

（からだを縮めて丸くして、いろんな消しゴムに）

「どれも、よく消えそうないい消しゴムだね。えんぴつくんのいたずら描きをしっかり消してね。

　さあ、みんなでこのお話をあそんでみよう。えんぴつくんになるひと？」

――ハーイ！

「消しゴムくんは？」

――ハーイ！

「ある日のこと、るすばんをたのまれたえんぴつくんが、またいたずら描きをはじめると、消しゴムくんがあそびにやってきて……。

「えんぴつくんのいたずら描きをしっかりと消したよ、という消しゴムくんは手をあげて」

――ハーイ！

「消されないように負けずに描いたえんぴつくんは？」

――ハーイ！

「この勝負、どっちも勝ちです」

――わーい！

1対1、1対おおぜい、ふたつのグループ……それぞれえんぴつを消しゴムが追いかけてあそびます。ちいさい子のときには、走らずに数歩離れて追いかけます。

えんぴつくんは
どんどん走って
どんどん描いて……
消しゴムくんは
えんぴつくんの
後を追いかけて
ゴシゴシゴシゴシ
消して……

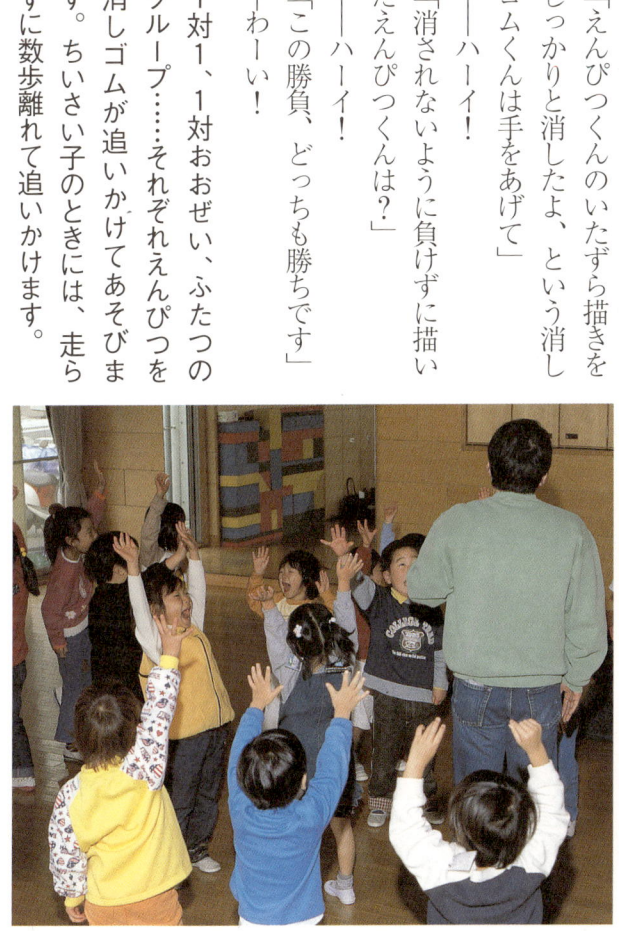

みんなで劇あそび「ハエとクモ」

「おもしろいお話だったね」のその次に、「劇あそび」がはじまります。お話で感じたワクワクやハラハラが、実際に体験することでもっと大きくなります。ファミリー・シアターの第3弾は、家族で、園であそべる、ごっこあそびの決定版。

「ハエの親子がいました…」

「あるおうちに、ちいさな虫が住んでいました。いつも糸を張っていて……」

――クモ！

「そう、クモ。クモは部屋の中に潜んでいるけど、何でそうするんだっけ？

――ハエとかがくるから！

「そうです。ハエが飛んでくるのを、じっと待っていたんです……」

――ハエをつかまえて食べちゃうよ。

「こわいよね。そのおうちには、ハエの親子もいました。おとうさんは子どものハエに言いました。

『きょうからは、ひとりで飛んでごらん』

『こわいよ。おとうさんといっしょじゃないと、クモの巣にかかちゃうよ』

『だいじょうぶ、もう大きくなったから飛べるよ』

ハエのぼうやは、ひとりで飛んだんだって。そうして大きなクモの巣にひっかかっちゃった！」

「このままじゃ、ハエの子どもはどうなっちゃうの？」

――食べられちゃうよ！

「ハエのおとうさんも心配して飛んできたんだけど、どうしようもできなくてあきらめていたとき……お家のおかあさんがやってきて、ほうきで『エイッ！』とくもの巣をはらってくれたんだって。

こうしてハエのぼうやは助かりましたとさ。よかったね」

「くもの巣に、気をつけて！」

「おもしろかった？

このお話をあそんでみようか」

（クモとハエになるひとを決める）

「ここはお家です。クモは手をつないで大きな巣をつくっていました」

（クモのひとたちは手をつなぐ）

「ハエの子どもが飛んできます。つかまらないようにしっかり！」

（ハエの子を、クモたちがつかまえようとする）

「ハエの子どもたちは、『つかまえようとしたって、つかまらないよ』と、くもの巣に近寄っていきます。そうしているうちに『あっ、たすけて！』それまで上手に飛んでいたのに、くもの巣にひっかかってしまいました。「おとうさ〜ん！」と呼ぶ声がするので、ハエのおとうさんもやってきましたが、どうすることもできません。

そこへ、そのお家のおかあさんがやってきました。くもの巣を見て、『あらやだ、こんなところにくもの巣が……』と、もっていたほうきで、くもの巣をはらいのけてしまいました」

●はじめに、お話の内容が子どもたちのこころにしっかり届くように、子どもと対話しながら語っていきます。●つぎにクモとハエ、それぞれの役割を、みんなで何度か体験してみます。●そしていよいよ、お話になぞらえてあそんでみます。

「くもの巣は、ほうきではたかれて、ちりぢりになってしまいました。クモたちも、どこかへ逃げていってしまいましたとさ」

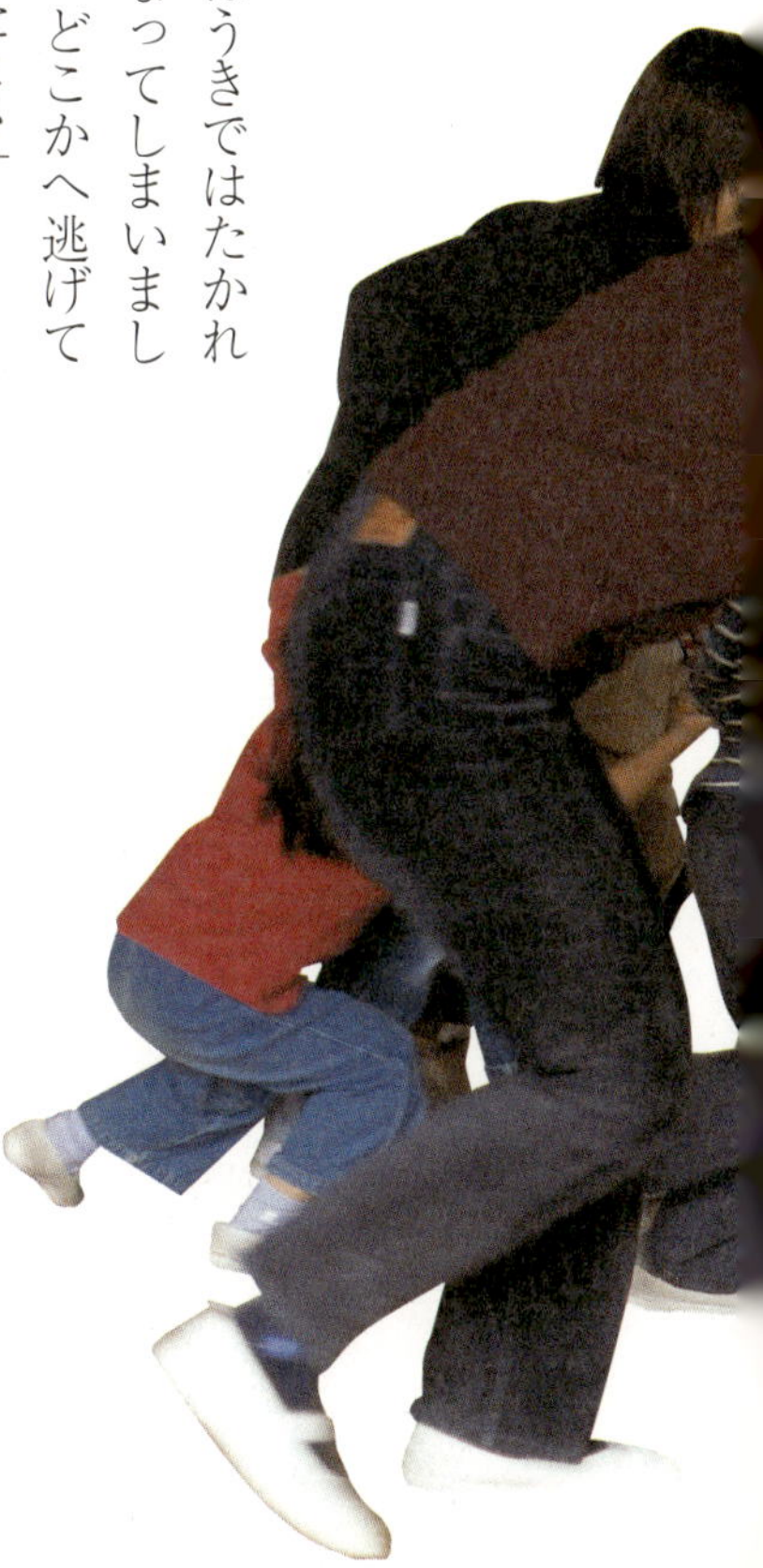

「助かったハエの子どもたちは、おとうさんのところに駆け寄りました。ああ、よかったね！」

自分たちでつくっていく劇あそびのおもしろさにすっかり味をしめた子どもたちは「もう1回やる」と、おおはしゃぎ。このスリルは、何度でもくり返してあそびたくなります。

あそびが飛び出す「おはなしサイコロ」

おはなしあそびをたっぷりあそんだら、今度は新しいお話を自分たちでつくってみよう。お話づくりのきっかけに、登場人物が飛び出してくる「おはなしサイコロ」をつかいます。〈だれが、どうしたの?〉が、おはなしの基本。想像をめぐらせて、あそびを創造します。

へんなサイコロ?

お話も、あそびも、もともとは子どもたちのなかにたっぷりつまっています。それをうまくひっぱり出して進めていくのがガイド役。

いつもは、子どもたちが大人に、

「何が出てくるの?」

「それからどうなったの?」

とたずねてきます。今回のおはなしづくりは、子どもたちに「だれが、どうなったの?」を、たずねることからはじまります。

そこで用意したのが、

「おはなしサイコロ」。

サイコロの目のところに、それぞれ好きなどうぶつを描いたもの。

「これ、何か知ってる?」

――サイコロ!

――どうぶつの絵が描いてあるよ!

「どうやってあそぶんだっけ?」

――ふるといろいろ出てくる。

「サイコロをふったひとが、出てきたどうぶつになってみるのはどう?」

――おもしろそう!

何が登場するかな?

「だれからサイコロをふるの?」

――じゃんけんがいいよ。

(まずはじゃんけん)

「だれがいちばんめ?」

――ハーイ。

「何が出てくると思う?」

――……うさぎがいい!

「せーの、それ!」

(みんなのかけ声で、サイコロをふるたびに盛り上がって)

「このおはなしに登場するのは、ヒヨコ～ヒヨコ～カメ～ひよこ～うさぎ～へびです。ある日のこと……どこのおはなしにしようか?」

――山!

「最初に出てくるヒヨコさん、何をしているのかな?」

――散歩!

おはなしのあらすじがきまっていきます。それぞれ、自分の出したどうぶつになることに。今回はブロックで円をつくって、舞台に設定しました。即興で、ピアノも弾いてもらいます。

「ある日のこと、ヒヨコさんが、
山を散歩していました……」
（みんなは円の中に。ヒヨコの子どもが円を出て、まわりを歩きます。それぞれ自分の役のどうぶつになりきって……音楽もどうぶつのイメージに合わせて）

「そこへ、またヒヨコさんがやってきました。
「いっしょに行ってもいい？』
♪さんぽ、さんぽ、
いっしょにさんぽ……」

「２羽のヒヨコが散歩していると、
カメがやってきて…
♪さんぽ、さんぽ、
いっしょにさんぽ…」
（登場人物がだんだん増えていきます）

「散歩しているうちに、山の頂上にやってきました。散歩で疲れたので、みんなでお茶を飲みました」

（それぞれお茶を飲むまねを）

「さてさて、それから
どうなったでしょう？」

――おかしも食べた！

「はい、おかしをどうぞ」

――いただきます！

（おかしを食べるまねを）

「さてさて、それから？」

――雨だ！

――かみなりが落ちた！

「バリバリ……ドカーン！」

――キャー！

――木が燃えてるよ！

「そら、逃げろ！」

――火を消さなきゃ、
火事になるよ。

――水をかけよう！

「みんなの大活躍で、うまく火は消えました。ああ、よかった、よかった！」
（みんなで手をとりあってよろこんでいるうちに、いつの間にかみんなでたのしくおどっていました。
音楽も、おどれる曲になって）

今回はグループでお話をつくりながら、劇あそびをたのしみました。ちいさい子といっしょのときには、サイコロをふって出てきたどうぶつがどんどん登場するおはなしづくりをたのしんでもいいですね。あそぶたびに、お話がいろいろと変化していくのも、またたのしみです。

あそび名人の哲学 12
花輪充

子どもたちそれぞれの「たからさがし」を

近頃思うんです。「こんなにやりたいことをやれていいのかなぁって……」
ところが周囲のわたしを見る目はいささかちがうようで、
「なんでそんなたいへんなことばかり、やり続けようとするの?」
なんです。確かに、まわりから見れば当年45歳のおじさんですからね。
「そろそろ落ち着いたほうがいいんじゃないの?」
なんて言われてもおかしくはないわけです。

しかし、わずか15年であれ幼稚園の現場で子どもたちと
生活を共にした経験というやつは、
時を越えてわたしの感性を突き動かし、わたしの探求心の
スイッチをオンにするわけです。
「よし、これでいちやめた!」なんてこころのなかで何度叫んだことか。
「そろそろ仕事を選ばなくちゃ……」なんていった思いが首をもたげ、
決断したはずなのに、子どもとの出会い、と聞けば、当初の思いはどこ吹く風、
またまた子どものなかに身をおき、いっしょになって、
いや人一倍“あそび”呆けている……。

なんなんでしょうね。やっぱりこうした仕事が好きなんでしょうか。いやいや、
もはや仕事とくくれないもの、いわば、わたしの生き方、になってしまっているかもしれません。

そんなわけで、最近は、幼児のみならず、乳児、そして小学生、中学生、高校生たちと
いっしょにいることが多くなりました。いっしょにいるといろんなことが見えてくるんです。
どの年齢の子どもたちも内面に潜む“なにか”に気づいてほしがってるんですね。
それが喜びなのか、悲しみなのか、怒りなのか、哀れみなのかは、
はじめのうちは区別すらつきませんが、関わりが深まってくると、
その年齢なりの表現の仕方で“気づいてくれ”といった様子で接近してくるのです。

そんなとき、きまってわたしは、“たからさがし”をします。
自分にとって好きで止まない“なにか”、密かに思い続けている“なにか”、
みんなに知ってもらいたい“なにか”、共感してもらいたい“なにか”。その“なにか”を掘り起こさせるのです。

掘り起こしの方法はいろいろあります。あるときは、ごっこあそびや劇あそびを通して、
またあるときは、伝承あそび、運動あそび、音楽あそびなどを通して……。

年齢に見合った取り組み方、興味や関心に裏づけられた取り組み方を提案し、
ともに過ごし、見守ることこそが、わたしの役目ならば、これからも子どもに負けないぐらいの
ギラギラした好奇心とあそびごころをもって、子どもたちと四つずもうを組んでいきたいと思っています。

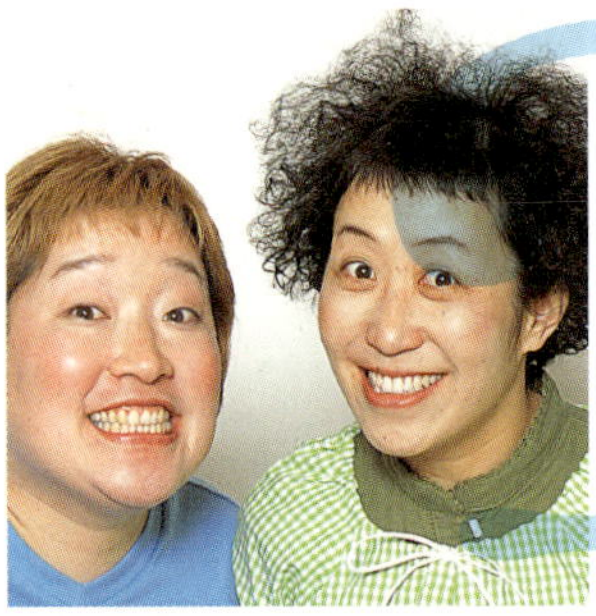

ケロポンズ

ケロポンズ
〈ケロちゃん／ますだ・ゆうこ〉東京都出身。
国立音楽大学卒業後、幼稚園教諭を経て、
フリーに。元「トラや帽子店」キャプテン。
『増田裕子のミュージックパネル』1.2（クレヨンハウス）、
絵本『むぎちゃんのすなば』（偕成社）ほか、
ソロCD『チャームポイント』（カエルちゃん）も。
〈ポンちゃん／ひらた・あきこ〉広島県出身。
コーラスグループ『モーモーズ』のメンバーとして
活躍する傍ら、「りんごの木子どもクラブ」で5年間保育の経験も。
ケロポンズの著書『ケロポンズのあそびネタ』（カエルちゃん）
CD『エビカニクス』『ちきゅうじん』（カエルちゃん）ほか。
◆カエルちゃんオフィス　東京都武蔵野市吉祥寺本町2-12-3-202
TEL 0422-22-9004　FAX 0422-22-9045
http://www.kaeruchan.net/

新田新一郎

にった・しんいちろう
学生時代から児童文化に関わり、
子どものあそびや造形の教室で活躍後、
1997年にアトリエ自遊楽校（仙台市）を開設。
幼児教育学の講師や、仙台市の子育て支援プランの
相談役も務める。アトリエ自遊楽校は、子どもたちが「自遊」な
あそびのなかで学んでいく場。アートとあそびを
つなげた多彩な「あそびじゅつ」が好評。
絵本作家と子どもたちが出会うプログラムも多く、
毎年恒例の日本各地や海外での研修企画も開催。
◆アトリエ自遊楽校
宮城県仙台市青葉区北山2-1-16セントラル北山1F
TEL022-276-8840　FAX022-272-7696
http://business2.plala.or.jp/kai/

金子しゅうめい

かねこ・しゅうめい
高校時代に和太鼓を習いはじめ、卒業後、
専門集団で舞踊・三味線の基礎を学び、
演技者として舞台表現活動に入る。
現在フリーで、和太鼓・三味線等の演奏・獅子舞などの
舞踊での公演、創作(作曲・振り付け等)、舞台演出をおこなう。
画家、写真家、舞踏家、といった異なる分野の
各国アーティストとの共演も。
アイヌから沖縄まで全国の民俗芸能を取材し、
その身体の動きやリズムを感じる舞踊・
和太鼓ワークショップを展開、講師としての活動も多い。
また、それらを題材にした「あそびづくり」にもかかわっている。
FAX 050-3506-2905 http://www9.ocn.ne.jp/～shu-mei/

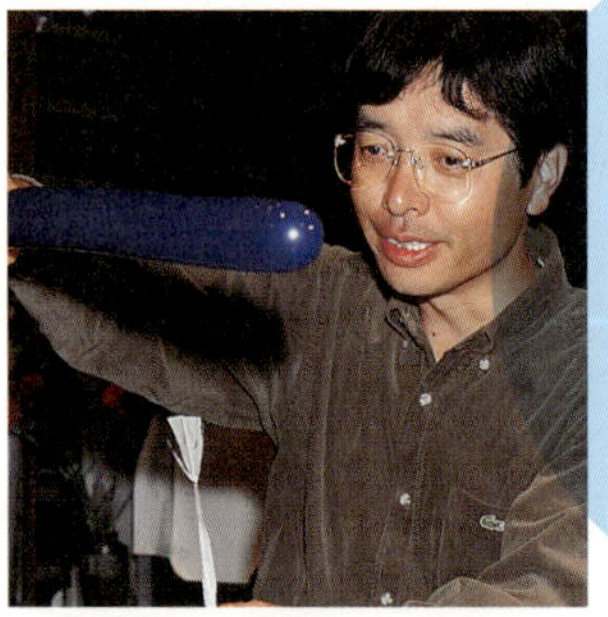

米村傳治郎

よねむら・でんじろう
11年の教員生活の後、サイエンス・プロデューサーに。
子どもたちに科学のおもしろさを伝える実験を、
みずから開発・実演する。
1998年には科学技術普及啓発功績者として
科学技術庁長官賞を受賞。
現在は科学技術館内「ワークス」での
科学教室のほか、各地の施設で実験ショーや講演を行う。
著書に、『つくろう湯船で竜巻』（ポプラ社）、
監修に、『NHKやってみようなんでも実験』（青春出版社）、
『親子で遊ぶ科学手品100』（高橋書店）、『親子で楽しむ科学実験』（宝島社）ほか。
◆米村でんじろうサイエンスプロダクション FAX03-5227-1378
http://www.denjiro.co.jp

花輪 充

はなわ・みつる
15年間の幼稚園教諭の後、遊育研究所＜素劇舎＞を拠点に、劇あそびや表現教育の
ワークショップや実践研究、さらに劇作、演出、俳優の演技指導を行っている。
東京家政大学准教授として、幼児教育・表現教育を教える。
著書に『劇あそびがとびだした』（フレーベル館）、『劇あそび 春夏秋冬』（すずき出版）ほか、
あそび歌のCD『あそぼ』『ともだち』（素劇舎）を発売。
◆東京家政大学演劇表現研究室　TEL&FAX03-3961-0847

名人たちのプロフィール

福尾野歩

ふくお・のぼ

1981年トラや帽子店結成。
現在はソロで活動。旅芸人、書道家、古代史研究家、
あそびの講師として、日本各地はもちろんバリ、オーストラリア、
香港など活躍の場を世界に広げている。またラジオ「全国子ども電話相談室」の
相談員も務める。あそびうた100曲集めた著書『あそびうた大全集』
（クレヨンハウス）は幼保現場の必読書。あそびうたのCDは
『キャベツはキャ』（三島蓄音機）ほか「あそびうた大全集シリーズ」4巻、
『あした天気になあれ』（メイト）『野歩さんのあそびうたはおまかせ！』
（ビクターエンターテインメント）ほか。
◆オフィスNOBO　静岡県三島市佐野332-1
TEL055-992-8455　FAX055-992-8456
http://www.fukuonobo.com/

芹沢義泰

せりざわ・よしやす

元小学校教師。子どものあそび、
文化活動に力を注ぐ。子ども会、
青少年健全育成により厚生大臣賞等を受賞。
手づくりおもちゃの創作コンクールで入賞。
児童文化への功績により、
第26回久留島武彦文化賞受賞。
現在、児童文化研究家として、
ゆたかなこころを育てる仕事に専念。
教育講演活動を続けている。
著書に『手作りおもちゃ 作って遊ぼう』
全2巻（偕成社）『ゆめと創造力を育てる
手づくりおもちゃ55』（小学館）。

降旗信一

ふりはた・しんいち

東京農工大大学院修了。24歳から
日本初のネイチャーゲーム指導員として
全国各地で普及活動を行う。
著書に『自然とあそぼう』シリーズ（ポプラ社）
『ネイチャーゲームで広がる環境教育』
（中央法規出版）などがある。
◆社団法人日本ネイチャーゲーム協会
東京都新宿区新宿1-20-13
花園公園ビル1F
TEL03-5363-6010　FAX03-5363-6013
http://www.naturegame.or.jp/

関根秀樹

せきね・ひでき

和光大学、桑沢デザイン研究所などの
非常勤講師も務めるフリーの研究者。
無公害染色技術の特許をもち、
中学校の音楽教科書にも執筆。
さまざまな民族のあそびや手仕事を訪ね歩き、
民族楽器から古典文学、
縄文人の技術までレパートリーは広い。
著書に『縄文生活図鑑』
『民族楽器をつくる』『竹でつくる楽器』
（以上、創和出版）など。
和光大学非常勤講師

木村 研

きむら・けん

児童文学作家として
『一人でもやるぞ!と旅に出た』（草炎社）ほか、
多数の著書をもつ一方、おもちゃ好きが高じて、
手作りおもちゃの講師も。
「すぐ手に入る材料」「だれでもできる簡単さ」を
モットーに、ワークショップや講習会を行っている。
おもちゃづくりの著書に、『手づくりおもちゃ&遊びワンダーランド』
『準備いらずのクイック教室遊び～子どもの気持ちをつかむ遊び』
（ともに、いかだ社）、『いいもの見つけた!
5分間おもちゃワールド』1・2（桐書房）など。
http://www.ne.jp/asahi/qqq/kimura/

田村忠夫

たむら・ただお

田村幼児体育研究所所長
ふれあいあそびの講師 のほか、紙芝居作家としても活躍中。
著書に『0～5歳児のふれあい運動会種目集』（ひかりのくに）ほか、
ふれあいあそびを紹介した著書多数。
CDに『Come on!ふれプレ体操』（ソングレコード）がある。
◆田村幼児体育研究所　FAX045-813-1578
http://www2.odn.ne.jp/tamurayoujitaiik/

藤本ともひこ

ふじもと・ともひこ

大学時代から絵本の制作をはじめ、
その後、子どもたちの野外キャンプや
家庭教育講座・教養講座等を企画する仕事につく。
現在は絵本・童話・紙芝居の制作、
作詞作曲、あそびの講師、と大いそがしの毎日。
絵本に『もういいっかい　もういっかい』『たかいたかいして』（以上、講談社）、
紙芝居に『どかどかじゃんけん大会』（童心社）ほか。
http://web.me.com/tanukiss/

月刊クーヨン特別編集
あそびのメリッドシリーズ

あそび名人12人

福尾野歩＊芹沢義泰＊ケロポンズ
新田新一郎＊降旗信一＊関根秀樹＊木村 研
金子しゅうめい＊米村傳治郎＊田村忠夫
藤本ともひこ＊花輪 充

発行日　2003年4月　第1刷
2010年1月　改訂版第1刷
発行人　落合恵子
発行　クレヨンハウス総合文化研究所
〒107-8630 東京都港区北青山3-8-15
発売　クレヨンハウス
〒107-8630　東京都港区北青山3-8-15
TEL 03-3406-6372　FAX 03-5485-7502
URL http://www.crayonhouse.co.jp/

印刷・製本　大日本印刷株式会社
ISBN4-86101-002-0

日本音楽著作協会(出)0916528-901
初出:『月刊クーヨン』2001年4月号～2002年3月号